DE TATOEËERDER VAN AUSCHWITZ

D1671601

ANDER WERK VAN HEATHER MORRIS

Het meisje dat twee kampen overleefde

Heather Morris

De tatoeëerder van Auschwitz

Vertaling Karin de Haas

HarperCollins

Voor dit boek is papier gebruikt dat onafhankelijk is gecertificeerd door FSC®
ten behoeve van verantwoord bosbeheer.
Kijk voor meer informatie op www.harpercollins.co.uk/green

HarperCollins is een imprint van Uitgeverij HarperCollins Holland, Amsterdam

Copyright © Heather Morris, 2018
Oorspronkelijke titel: *The Tattooist of Auschwitz*
Copyright Nederlandse vertaling: © 2018 HarperCollins Holland
Vertaling: Karin de Haas
Omslagontwerp: Will Immink Design
Bewerking HarperCollins Holland
Omslagbeeld: Will Immink Design / iStock
Zetwerk: Mat-Zet B.V., Huizen
Druk: CPI Books GmbH, Germany

Kaart Europa © Nicolette Caven
Kaart Birkenau © A R Design

The moral rights of the author have been asserted.

ISBN 978 94 027 2980 1
ISBN 978 94 027 5390 5 (e-book)

NUR 302
Eerste druk januari 2018
Twintigste druk juli 2021

Originally Published in the English language as *The Tattooist of Auschwitz* by Zaffre, an imprint
of Bonnier Zaffre Limited, London.

HarperCollins Holland is een divisie van Harlequin Enterprises ULC.
® en ™ zijn handelsmerken die eigendom zijn van en gebruikt worden door de eigenaar van het
handelsmerk en/of de licentienemer. Handelsmerken met ® zijn geregistreerd bij het United
States Patent & Trademark Office en/of in andere landen.

www.harpercollins.nl

Dit boek is gebaseerd op de persoonlijke herinneringen van Lale Sokolov. Alles is in het werk
gesteld om de feiten met de beschikbare documenten te verifiëren.

Ter nagedachtenis aan Lale Sokolov.
Bedankt dat je me jouw en Gita's verhaal hebt toevertrouwd.

WOORD VAN DE AUTEUR

Dit boek is fictie, gebaseerd op de getuigenissen van één man die Auschwitz heeft overleefd. Dit is geen officiële weergave van de gebeurtenissen tijdens de Holocaust. Er zijn veel verslagen en verklaringen die de verschrikkelijke feiten die toen plaatsvonden veel gedetailleerder beschrijven dan in een verhaal zou kunnen, en ik zou iedere lezer die meer wil weten naar deze documenten willen verwijzen. Tijdens zijn gevangenschap in Auschwitz-Birkenau had Lale te maken met veel meer bewakers en gevangenen dan in dit verhaal voorkomen; in sommige gevallen heb ik personages gecreëerd die zijn opgebouwd uit beschrijvingen van meerdere personen. Ook heb ik bepaalde gebeurtenissen anders of beknopter weergegeven. Hoewel sommige gebeurtenissen en gesprekken in dit boek fictief zijn, hebben de gebeurtenissen als beschreven wel degelijk plaatsgevonden en alle informatie die als feit is gepresenteerd, is zorgvuldig gedocumenteerd en onderzocht.

Heather Morris

Proloog

Lale probeert niet op te kijken. Hij steekt zijn hand uit om het stukje papier aan te nemen dat hem wordt aangereikt. Hij moet de vijf cijfers aanbrengen op de arm van het meisje dat hem het papiertje geeft. Er staat al een nummer, maar dat is vervaagd. Hij duwt de naald in haar linkerarm en kerft zo voorzichtig mogelijk een 4. Er vloeit bloed. De naald is echter niet diep genoeg gegaan, en hij moet het nog een keer doen. Ze laat niets blijken van de pijn die hij haar ongetwijfeld toebrengt. Ze zijn gewaarschuwd – zeg niets, doe niets. Hij veegt het bloed weg en wrijft groene inkt in de wond.

'Schiet op!' fluistert Pepan.

Lale doet er te lang over. Het is één ding om de armen

van mannen te tatoeëren, maar het is afschuwelijk om de lichamen van jonge meisjes te verminken. Hij kijkt op en ziet een man in een witte jas die langzaam langs de rij meisjes loopt. Nu en dan blijft de man staan om het gezicht en het lichaam van een doodsbange jonge vrouw te inspecteren. Ten slotte komt hij bij Lale. Terwijl Lale de arm van het meisje zo voorzichtig mogelijk vasthoudt, pakt de man haar kin en draait haar gezicht ruw heen en weer. Lale kijkt in de angstige ogen. Haar lippen bewegen, alsof ze iets wil zeggen. Lale knijpt in haar arm om haar te waarschuwen. Ze kijkt hem aan, en met zijn mond vormt hij het woordje 'sst'. De man in de witte jas laat haar gezicht los en loopt weg.

'Goed gedaan,' fluistert hij, terwijl hij de resterende drie cijfers begint te tatoeëren – 562. Als hij klaar is, houdt hij haar arm wat langer vast dan nodig is, en hij kijkt haar opnieuw in de ogen. Met moeite tovert hij een klein glimlachje op zijn gezicht. Ze schenkt hem een nog kleiner glimlachje. Haar ogen dansen echter. Terwijl hij haar aankijkt, lijkt zijn hart tegelijk stil te staan en voor het eerst te gaan kloppen, zó hard dat het voelt alsof het ieder moment uit zijn borst kan barsten. Hij staart naar de grond, en die lijkt onder zijn voeten te wiebelen. Hij krijgt een nieuw papiertje in zijn handen gedrukt.

'Schiet op, Lale!' fluistert Pepan dringend.

Wanneer hij weer opkijkt, is ze verdwenen.

1

April 1942

De vierentwintigjarige Lale rijdt in een rammelende trein
over het platteland. Hij houdt zijn hoofd geheven, maar is
volledig in zichzelf gekeerd en doet geen moeite om contact te leggen met de man naast hem. Die valt zo nu en dan
met zijn hoofd op Lales schouder in slaap, maar hij duwt
hem niet weg. Het is gewoon een van de vele jongemannen
die in de veewagons zijn gepropt. Omdat ze geen aanwij-
zing hebben gekregen waar ze naartoe zouden gaan, heeft
Lale zijn gebruikelijke kleding aangetrokken: een geperst
pak, een schoon wit overhemd en een stropdas. Maak altijd
een goede indruk.

Hij probeert te schatten hoe groot de ruimte is waarin hij is opgesloten. De wagon is ongeveer tweeënhalve meter breed, maar omdat hij het uiteinde niet kan zien, is het onmogelijk om de lengte te schatten. Hij geeft het op en doet een poging om het aantal mannen te tellen met wie hij de wagon deelt, maar ook dat blijkt onmogelijk, door de grote hoeveelheid hoofden die op en neer hobbelen. Hij weet ook niet hoeveel wagons er zijn. Zijn rug en zijn benen doen pijn. Zijn gezicht jeukt. De stoppels herinneren hem eraan dat hij zich niet meer heeft gewassen of geschoren sinds ze twee dagen geleden aan de reis zijn begonnen. Hij voelt zich steeds minder zichzelf.

Wanneer de mannen hem bij hun gesprek proberen te betrekken, reageert hij met bemoedigende woorden, in een poging hun angst in hoop te veranderen. We staan tot onze knieën in de stront, maar laten we zorgen dat we er niet in verdrinken. Hij krijgt lelijke opmerkingen naar zijn hoofd vanwege zijn keurige kleding en zijn beschaafde manier van doen. Ze beschuldigen hem ervan dat hij afkomstig is uit de bovenklasse. 'En kijk eens wat het je heeft opgeleverd.' Hij probeert de woorden van zich af te laten glijden en de vijandige blikken met een glimlach te beantwoorden. Wie houd ik nou voor de gek? Ik ben net zo bang als de anderen.

Een jongeman zoekt oogcontact en wringt zich tussen de drom van lichamen door om bij hem te komen. Sommige mannen geven hem een duw of een por. Het is pas je eigen ruimte als jij die ruimte claimt.

'Hoe kun je zo rustig blijven?' vraagt de jongeman. 'Ze hadden geweren. Die rotzakken hielden ons onder schot en dwongen ons om in deze… veewagons te klimmen.'

Lale glimlacht: 'Het is ook niet bepaald wat ik had verwacht.'

'Waar denk je dat ze ons naartoe brengen?'

'Dat doet er niet toe. Onthoud gewoon dat we hier zijn om onze families te beschermen.'

'Maar wat als…'

'Het heeft geen zin om je dat af te vragen. Ik weet het niet, jij weet het niet, we weten het geen van allen. Laten we gewoon doen wat ze ons opdragen.'

'Wij zijn in de meerderheid. Zullen we proberen om ze te overmeesteren wanneer de trein stopt?' Het bleke gezicht van de jongeman is vertrokken van verwarde agressie. Hij balt zijn vuisten en maakt een pathetisch boksend gebaar. 'Wij hebben vuisten, zij hebben geweren – wie denk je dat er gaat winnen?'

De jongeman zwijgt even. Zijn schouder drukt tegen Lales borst, en Lale ruikt de olie en het zweet in zijn haar. Hij laat zijn handen vallen, zodat ze slapjes naast zijn lichaam bungelen. 'Ik ben Aron,' zegt hij.

'Lale.'

De mannen om hen heen kijken even hun kant op, en dan vervallen ze weer in hun zwijgende overpeinzingen. Wat ze met elkaar gemeen hebben, is angst. En jeugd. En hun godsdienst. Lale doet zijn best om niet te speculeren over datgene wat hun te wachten staat. Ze hebben hem verteld dat hij voor de Duitsers gaat werken, en dat is dan ook wat hij van plan is te doen. Hij denkt aan zijn familie. Zij zijn veilig. Hij heeft het offer gebracht, en daar heeft hij geen spijt van. Hij zou het direct weer doen, zodat zijn dierbare familieleden thuis konden blijven en niet van elkaar gescheiden zouden worden.

Zo'n beetje elk uur – zo lijkt het – stellen ze hem dezelfde vragen. Wanneer hij het zat begint te worden, antwoordt hij: 'Wacht nou maar gewoon af.' Hij begrijpt niet waarom ze juist bij hem komen met hun vragen. Hij weet niet méér dan de anderen. Ja, hij draagt een pak en een das, maar dat is het enige zichtbare verschil tussen hem en de mannen om hem heen. We zitten allemaal in hetzelfde smerige schuitje.

Ze kunnen niet zitten in de overvolle wagon, laat staan liggen. Twee emmers doen dienst als toilet. Wanneer die vol raken, breekt er een schermutseling uit omdat niemand in de buurt van de stank wil staan. De emmers worden omgestoten en de inhoud stroomt over de vloer van de wagon. Lale houdt zijn koffer stevig vast, hopend dat hij zich met zijn geld en zijn kleren vrij kan kopen wanneer ze op de plek van bestemming zijn, of dat hij er op zijn minst een goed baantje mee kan regelen. Misschien is er wel werk waarbij hij zijn talenkennis kan gebruiken.

Hij boft dat hij een plekje aan de zijkant van de wagon heeft weten te bemachtigen. Door kieren tussen de houten latten vangt hij een glimp op van het voorbijglijdende landschap. De vlagen frisse lucht die hij af en toe binnenkrijgt, helpen hem de misselijkheid te onderdrukken. Het mag dan lente zijn, maar de hemel is zwaarbewolkt en het regent voortdurend. Soms rijden ze door velden vol kleurrijke bloemen, en Lale glimlacht in zichzelf. Bloemen. Als kind leerde hij al van zijn moeder dat vrouwen er gek op zijn. Wanneer zou hij weer de kans krijgen om een meisje bloemen cadeau te doen? Hij kijkt naar de stralende kleuren die langsflitsen, hele velden vol met klaprozen die wuiven in de wind, een dieprode massa. Hij zweert dat hij het volgende boeket dat hij aan iemand geeft zelf zal plukken. Het is nooit bij hem opgekomen dat ze in zulke grote hoeveelheden in het wild groeien. Zijn moeder had er een paar in haar tuin, maar ze plukte ze nooit om ze binnen in een vaas te zetten. In zijn hoofd stelt hij een lijstje samen van dingen die hij moet doen 'wanneer ik weer thuis ben...'

Er breekt opnieuw een handgemeen uit tussen de mannen in de overvolle wagon. Er wordt geknokt. Geschreeuwd. Lale kan niet zien wat er gebeurt, hij voelt de lichamen die tegen hem aan worden geduwd. Dan is het ineens stil. Even later klinken de woorden: 'Je hebt hem vermoord.'

'Mazzelaar,' mompelt iemand.

Arme kerel.

Mijn leven is te goed om hier te eindigen.

Ze stoppen vaak onderweg, soms een paar minuten, soms urenlang, altijd bij een stadje of een dorp. Nu en dan vangt Lale een glimp op van de namen van de stations die ze passeren: Zwardoń, Dziedzice en, even later, Dankowice, waaraan hij ziet dat ze inderdaad in Polen zijn. De grote vraag: waar zal de reis eindigen? Hij brengt het leeuwendeel van de tijd door met peinzen over zijn leven in Bratislava. Zijn baan, zijn appartement, zijn vrienden – in het bijzonder zijn vrouwelijke vrienden.

De trein stopt weer. Het is pikdonker; de maan en de sterren gaan volledig schuil achter de wolken. Is het donker een voorbode van de toekomst? De dingen zijn zoals ze zijn. Wat ik op dit moment kan zien, voelen, horen en ruiken. Hij ziet uitsluitend mannen zoals hijzelf, jong en op weg naar het onbekende. Hij hoort het gerommel van lege magen en het raspen van droge kelen. Hij ruikt pis en poep en de lichaamsgeur van mannen die zich te lang niet hebben gewassen. Nu de mannen niet langer heen en weer worden gesmeten, kunnen ze rusten zonder al duwend en trekkend een plekje te hoeven veroveren. Meer dan één van hen gebruikt Lale nu als hoofdkussen.

Er klinkt lawaai uit een van de wagons achter hen, en het geluid komt langzaam dichterbij. De mannen die daar zitten opgesloten, hebben er genoeg van en proberen te ontsnappen. De geluiden – mannen die zich tegen de houten wanden van de wagon werpen, gekletter dat afkomstig moet zijn van een van de poepemmers – stoken ook bij de anderen het vuur van verzet op. Het duurt niet lang voordat iedere wagon van binnenuit wordt aangevallen.

'Help ons of ga aan de kant!' schreeuwt een grote man tegen Lale, terwijl hij met zijn schouder tegen de wand beukt.

'Verspil je energie niet,' zegt Lale. 'Als deze wanden kapot konden, zou dat die koeien dan onderhand niet gelukt zijn?'

Een paar van de mannen staken hun pogingen en keren zich boos naar hem toe.

Ze overdenken zijn opmerking. De trein rijdt met een schok verder. Misschien denken de bevelhebbers dat er vanzelf een eind aan de onrust zal komen als de reis wordt hervat. Het tumult in de wagons verstomt. Lale sluit zijn ogen.

Toen bekend was geworden dat Joden in kleine steden werden verzameld en op transport werden gesteld om voor de Duitsers te werken, was Lale teruggekeerd naar het huis van zijn ouders in Krompachy, Slowakije. Hij wist dat Joden niet langer mochten werken en dat hun bedrijven in beslag waren genomen. Bijna vier weken lang hielp hij zijn vader en zijn broer met klusjes in huis en bouwde hij nieuwe bedden voor zijn neefjes, die uit hun ledikantjes waren gegroeid. Zijn zus was de enige in de familie die nog een inkomen had. Ze werkte in het geheim als naaister, en moest 's ochtends vóór zonsopgang vertrekken en 's avonds na de schemering terugkeren. Haar bazin wilde het risico wel nemen om haar beste werkneemster te behouden.

Op een avond kwam zijn zus thuis met een poster die haar bazin had gekregen met de opdracht hem in de etalage te hangen. Er stond op dat iedere Joodse familie met kinderen van achttien jaar en ouder een arbeidskracht voor de Duitse overheid moest leveren. Eindelijk bereikten de geruchten over datgene wat zich in andere steden voltrok ook Krompachy. Het leek erop dat de Slowaakse regering zich schikte naar de eisen van Hitler, en hem gaf wat hij maar wilde. De poster waarschuwde in vetgedrukte letters dat families die weigerden aan de oproep gehoor te geven met zijn allen naar een concentratiekamp zouden worden gebracht. Max, Lales oudere broer, bood direct aan om te gaan, maar Lale wilde daar niets van weten. Max had een vrouw en twee jonge kinderen. Zijn gezin had hem thuis nodig.

Lale meldde zich bij het plaatselijke overheidskantoor in Krompachy en bood zich ter deportatie aan. De ambtenaren met wie hij te maken kreeg, waren zijn vrienden geweest – ze waren samen naar school gegaan en kenden elkaars families. Hij kreeg opdracht om naar Praag te vertrekken, zich daar bij de juiste autoriteiten te melden en verdere instructies af te wachten.

Na twee dagen stopt de veetrein weer. Dit keer klinkt er een heleboel tumult buiten. Honden blaffen, bevelen worden geschreeuwd in het Duits, grendels worden opengeschoven en de deuren van de wagons opengerukt.

'Kom uit de trein, laat je bezittingen achter!' schreeuwen de soldaten. 'Schiet op! Laat je spullen op de grond liggen!' Lale, die bij de achterste wand staat, is een van de laatsten die de wagon verlaat. Als hij bij de deur komt, ziet hij het lichaam van de man liggen die bij de schermutseling is gedood. Hij sluit heel even zijn ogen en zegt in gedachten een gebedje voor de man op. Dan verlaat hij de wagon, maar neemt de stank mee die zijn kleren, zijn huid, elke cel van zijn lichaam inmiddels heeft doordrenkt. Hij landt op zijn knieën en blijft secondenlang zitten, met zijn handen in het grind. Hij hapt naar adem. Hij is uitgeput. Zijn keel is droog van de dorst. Langzaam komt hij overeind en kijkt om zich heen, naar de honderden verschrikte mannen die proberen om het tafereel vóór zich te bevatten. Honden happen naar de mannen die te traag in beweging komen. Velen van hen struikelen, omdat hun beenspieren na al die dagen in de trein te stijf zijn om goed te functioneren. Koffers, bundels boeken, spaarzame bezittingen worden uit de handen gegrist van de mannen die weigeren om ze achter te laten, of die de bevelen simpelweg niet begrijpen. Dan worden ze met een geweer of een vuist geslagen. Lale bestudeert het uniform van de soldaten. Zwart, dreigend. De dubbele bliksemschicht op de kraag vertelt Lale met wie hij te maken heeft. De ss. Onder andere omstandigheden zou hij bewondering kunnen opbrengen voor de perfecte snit en de hoge kwaliteit van de stof waar de uniformen van zijn gemaakt. Hij zet zijn koffer op de grond. Hoe kunnen ze weten welke van mij is? Met een huivering beseft hij dat de kans heel klein is dat hij zijn koffer of de inhoud ervan ooit nog terug zal zien. Hij legt zijn hand op zijn hart, op het geld dat in zijn binnenzak verstopt zit. Dan kijkt hij omhoog naar de hemel, ademt de frisse koele lucht diep in en brengt zichzelf in herinnering dat hij in elk geval buiten is.

Er klinkt een geweerschot, en hij maakt een schrikbeweging. Voor hem staat een ss-officier die zijn wapen omhoog gericht houdt. 'Lopen!' Lale kijkt om naar de lege trein. Kleren waaien weg en boeken slaan open. Er arriveren verschillende vrachtwagens waar kleine jongens uit klimmen. Ze zoeken de achtergelaten bezittingen bij elkaar en gooien die achter in de vrachtwagens. Lale voelt een zware druk tussen zijn schouderbladen. Sorry, mama, ze hebben je boeken.

Ze sjokken naar een verzameling vuilroze bakstenen gebouwen met ramen die in kleine ruitjes zijn verdeeld. Rond de ingang van het terrein groeien bomen met frisgroene lenteblaadjes. Wanneer Lale door het geopende ijzeren hek loopt, kijkt hij omhoog naar de Duitse woorden die van het ijzer gevormd zijn.

ARBEIT MACHT FREI

Arbeid bevrijdt.

Hij weet niet waar hij is of wat voor werk hij moet gaan doen, maar het idee dat het hem zal bevrijden, komt hem voor als een zieke grap. De ss, geweren, honden, zijn spullen zijn afgenomen – dit had hij niet kunnen bedenken.

'Waar zijn we?'

Bij het horen van de stem draait Lale zich om, en hij ziet Aron.

'Bij het eindpunt, zou ik zeggen.'

Arons gezicht betrekt.

'Doe gewoon wat ze zeggen, dan komt het wel goed.' Lale weet dat het niet erg overtuigend klinkt. Hij schenkt Aron een vlugge glimlach, die de ander beantwoordt. Dan draagt hij zichzelf op om zich aan zijn eigen advies te houden. Doe wat ze zeggen. En observeer je omgeving.

Eenmaal binnen de hekken worden de mannen in rechte rijen opgesteld. Op de kop van Lales rij zit een gevangene met een verslagen gezicht achter een kleine tafel. Hij draagt een broek met verticale blauwwitte strepen en een bijpassend jasje met een groene driehoek op de borst. Achter hem staat een ss-officier met zijn geweer in de aanslag.

Er komen donkere wolken aandrijven. In de verte rommelt onweer. De mannen wachten.

Een hogere officier, vergezeld door een escorte van soldaten, komt voor de groep staan. Hij heeft vierkante kaken, dunne lippen en ogen die worden overschaduwd door borstelige zwarte wenkbrauwen. Vergeleken bij zijn bewakers draagt hij een eenvoudig uniform. Geen bliksemschichten. Aan zijn houding is duidelijk te zien dat hij de leiding heeft.

'Welkom in Auschwitz.'

Lale hoort de woorden, gesproken door een mond die nauwelijks beweegt, vol ongeloof aan. Nadat hij onder dwang uit zijn huis is gehaald en als een beest is vervoerd, en terwijl hij omringd door zwaarbewapende ss'ers is opgedreven, wordt hij welkom geheten – wélkom geheten!

'Ik ben commandant Rudolf Höss. Ik heb de leiding in Auschwitz. Op het hek waar jullie zojuist doorheen zijn gekomen, staat 'arbeid bevrijdt'. Dit is jullie eerste les, jullie enige les. Werk hard. Doe wat je wordt opgedragen, dan verkrijg je vrijheid. Weiger je te gehoorzamen, dan volgen er consequenties. Jullie worden hier geregistreerd, en daarna worden jullie naar je nieuwe thuis gebracht, Auschwitz Twee – Birkenau.'

De commandant speurt hun gezichten af. Hij wil nog iets zeggen, maar wordt onderbroken door een harde donderslag. Geïrriteerd kijkt hij omhoog en mompelt iets. Dan maakt hij een minachtend gebaar naar de mannen, draait zich om en vertrekt. Zijn bewakers haasten zich achter hem aan. Het optreden is voorbij. Een onbeholpen vertoning, maar evenzogoed intimiderend.

Het registreren begint. Lale kijkt toe terwijl de eerste gevangenen naar de tafels worden geduwd. Hij staat te ver weg om de korte gesprekken te kunnen opvangen, en dus slaat hij de mannen in de pyjama's gade terwijl ze details noteren en iedere gevangene een bonnetje geven. Eindelijk is hij zelf aan de beurt. Hij moet zijn naam noemen, zijn adres, zijn beroep en de namen van zijn ouders. De man met het verweerde gezicht schrijft Lales antwoorden in een keurig rond handschrift op en geeft hem dan een papiertje met een nummer erop. Al die tijd kijkt hij Lale niet aan.

Lale kijkt naar het nummer: 32407.

Hij schuifelt met de mannen mee naar een tweede rij tafels, bemand door een andere groep gestreepte gevangenen met groene driehoeken, onder toezicht van nog meer ss'ers. Inmiddels is hij uitgeput en snakt hij naar water. Tot zijn verbazing wordt het papiertje uit zijn hand getrokken. Een ss'er rukt Lales jasje van zijn lijf, scheurt de ene mouw van zijn overhemd en drukt zijn linkeronderarm plat op de tafel. Hij kijkt vol ongeloof toe terwijl de gevangene achter de tafel het nummer 32407 in zijn arm kerft. Het houten blokje met de naald erin beweegt snel en pijnlijk over zijn huid. Dan pakt de man een lap die in groene inkt is gedoopt en wrijft er ruw mee over de wond op Lales arm.

Het tatoeëren heeft maar een paar seconden in beslag genomen, maar door de schok lijkt de tijd stil te staan. Hij grijpt zijn arm vast en staart naar het nummer. Hoe kan iemand dit een medemens aandoen? Hij vraagt zich af of hij voor de rest van zijn leven door dit moment zal worden gedefinieerd, door dit oneven nummer: 32407.

Een harde por met de kolf van een geweer doorbreekt zijn trance. Hij raapt zijn jasje van de grond en loopt struikelend naar voren, achter de andere mannen aan. Ze betreden een groot bakstenen gebouw met bankjes langs de muren. De ruimte doet Lale denken aan de gymzaal van de school in Praag waar hij vijf dagen heeft geslapen voordat hij op transport werd gesteld.

'Uitkleden!'

'Sneller, sneller!'

De ss'ers blaffen bevelen die de meeste mannen niet verstaan. Lale vertaalt ze voor degenen die vlak bij hem staan, en zij geven het door aan de mannen naast hen.

'Leg je kleren op de bankjes. Als jullie hebben gedoucht, liggen ze er nog.'

Even later trekken de mannen hun broeken en shirts, hun jassen en schoenen uit. De smerige kleren vouwen ze op en leggen ze netjes op de bankjes.

Lale vrolijkt op bij het vooruitzicht aan water, maar hij weet dat hij zijn kleren waarschijnlijk niet terug zal zien, noch het geld in zijn binnenzak. Hij trekt zijn kleren uit en legt ze op het bankje, woede laait in hem op. Dan haalt hij een smal pakje lucifers uit de zak van zijn broek, een herinnering aan vroegere pleziertjes, en werpt de dichtstbijzijnde officier een steelse blik toe. De man kijkt de andere kant op. Lale strijkt een lucifer af. Dit zou weleens het laatste kunnen zijn wat hij uit eigen vrije wil doet. Hij houdt de lucifer bij de voering van zijn jasje, bedekt het jasje met zijn broek en voegt zich haastig in de rij voor de douches. Achter hem wordt er binnen seconden 'Brand!' geschreeuwd. Lale kijkt achterom en ziet dat naakte mannen elkaar opzij duwen terwijl een ss-officier het vuur probeert te doven.

Hij is nog niet bij de douches, maar hij rilt. Wat heb ik gedaan? De afgelopen dagen heeft hij de anderen steeds verteld dat ze zich gedeisd moesten houden, dat ze moesten doen wat hen werd opgedragen, dat ze niemand tegen zich in het harnas moesten jagen. En nu heeft hij zelf brand gesticht. Hij twijfelt er niet aan wat er met hem zal gebeuren als iemand hem als de brandstichter aanwijst. Stom. Stom.

Bij de douches haalt hij diep adem en komt wat tot rust. Honderden rillende mannen staan schouder aan schouder terwijl het koude water op hen neer klatert. Ze houden hun hoofden achterover en drinken er gretig van, hoe smerig het ook is. Velen van hen houden beschaamd hun handen voor hun geslachtsdelen. Lale wast het zweet, het vuil en de stank van zijn lichaam en uit zijn haar. Water stroomt sissend door de pijpen en klatert op de vloer. Wanneer dat ophoudt, gaan de deuren naar de kleedkamer weer open, en zonder bevel lopen ze terug naar datgene wat hun kleding inmiddels heeft vervangen – oude Russische legeruniformen en klompen.

'Voordat jullie je aankleden, moeten jullie bij de barbier langs,' zegt een grijnzende ss-officier tegen de mannen. 'Buiten, schiet op.'

Opnieuw vormen de mannen rijen. Ze lopen naar een gevangene die klaarstaat met een scheermes. Wanneer Lale aan de beurt is, gaat hij met een rechte rug en een geheven hoofd op de stoel zitten. Hij kijkt toe terwijl de ss-officieren langs de rij lopen en de naakte gevangenen met de uiteinden van hun wapens prikken, wreed lachend en onder het uiten van ruwe beledigingen. Hij recht zijn rug nog wat meer en houdt zijn hoofd nog wat hoger terwijl het haar op zijn schedel wordt afgeschoren tot een laagje stoppels. Nu en dan snijdt het mes in zijn huid, maar hij geeft geen krimp.

Een officier geeft hem een por ten teken dat hij klaar is. Hij gaat in de rij staan en schuifelt terug naar de doucheruimte, waar hij zich aansluit bij de zoektocht naar kleding en klompen in de juiste maat. Het is allemaal vies en vol vlekken, maar het lukt hem om klompen te vinden die min of meer passen, en hij hoopt dat het Russische uniform dat hij heeft gepakt toereikend is. Eenmaal gekleed verlaat hij het gebouw zoals opgedragen.

Het begint donker te worden. Hij loopt door de regen, een van de talloze doodvermoeide mannen. Ieder gevoel voor tijd is hij kwijt. De modder wordt dikker, en het wordt steeds moeilijker om zijn voeten op te tillen. Maar hij sjokt vastberaden door. Sommige mannen struikelen of vallen op hun handen en knieën en worden geslagen tot ze weer opstaan. Staan ze niet op, dan worden ze doodgeschoten.

Lale probeert het zware, doorweekte uniform los te peuteren van zijn huid. Het schuurt, en de geur van natte wol en vuil doet hem denken aan de veewagon. Hij kijkt omhoog naar de hemel en probeert zo veel mogelijk regenwater in zijn mond op te vangen. De zoete smaak is het lekkerste dat hij in dagen heeft binnengekregen, het énige wat hij in dagen heeft binnengekregen. Hij heeft zo'n dorst dat het hem verzwakt en zijn zicht wazig maakt. Hij vormt een kommetje met zijn handen en slurpt gretig. In de verte ziet hij een groot terrein dat omringd is door schijnwerpers. In zijn half ijlende toestand lijken het bakens, schitterende bakens die dansen in de regen en hem de weg naar huis tonen. Kom naar ons toe, lijken ze te roepen. Wij bieden je beschutting, warmte en eten. Blijf lopen. Maar wanneer hij door een ander hek loopt, dit keer zonder boodschap, zonder aanbod, zonder belofte van vrijheid in ruil voor arbeid, beseft hij dat de glinsterende luchtspiegeling verdwenen is. Hij bevindt zich in een tweede gevangenis.

Achter dit plein, half opgaand in het donker, bevindt

zich een andere groep gebouwen. Het hek waarmee het terrein is afgebakend, is aan de bovenkant afgezet met prikkeldraad. In de uitkijktoren ziet Lale ss'ers die hun wapens op de gevangenen gericht houden. Een stuk verderop slaat de bliksem in het hek. De donderklap is niet luid genoeg om het geluid van een schot te maskeren; een man slaat tegen de grond.

'We hebben het gered.'

Als Lale zich omdraait, ziet hij dat Aron naar hem toe komt. De jongen is helemaal doorweekt, maar hij leeft.

'Ja, zo te zien zijn we er. Wat zie jij eruit, man.'

'Dan heb je jezelf nog niet gezien. Beschouw mij maar als een spiegel.'

'Nee, dank je.'

'Wat gaat er nu gebeuren?' vraagt Aron. Hij klinkt als een behoeftig kind.

Ze volgen de andere mannen en laten hun tatoeage zien aan een ss-officier die bij de ingang van een gebouw staat en de nummers op een klembord noteert. Na een harde duw in de rug belanden Lale en Aron in blok 7, een grote barak met drievoudige stapelbedden langs de muur. Tientallen mannen worden in het gebouw gepropt. Ze ruziën en duwen elkaar opzij om een goede plek te bemachtigen. Als ze geluk hebben, of agressief genoeg zijn, hoeven ze hun bed maar met één of twee anderen te delen. Het zit Lale echter tegen. Hij en Aron klimmen op een bovenbed waar twee andere gevangenen al beslag op hebben gelegd. Omdat ze in geen dagen hebben gegeten, hebben ze de kracht niet om een beter plekje te bevechten. Lale nestelt zich zo goed en zo kwaad als het gaat op de strozak die voor een matras door moet gaan. Hij duwt zijn handen tegen zijn maag in een poging de kramp in zijn ingewanden te onderdrukken. Verschillende mannen roepen naar de bewakers: 'We hebben eten nodig.'

'Morgenochtend krijgen jullie iets te eten,' is het antwoord.

'Morgenochtend zijn we allemaal doodgehongerd,' roept iemand achter in het blok.

'Dan hebben we in elk geval rust,' voegt een holle stem eraan toe.

'Er zit stro in die matrassen,' zegt iemand anders. 'Misschien moeten we ons als vee blijven gedragen en dat opeten?'

Hier en daar wordt zacht gelachen. De officier reageert niet.

En dan, ergens achter in de slaapzaal, een aarzelend: 'Boeee...'

Gelach. Zacht, maar oprecht. De officier, aanwezig maar onzichtbaar, reageert niet, en uiteindelijk vallen de mannen met rammelende magen in slaap.

Het is nog donker wanneer Lale wakker wordt omdat hij moet plassen. Hij kruipt over zijn slapende metgezellen heen naar de grond. Op de tast loopt hij naar buiten en zoekt zijn weg naar de achterkant van het blok, ervan uitgaand dat dat de veiligste plek is om zijn behoefte te doen. Als hij er bijna is, hoort hij stemmen: Slowaaks en Duits. Tot zijn opluchting ziet hij dat er gelegenheid is om te poepen, hoe primitief ook. Achter het gebouw lopen lange greppels met houten planken eroverheen. Drie gevangenen zitten boven de greppel, zachtjes pratend met elkaar. Aan de andere kant van het gebouw ziet hij twee ss'ers aankomen in het halfduister, rokend, lachend, met hun geweren losjes op hun rug. De flakkerende schijnwerpers vervormen hen tot verontrustende schaduwen en Lale kan niet verstaan wat ze zeggen. Zijn blaas staat op barsten, maar hij aarzelt.

Vrijwel tegelijk gooien de officieren hun sigaretten weg, zwaaien hun geweren naar voren en openen het vuur. De lichamen van de drie mannen die aan het poepen waren vallen achterover in de greppel. Lales adem stokt. Wanneer de officieren zijn kant op komen, drukt hij zijn rug tegen de muur van de barak. Hij vangt een glimp op van het profiel van een van hen – een jongen, een snotneus nog maar.

Terwijl ze in het donker verdwijnen, doet hij zichzelf een belofte. Ik zal dit overleven. Ik vertrek hier als een vrij man. Als er een hel is, dan zal ik deze moordenaars daarin zien branden. Hij denkt aan zijn familie in Krompachy en hoopt dat zijn aanwezigheid hier hun in elk geval een vergelijkbaar lot bespaart.

Hij doet zijn behoefte en keert terug naar zijn stapelbed.

'Die schoten,' zegt Aron, 'wat was dat?'

'Dat heb ik niet gezien.'

Aron zwaait zijn been over Lale heen op weg naar de grond.

'Waar ga je naartoe?'

'Pissen.'

Lale grijpt Arons hand vast. 'Wacht.'

'Waarom?'

'Je hebt de schoten gehoord,' zegt hij. 'Wacht tot het ochtend is.'

Zonder iets te zeggen klimt Aron weer in bed en gaat liggen, met zijn twee gebalde vuisten angstig en uitdagend tegen zijn kruis gedrukt.

Zijn vader was een klant gaan ophalen van het treinstation. Meneer Sheinberg stond op het punt om zichzelf elegant in het rijtuig te manoeuvreren, en Lales vader legde de fraaie leren koffers van zijn klant op de zitting tegenover hem. Waar was hij vandaan gekomen? Praag? Bratislava? Wenen misschien? Gekleed in een duur wollen pak, met glanzend gepoetste schoenen, glimlachte hij en sprak kort met Lales vader terwijl die op de bok klom. Zijn vader spoorde het paard aan om in beweging te komen. Zoals de meeste andere mannen die Lales vader met zijn taxiservice vervoerde, keerde meneer Sheinberg terug van een belangrijke zakenreis. Lale zou liever meneer Sheinberg zijn dan zijn vader.

De vrouw van meneer Sheinberg vergezelde hem die dag niet. Lale keek graag naar mevrouw Sheinberg en de andere vrouwen die met de rijtuigen van zijn vader reisden, hun verfijnde handen in witte handschoenen gestoken, hun oren versierd met elegante parels die bij hun halskettingen pasten. Hij was gek op de prachtige, smaakvol geklede vrouwen die de belangrijke mannen soms gezelschap hielden. Dat was het enige voordeel als hij zijn vader moest helpen: dat hij de deur van het rijtuig voor hen open mocht houden en hun hand kon vastpakken terwijl hij hen hielp om uit te stappen, hun geur inademend, dromend van de levens die zij leidden.

2

'Naar buiten. Iedereen naar buiten!'

Er wordt op schelle fluitjes geblazen, honden blaffen. Het heldere ochtendzonlicht stroomt door de deur van blok 7 naar binnen. De mannen maken zich los van elkaar, klimmen uit hun stapelbedden en schuifelen naar buiten. Vlak voor het gebouw blijven ze staan. Niemand durft te ver weg te lopen. Ze wachten. En wachten. De mannen die op de fluitjes bliezen en stonden te schreeuwen, zijn verdwenen. De gevangenen schuiven heen en weer met hun voeten en praten fluisterend met de persoon die naast hen staat. Als ze naar de andere blokken kijken, zien ze dat zich daar hetzelfde afspeelt. Wat nu? Wachten.

Uiteindelijk naderen een ss-officier en een gevangene blok 7. Iedereen zwijgt. Er wordt niets uitgelegd. De gevangene leest nummers op van een klembord. De ss-officier staat ernaast en tikt ongeduldig met zijn wapenstok tegen zijn dijbeen. Het duurt even voordat de gevangenen doorhebben dat de nummers overeenkomen met de tatoeages die ze op hun linkerarm hebben. Wanneer de lijst is afgewerkt, is er op twee nummers niet gereageerd.

'Jij daar.' De gevangene die de nummers heeft opgelezen, wijst naar een man aan het eind van de rij. 'Ga terug naar binnen en controleer of daar nog iemand is.' De man kijkt hem met een vragende blik aan. Hij heeft er geen woord van verstaan. De man naast hem herhaalt fluisterend de instructie, en de eerste man haast zich naar binnen. Even later keert hij terug en steekt zijn wijsvinger en zijn middelvinger omhoog: twee doden.

De ss-officier stapt naar voren. Hij zegt iets in het Duits. De gevangenen hebben al geleerd om hun mond dicht te houden en gehoorzaam af te wachten, in de hoop dat een van hen zal kunnen vertalen wat er is gezegd. Lale verstaat het allemaal.

'Jullie krijgen twee maaltijden per dag. Eén 's ochtends en één 's avonds. Als je de avond haalt.' De man zwijgt even, en er verschijnt een grimmige glimlach op zijn gezicht. 'Na jullie ochtendmaal moeten jullie werken tot wij zeggen dat jullie mogen stoppen. Jullie zullen verdergaan met de bouw van dit kamp. We moeten hier nog veel meer mensen kwijt.' De glimlach verandert in een trotse grijns.

'Volg de instructies van jullie kapo en de voormannen van de bouw, en dan zul je de zon zien ondergaan.'

Er klinkt een geluid van kletterend metaal, en als de gevangenen zich omdraaien, zien ze een groep mannen aankomen die twee grote ketels met zich meezeulen. Ontbijt. Een paar van de nieuwkomers maken aanstalten om naar de mannen toe te lopen, alsof ze hen willen helpen.

'Wie zich verroert, wordt neergeschoten,' blaft de ss-officier, en hij heft dreigend zijn geweer. 'Geen tweede kansen.'

De officier vertrekt, en de gevangene die de lijst heeft voorgelezen, richt zich tot de groep. 'Jullie hebben hem gehoord,' zegt hij in het Duits met een Pools accent. 'Ik ben de kapo, jullie baas, dus. Jullie moeten in twee rijen gaan staan om jullie eten te krijgen. Wie klaagt, moet de gevolgen aanvaarden.'

De mannen vormen rijen en vragen fluisterend aan elkaar of iemand heeft begrepen wat 'de Duitser' zei. Lale vertelt het aan de mannen die het dichtst bij hem staan en vraagt hun om het door te geven. Hij zal zo veel mogelijk vertalen.

Wanneer hij de voorkant van de rij heeft bereikt, neemt hij dankbaar een kleine tinnen beker in ontvangst. De man die hem de beker in zijn handen duwt, doet dat zo ruw dat een deel van de inhoud wordt gemorst. Lale doet een stap opzij en inspecteert zijn ontbijt. Het is bruin en vloeibaar, en er komt een geur vanaf die hij niet kan thuisbrengen. Het is geen thee, geen koffie en geen soep. Hij vreest dat hij de smerige drank meteen weer uit zal spugen als hij die langzaam opdrinkt. En dus sluit hij zijn ogen, knijpt zijn neus dicht en giet het gore spul in één keer door zijn keel. Hij krijgt het weg, maar anderen hebben minder succes.

Aron, die vlak bij hem staat, heft zijn beker in een spottende toost. 'Ik heb een stuk aardappel, en jij?'

'Beste maaltje dat ik in tijden heb gehad.'

'Ben jij altijd zo opgewekt?'

'Vraag me dat aan het eind van de dag nog maar een keer,' zegt Lale met een knipoog. Hij geeft zijn lege beker terug aan de gevangene van wie hij hem heeft gekregen, bedankt de man met een vlug knikje en een halve glimlach.

'Als jullie luilakken klaar zijn met eten, ga dan weer in de rij staan!' schreeuwt de kapo. 'Er moet gewerkt worden!'

Lale vertaalt de instructies voor de anderen.

'Volg mij,' schreeuwt de kapo, 'en doe wat de voorman zegt. Als iemand er de kantjes vanaf loopt, dan krijg ik het te horen.'

Lale en de anderen worden naar een deels opgetrokken gebouw gebracht, een replica van hun eigen blok. Andere gevangenen zijn al aan het werk; timmerlui en metselaars die zwijgend hun taken verrichten in het vaste ritme van mensen die eraan gewend zijn om samen te werken.

'Jij. Ja, jij. Ga naar het dak. Daar kun je aan de slag.'

Het bevel is aan Lale gericht. Hij kijkt om zich heen en ziet een ladder die naar het dak leidt. Daar zitten twee gevangenen gehurkt te wachten op de dakpannen die via de ladder naar ze toe worden gebracht. De mannen schuiven op als Lale naar boven klimt. Het dak bestaat slechts uit houten balken die de dakpannen moeten ondersteunen.

'Wees voorzichtig,' waarschuwt een van de werklui. 'Ga wat hoger op het dak zitten en kijk hoe wij het doen. Het is niet moeilijk – je hebt het zo in de vingers.' De man is Russisch.

'Ik heet Lale.'

'Voorstellen doen we straks wel, oké?' De twee mannen wisselen een blik. 'Begrijp je me?'

'Ja,' antwoordt Lale in het Russisch. De mannen glimlachen.

Lale kijkt toe terwijl ze de zware kleien dakpannen aannemen, naar de plek kruipen waar de laatste dakpannen zijn gelegd en die zorgvuldig overlappen, waarna ze terugkeren naar de ladder voor de volgende. De Rus had gelijk, het is geen moeilijk werk en het duurt niet lang voordat hij met ze meedoet. Op deze warme lentedag weerhouden alleen de honger en de kramp hem ervan om het tempo van de meer ervaren arbeiders bij te benen.

Pas na een paar uur mogen ze pauze nemen. Lale wil naar de ladder kruipen, maar de Rus houdt hem tegen.

'Het is veiliger om hierboven te blijven. Hier zit je zo hoog dat niemand je goed kan zien.'

Lale volgt de mannen, die duidelijk precies weten wat de beste plek is om pauze te houden: de hoek waar dikker hout is gebruikt om het dak te versterken.

'Hoelang zijn jullie hier al?' vraagt hij, zodra ze zitten.

'Ongeveer twee maanden, denk ik. Na een poosje raak je de tel kwijt.'

'Waar komen jullie vandaan? Ik bedoel, hoe zijn jullie hier terechtgekomen? Zijn jullie Joods?'

'Eén vraag tegelijk.'

De Rus grinnikt, en de jongere, bredere arbeider rolt met zijn ogen om de onwetendheid van de nieuwkomer, die nog moet leren wat zijn plek in het kamp is.

'We zijn niet Joods, we zijn Russische soldaten. We zijn onze eenheid kwijtgeraakt, en die klote-Duitsers hebben ons gevangengenomen en aan het werk gezet. En jij? Een Jood?'

'Ja. Ik hoor bij een grote groep die gisteren uit Slowakije is aangekomen – allemaal Joden.'

De Russen wisselen een blik. De oudere man wendt zich af, sluit zijn ogen en heft zijn gezicht naar de zon, het aan zijn metgezel overlatend om het gesprek voort te zetten.

'Kijk eens om je heen. Vanaf hier kun je goed zien hoeveel blokken er worden gebouwd en hoeveel land ze nog moeten vrijmaken.'

Lale steunt op zijn ellebogen en bekijkt het enorme gebied binnen het elektrische hek. Barakken zoals de exemplaren die hij helpt bouwen, strekken zich uit tot in de verte. Vol afschuw realiseert hij zich wat deze plek kan worden. Hij zoekt naar woorden, wil niet laten blijken hoezeer hij van slag is. Hij neemt zijn oude positie weer in en houdt zijn hoofd afgewend van zijn metgezellen, zodat hij een poging kan doen zijn emoties te onderdrukken. Hij mag niemand vertrouwen, hij mag niets over zichzelf onthullen, hij moet voorzichtig zijn...

De man slaat hem aandachtig gade. Hij zegt: 'Ik heb de ss'ers horen opscheppen dat dit het grootste concentratiekamp van allemaal wordt.'

'Is dat zo?' vraagt Lale, zichzelf dwingend om harder te praten dan een fluistertoon. 'Nou, als we het samen gaan bouwen, kun je me net zo goed vertellen hoe jullie heten.'

'Andor,' zegt de jongere man. 'En die grote pummel naast me is Boris. Hij zegt niet veel.'

'Je mond opentrekken kan je hier je leven kosten,' mompelt Boris, terwijl hij Lale de hand toesteekt.

'Wat kunnen jullie me nog meer vertellen over de mensen hier?' vraagt Lale. 'En wie zijn die kapo's in vredesnaam?'

'Vertel jij het hem maar,' zegt Boris geeuwend.

'Nou, er zijn andere Russische soldaten zoals wij, maar niet veel, en dan zijn er de verschillende driehoeken.'

'Zoals de groene driehoek die mijn kapo draagt?' vraagt Lale.

Andor lacht. 'O, de groene zijn het ergst. Dat zijn misdadigers – moordenaars, verkrachters, dat soort kerels. Ze voldoen goed als bewakers omdat het vreselijke mensen zijn.' Hij vervolgt: 'Anderen zijn hier vanwege hun anti-Duitse politieke standpunten. Zij dragen een rode driehoek. Dan zijn er nog een paar met een zwarte driehoek – dat zijn asocialen, niksnutten, die houden het niet lang vol. En dan zijn jij en je vrienden er nog.'

'Wij dragen de gele ster.'

'Ja, jullie dragen de ster. Jullie misdaad is dat jullie Joods zijn.'

'Waarom hebben jullie geen kleur?' vraagt Lale.

Andor haalt zijn schouders op. 'Wij zijn gewoon de vijand.'

Boris snuift. 'Ze beledigen ons door onze uniformen met de rest van jullie te delen. Iets ergers kunnen ze eigenlijk niet doen.'

Er klinkt een fluitje, en de drie mannen gaan weer aan het werk.

Die avond verzamelen de mannen in blok 7 zich in kleine groepjes, om te praten, te delen wat ze geleerd hebben en vragen te stellen. Een aantal van hen begeeft zich naar het uiterste einde van de barak om te bidden. De verschillende gebeden vermengen zich tot iets onverstaanbaars. Bidden de mannen om hulp, wraak, acceptatie? Het komt Lale voor dat iedere man, zonder de begeleiding van een rabbijn, bidt om datgene wat voor hem het belangrijkst is. En zo moet het ook zijn, denkt hij. Hij loopt rond tussen de groepjes, hij luistert, maar hij neemt niet aan de gesprekken deel.

Aan het eind van zijn eerste werkdag heeft Lale alle mogelijke informatie uit zijn Russische collega's losgepeuterd. De rest van de week houdt hij zich aan zijn eigen advies: hij houdt zich gedeisd, doet wat hem wordt opgedragen, protesteert nooit. Tegelijkertijd houdt hij alles en iedereen om zich heen nauwlettend in de gaten. Afgaand op het ontwerp van de nieuwe gebouwen, wordt het hem al snel duidelijk dat de Duitsers weinig kaas hebben gegeten van architectuur. Wanneer het maar kan luistert hij naar de gesprekken en het geroddel van de ss'ers, die niet weten dat hij hen kan verstaan. Ze geven hem munitie van het enige soort dat hij tot zijn beschikking heeft, kennis, en hij slaat het allemaal op om het later te kunnen gebruiken. De ss'ers hangen het grootste deel van de dag in groepjes rond, leunend tegen de muren, rokend, de boel met één oog in de gaten houdend. Door gesprekken af te luisteren, ontdekt hij dat kampcommandant Höss een luie hufter is die zijn gezicht maar zelden laat zien, en dat de huisvesting voor de Duitsers in Auschwitz veel beter is dan die in Birkenau, waar ze geen bier of sigaretten kunnen krijgen.

Eén groep arbeiders springt er voor Lale uit. Ze zijn in zichzelf gekeerd, dragen burgerkleding en spreken zonder voor hun veiligheid te vrezen met de ss. Lale besluit uit te zoeken wie deze mannen zijn. Andere gevangenen tillen nooit een stuk hout of een dakpan op, maar lopen in plaats daarvan nonchalant over het terrein. Zijn kapo is er daar een van. Hoe kwam je aan zo'n baantje? Een dergelijke positie zou hem de beste kans bieden om uit te vinden wat er in het kamp speelt, wat de plannen zijn voor Birkenau en – belangrijker nog – voor hem.

Lale zit op het dak, dakpannen plaatsend in de zon, wanneer hij zijn kapo hun kant op ziet komen. 'Kom op, stelletje niksnutten, werk eens door,' roept Lale. 'Dit blok moet af!' Hij gaat door met bevelen blaffen wanneer de kapo onder hen blijft staan. Hij heeft er een gewoonte van gemaakt de man met een respectvol knikje te begroeten. Eén keer kreeg hij een kort knikje terug. Hij heeft hem aangesproken in het Pools. Op zijn minst heeft zijn kapo hem geaccepteerd als een gehoorzame gevangene die geen problemen zal veroorzaken.

Met een flauw glimlachje maakt de kapo oogcontact met Lale en gebaart dat hij van het dak moet komen. Lale nadert hem met gebogen hoofd.

'Bevalt het je, het werken op het dak?' vraagt de kapo.

'Ik doe wat me wordt opgedragen,' antwoordt hij.

'Maar je wilt liever een makkelijk leventje, toch?'

Hij zegt niets.

'Ik heb een hulpje nodig,' zegt de kapo, spelend met de rafelige rand van zijn Russische legerhemd. Het is te groot voor hem, bedoeld om de kleine man groter en krachtiger te laten lijken tegenover degenen over wie hij de baas moet spelen. Uit zijn mond, waarin verschillende tanden ontbreken, komt de doordringende stank van deels verteerd vlees.

'Je doet wat ik je opdraag. Je brengt me mijn eten, je maakt mijn laarzen schoon, en je staat voor me klaar wanneer ik maar wil. Als je dat voor elkaar krijgt, kan ik je leven een stuk makkelijker maken. Als je faalt, dan heeft dat gevolgen.'

Lale gaat naast zijn kapo staan, bij wijze van antwoord op het aanbod. Hij vraagt zich af of hij met zijn promotie van bouwvakker naar sloofje een pact met de duivel heeft gesloten.

Op een prachtige, niet te warme lentedag ziet Lale een grote gesloten vrachtwagen langs de gebruikelijke losplek op de bouwplaats rijden en achter het administratiegebouw verdwijnen. Hij weet dat het hek daar niet ver achter ligt, en hij heeft zich nooit op dat deel van het terrein durven wagen, maar nu wint de nieuwsgierigheid het. Hij loopt achter de vrachtwagen aan met een houding die zegt: 'Ik hoor hier, ik mag gaan en staan waar ik wil.'

Hij tuurt om de hoek aan de achterkant van het gebouw. De vrachtwagen komt tot stilstand naast een bus die eruitziet als een gevangenwagen. Het voertuig is verbouwd tot een soort bunker, met stalen platen voor de ramen. Lale kijkt toe terwijl tientallen naakte mannen uit de vrachtwagen worden gehaald en naar de bus worden gebracht. Sommige van hen gaan uit eigen vrije wil naar binnen. Degenen die zich verzetten, krijgen een klap met de kolf van een geweer. Medegevangenen slepen de half bewusteloze tegenstribbelaars naar hun lot.

De bus zit zó vol, dat de laatste mannen zich met hun tenen aan het trapje vastklemmen, terwijl hun naakte achterwerken uit de deur hangen. Officieren duwen de lichamen met hun volle gewicht naar binnen. Dan slaan ze de deuren dicht. Een officier loopt om de bus heen en beukt met zijn vuist op de metalen platen om te controleren of alles stevig vastzit. Een ander, een lenige vent, klimt met een blik in zijn hand op het dak. Als verlamd kijkt Lale toe terwijl de man een klein luik in het dak van de bus opent en het blik ondersteboven houdt. Dan ramt hij het luik dicht en schuift de grendel ervoor. Terwijl de bewaker omlaag klimt, begint de bus hevig te schudden en klinken er gedempte angstkreten.

Lale laat zich brakend op zijn knieën vallen. Zo blijft hij zitten, naast zijn eigen braaksel, tot de kreten wegsterven.

Wanneer het helemaal stil is, gaan de deuren van de bus open. Dode mannen vallen er als blokken steen uit. Een groep gevangenen wordt uit een andere hoek van het gebouw gemarcheerd. De vrachtwagen rijdt achteruit en de gevangenen beginnen de lijken in te laden, wankelend onder het gewicht, terwijl ze hun afgrijzen proberen te verbergen. Lale is getuige geweest van iets onvoorstelbaars. Met trillende knieën krabbelt hij overeind en blijft staan op de drempel van de hel, verteerd door een oplaaiend vuur van emoties.

De volgende ochtend lukt het hem niet om op te staan. Hij heeft koorts.

Hij komt pas zeven dagen later bij bewustzijn. Iemand giet voorzichtig water in zijn mond. Op zijn voorhoofd ligt een koele vochtige lap.

'Alsjeblieft, jongen,' zegt een stem. 'Rustig aan.'

Als hij zijn ogen opendoet, ziet hij een onbekende, wat oudere man die meelevend op hem neerkijkt. Hij richt zich op, steunend op zijn ellebogen, en de onbekende helpt hem om rechtop te gaan zitten. Verward kijkt hij om zich heen. Wat voor dag is het? Waar is hij?

'Wat frisse lucht zal je goed doen,' zegt de man, en hij pakt Lales elleboog vast.

De onbekende loodst hem naar buiten. Het is een onbewolkte dag, eentje gemaakt om van te genieten, en hij huivert bij de herinnering aan de laatste keer dat hij zo'n dag heeft meegemaakt. De wereld om hem heen begint te draaien, en hij wankelt. De onbekende ondersteunt hem en brengt hem naar een stapel timmerhout die vlakbij ligt.

De man schuift Lales mouw omhoog en wijst naar het getatoeëerde nummer. 'Ik heet Pepan, en ik ben de Tätowierer. Wat vind je van mijn handwerk?'

'De Tätowierer?' vraagt Lale. 'Dus dit heb jíj me aangedaan?'

Pepan haalt zijn schouders op en kijkt hem recht in de ogen. 'Ik had geen keus.'

Hij schudt zijn hoofd. 'Ik had liever een andere tatoeage gehad.'

'Wat dan?' vraagt Pepan.

In plaats van te antwoorden, glimlacht hij sluw.

'Hoe heet ze?'

'Mijn liefje? Ik weet het niet. We hebben elkaar nog niet ontmoet.'

Pepan grinnikt. De twee mannen zitten een poosje in vriendschappelijke stilte naast elkaar. Lale volgt de cijfers op zijn arm met zijn wijsvinger. 'Dat accent van jou,' vraagt hij. 'Wat is dat?'

'Ik ben Frans.'

'En wat is er met me gebeurd?' vraagt hij eindelijk.

'Tyfus. Je was voorbestemd om op jonge leeftijd het graf in te gaan.'

Hij huivert. 'Waarom zit ik hier dan nog?'

'Ik liep langs jouw blok toen je lichaam op de kar met doden en stervenden werd gegooid. Een jongeman smeekte de ss'ers om je achter te laten. Hij zei dat hij voor je zou zorgen. Toen ze het volgende blok binnengingen, trok hij je van de kar en sleepte je terug naar jullie blok. Ik ben hem te hulp geschoten.'

'Hoelang geleden was dat?'

'Zeven, acht dagen. Al die tijd hebben de mannen in je blok 's nachts voor je gezorgd, en ik ben overdag zo veel mogelijk bij je geweest. Hoe voel je je?'

'Wel redelijk. Ik weet niet wat ik moet zeggen, hoe ik je kan bedanken.'

'Bedank de man maar die je van de kar heeft getrokken. Dankzij zijn moed ben je ontsnapt aan de kaken van de dood.'

'Dat zal ik zeker doen, zodra ik weet wie het was. Kun jij me dat vertellen?'

'Nee. Het spijt me, we hebben geen namen uitgewisseld.'

Lale doet even zijn ogen dicht en laat de zon zijn huid

verwarmen, zodat hij daar de energie, de wilskracht uit kan halen om verder te gaan. Hij recht zijn hangende schouders en voelt zijn vastberadenheid terugkeren. Hij leeft nog. Hij gaat op zijn trillende benen staan en rekt zich uit, probeert nieuw leven in zijn verzwakte lichaam te ademen, een lichaam dat medicijnen, voeding en vocht nodig heeft.

'Ga zitten, je bent nog erg zwak.'

Dat kan hij moeilijk tegenspreken, dus gaat hij weer zitten. Maar zijn rug is nu rechter, zijn stem krachtiger. Hij schenkt Pepan een glimlach. De oude Lale is terug, bijna nog hongeriger naar informatie dan naar eten. 'Ik zie dat jij een rode ster draagt,' zegt hij.

'Inderdaad. Ik werkte als universiteitsdocent in Parijs, en ik kwam iets te duidelijk voor mijn mening uit.'

'In welk vak gaf je les?'

'Economie.'

'En omdat je docent economie bent, zit je hier? Waarom?'

'Weet je, Lale, een man die zijn studenten iets bijbrengt over belastingen en rentetarieven, raakt als vanzelf betrokken bij de politiek. De politiek helpt je om de wereld te begrijpen, tot je die niet meer begrijpt, en dan kom je erdoor in een kamp terecht. Door politiek en religie.'

'En als je hier weggaat, pak je dan je oude leven weer op?'

'Je bent nogal optimistisch. Ik weet niet wat de toekomst voor mij in petto heeft, of voor jou.'

'Geen glazen bol, dus.'

'Helaas.'

Boven het lawaai van de bouwplaats uit klinken het geblaf van honden en de geschreeuwde bevelen van bewakers.

Pepan buigt zich naar voren en vraagt: 'Is je karakter net zo sterk als je lichaam?'

Lale beantwoordt Pepans blik. 'Ik ben een overlever.'

'In de situatie waarin wij ons bevinden, kan je kracht een zwakke plek zijn. Charme en een opzichtige glimlach brengen je geheid in de problemen.'

'Ik ben een overlever.'

'In dat geval kan ik je misschien helpen om het kamp te overleven.'

'Heb je vrienden op hoge posities?'

Pepan lacht en slaat Lale op de rug. 'Nee. Geen vrienden op hoge posities. Ik zei het al, ik ben de Tätowierer. En ik heb gehoord dat er binnenkort nog veel meer mensen naar het kamp komen.'

Daar staan ze allebei even bij stil. Lale bedenkt dat iemand ergens beslissingen neemt, ergens aantallen vandaan haalt. Maar waar? Hoe beslis je wie er naar het kamp gaat? Op welke informatie baseer je die beslissingen? Ras, religie of politieke overtuiging?

'Je intrigeert me, Lale. Ik werd naar je toe getrokken. Je had een kracht die zelfs je zieke lichaam niet kon verbergen. Die zorgde ervoor dat je nu hier tegenover me zit.'

Lale hoort de woorden, maar hij heeft moeite om datgene wat Pepan zegt te verwerken. Ze bevinden zich op een plek waar mensen elke dag sterven, elk uur, elke minuut.

'Zou je met mij willen werken?' Pepans vraag wekt Lale

uit zijn sombere overpeinzingen. 'Of ben je tevreden met het werk dat ze je hebben toegewezen?'

'Ik doe wat ik kan om te overleven.'

'Ga dan op mijn voorstel in.'

'Wil je dat ik andere mannen ga tatoeëren?'

'Ja. Iemand moet het doen.'

'Ik denk niet dat ik dat kan. Iemand schade toebrengen, iemand pijn doen – het dóét pijn, weet je.'

Pepan stroopt zijn mouw op, zodat Lale zijn eigen nummer kan zien. 'En of het pijn doet. Maar als jij de baan niet wilt, dan doet iemand met minder medeleven het, en dan doet het nóg meer pijn.'

'Voor de kapo werken is niet hetzelfde als honderden onschuldige mensen schenden.'

Er volgt een lange stilte. Lale verzinkt opnieuw in sombere gedachten. De mensen die de beslissingen nemen, hebben die familie? Een vrouw, kinderen, ouders? Dat kan gewoon niet.

'Dat kun je jezelf wijsmaken, maar je bent nog steeds een marionet van de nazi's. Of je nu met mij werkt, voor de kapo of op de bouwplaats, je knapt nog steeds hun vuile werk op.'

'Je weet het wel te brengen.'

'Dus?'

'Goed. Als jij het kunt regelen, dan kom ik voor jou werken.'

'Niet voor mij. Mét mij. Maar je moet vlug en efficiënt te werk gaan en geen herrie schoppen bij de ss.'

'Oké.'

Pepan staat op en maakt aanstalten om weg te lopen. Lale pakt zijn mouw vast.

'Pepan, waarom heb je mij gekozen?'

'Ik zag een uitgeputte, half uitgehongerde jongeman zijn leven op het spel zetten om jou te redden. Je moet wel iemand zijn die de moeite van het redden waard is. Ik kom je morgenochtend halen. Rust nu eerst uit.'

Als zijn blokgenoten die avond terugkeren, valt het Lale op dat Aron ontbreekt. Hij vraagt zijn twee bedgenoten wat er met hem is gebeurd, hoelang hij al weg is.

'Ongeveer een week,' is het antwoord.

De moed zinkt Lale in de schoenen.

'De kapo kon jou niet vinden,' zegt de man. 'Aron had hem kunnen vertellen dat je ziek was, maar hij was bang dat de kapo je dan weer op de dodenkar zou laten smijten. En dus zei hij dat je al weg was.'

'En de kapo heeft de waarheid ontdekt?'

'Nee,' zegt de man geeuwend, uitgeput van het harde werk. 'Maar de kapo was zo boos dat hij Aron toch heeft meegenomen.'

Lale vecht tegen zijn tranen.

Zijn tweede bedgenoot steunt op zijn elleboog. 'Je hebt Arons hoofd volgestopt met verheven ideeën. Hij wilde dat ene leven redden.'

'Wie één leven redt, redt de hele wereld,' vult Lale zacht aan.

De mannen vallen stil. Lale staart naar het plafond en

knippert zijn tranen weg. Aron is niet de eerste die hier sterft, en hij zal niet de laatste zijn.

'Dankjewel,' zegt hij.

'We hebben geprobeerd voort te zetten wat Aron was begonnen, proberen om dat ene leven te redden.'

'We hebben elkaar afgewisseld,' zegt een jonge jongen die op het onderste bed zit. 'We hebben om beurten water naar binnen gesmokkeld en ons brood met je gedeeld, je gedwongen om het door te slikken.'

Iemand anders neemt het over. Hij komt overeind van het bed onder dat van Lale, een man met holle, droefgeestige ogen en een toonloze stem. 'We hebben je vuile kleren verschoond. Die hebben we geruild met kleren van iemand die 's nachts dood was gegaan.'

Lale kan nu niet meer voorkomen dat de tranen over zijn ingevallen wangen stromen. 'Ik kan niet...'

Hij kan niets anders doen dan zijn waardering tonen. Hij weet dat hij een schuld heeft die hij nooit zal kunnen terugbetalen, niet nu, niet hier, en realistisch gesproken zelfs nooit.

Hij valt in slaap op de bewogen klanken van het Hebreeuwse gezang van de mannen die zich nog aan hun geloof vastklampen.

Wanneer Lale de volgende ochtend in de rij staat voor het ontbijt, verschijnt Pepan naast hem, pakt stilletjes zijn arm en loodst hem naar het terrein voor het hoofdgebouw. Daar laden de trucks hun menselijke vracht uit.

Hij heeft het gevoel dat hij in een scène van een klassieke tragedie is beland. Sommige acteurs zijn hetzelfde, maar de meeste zijn nieuw, hun tekst onuitgeschreven, hun rol nog niet vastgesteld. Zijn levenservaring is niet toereikend om hem te helpen begrijpen wat er gebeurt. Hij herinnert zich dat hij hier eerder is geweest. Niet als toeschouwer, maar als deelnemer. Wat zal zijn rol nu zijn? Hij doet zijn ogen dicht en stelt zich voor dat hij tegenover een andere versie van zichzelf zit en naar zijn linkerarm kijkt. Er staat geen nummer op. Hij doet zijn ogen weer open, kijkt naar de tatoeage op zijn echte linkerarm, en dan weer naar het tafereel dat zich voor hem afspeelt.

Langzaam laat hij zijn blik over de honderden nieuwe gevangenen glijden. Jongens, jongemannen, met doodsangst in hun ogen. Ze klampen zich aan elkaar vast. Slaan hun armen om hun eigen lichaam. De ss en de honden drijven hen als lammeren naar de slacht. Ze gehoorzamen. Of ze vandaag leven of sterven, wordt hier besloten, op dit moment. Lale volgt Pepan niet langer en blijft stokstijf staan.

Pepan komt terug en loodst hem naar een stel tafeltjes waar tatoeëerbenodigdheden op liggen. Degenen die door de selectie komen, worden in een rij voor hun tafel opgesteld. Ze zullen gemarkeerd worden. Andere nieuwelingen – de ouderen, gehandicapten, degene zonder talent – zijn voorbestemd voor de dood.

Er klinkt een schot. Mannen krimpen ineen. Iemand valt neer. Lale kijkt in de richting waar het schot vandaan kwam, maar Pepan pakt zijn gezicht vast en draait zijn hoofd weg.

Een oudere officier komt op Pepan en Lale af, geflankeerd door een groepje jonge ss'ers. De man is ergens achter in de veertig, met een stijve rug, een onberispelijk uniform en een pet die kaarsrecht op zijn hoofd staat – een perfecte mannequin, denkt Lale.

De ss'ers blijven recht voor hen staan. Pepan stapt naar voren en begroet de officier met gebogen hoofd.

'Oberscharführer Houstek, ik heb deze gevangene aangetrokken om me te helpen.' Pepan gebaart naar Lale, die achter hem staat.

Houstek keert zich naar Lale toe.

Pepan gaat verder: 'Ik ben ervan overtuigd dat hij snel zal leren.'

Houstek staart met een stalen blik naar Lale en wenkt hem met zijn wijsvinger naar voren. Lale gehoorzaamt.

'Welke talen spreek je?'

'Slowaaks, Duits, Russisch, Frans, Hongaars en een beetje Pools,' antwoordt Lale, de man recht in de ogen kijkend.

'Hm.' Houstek loopt weg.

Lale buigt zich naar Pepan toe en fluistert: 'Een man van weinig woorden. Ik neem aan dat ik ben aangenomen?'

Pepan keert zich naar Lale toe, met vlammende ogen en stem, terwijl hij rustig spreekt. 'Onderschat hem niet. Laat die bravoure varen, of het kost je je leven. De volgende keer dat je met hem praat, hou je je blik op zijn laarzen gericht.'

'Sorry,' zegt hij. 'Ik zal eraan denken.'

Wanneer leert hij het nu eens?

3

Juni 1942

Lale wordt langzaam wakker, zich vastklampend aan een droom die een glimlach op zijn gezicht heeft getoverd. Blijf, blijf, laat me hier nog heel even blijven, alsjeblieft... Hoewel hij het leuk vindt om allerlei soorten mensen te ontmoeten, gaat hij in het bijzonder graag om met vrouwen. Hij vindt ze allemaal mooi, ongeacht hun leeftijd, uiterlijk of kleding. Het hoogtepunt van zijn dagelijkse routine is zijn rondje over de damesafdeling waar hij werkt. Dan flirt hij met de meisjes en de dames die achter de toonbank staan.

In zijn droom hoort hij de deuren van het warenhuis

opengaan. Hij kijkt op, en er komt een vrouw binnen. Achter haar blijven twee Slowaakse soldaten in de deuropening staan. Hij haast zich met een geruststellende glimlach naar haar toe. 'Je bent veilig,' zegt hij. 'Bij mij kan je niets overkomen.' Als hij zijn hand uitsteekt, legt ze de hare erin, en hij leidt haar naar een toonbank vol met luxe flesjes parfum. Hij inspecteert er een aantal, en dan kiest hij er eentje uit en houdt dat omhoog. Speels draait ze haar nek. Voorzichtig spuit hij wat parfum aan de ene kant van haar hals, en dan aan de andere. Als ze haar hoofd terugdraait, ontmoeten hun blikken elkaar. Ze steekt haar polsen uit, en die krijgen allebei hun beloning. Ze doet haar ogen dicht en ruikt aan haar ene pols. Daarna biedt ze die Lale aan. Hij pakt zachtjes haar hand vast, brengt die heel dicht bij zijn gezicht en buigt zich eroverheen om de bedwelmende geur van parfum en jeugd in te ademen.

'Ja,' zegt hij. 'Dit is het goede geurtje voor jou.'

'Ik neem het.'

Lale geeft het flesje aan de winkeljuffrouw, die het inpakt.

'Kan ik nog iets voor je doen?' zegt hij.

Gezichten flitsen over zijn netvlies, glimlachende jonge vrouwen dansen om hem heen, vrolijk, genietend van het leven. Lale houdt de arm vast van de jongedame die hij op de damesafdeling heeft ontmoet. Zijn droom lijkt versneld vooruit te spoelen. De jongedame en hij lopen een prachtig, zacht verlicht restaurant binnen. Iedere tafel is bedekt met een zwaar tafelkleed van jacquardweefsel, met daarop een flakkerende kaars. Dure sieraden vangen het kaarslicht en toveren kleuren op de muren. Het discrete gekletter van zilveren bestek op fijn porselein wordt verzacht door de lieflijke klanken van het strijkkwartet dat in een van de hoeken speelt. De gastheer begroet hen hartelijk terwijl hij de jas van Lales metgezel aanneemt en hen naar een tafeltje brengt. Als ze zitten, laat de maître d' Lale een fles wijn zien. Zonder zijn ogen van zijn tafeldame af te wenden, knikt hij, en de wijn wordt ontkurkt en ingeschonken. Lale en de dame pakken op de tast hun glas. Zonder hun blikken van elkaar af te wenden, nemen ze een slokje. Opnieuw spoelt Lales droom vooruit. Hij wordt bijna wakker. Nee. Nu doorzoekt hij zijn garderobe, kiest een pak uit, een overhemd, en gooit de ene na de andere stropdas neer tot hij de juiste vindt en die in een perfecte knoop om zijn hals strikt. Hij steekt zijn voeten in glanzend gepoetste schoenen. Dan pakt hij zijn sleutels en zijn portemonnee van het nachtkastje en bukt zich om een losse lok haar uit het gezicht van zijn slapende metgezel te strijken. Hij kust haar zachtjes op haar voorhoofd. Ze verroert zich en glimlacht. Met hese stem zegt ze: 'Vanavond...'

Lale schrikt wakker door geweerschoten die buiten klinken. Zijn bedgenoten stoten ruw tegen hem aan in hun haast uit bed te klimmen en te gaan kijken waar de dreiging vandaan komt. Met de herinnering aan het warme lichaam van de vrouw nog in zijn hoofd, komt Lale overeind. Hij is de laatste die aansluit in de rij voor de inspectie. Wanneer hij niet reageert op het omroepen van zijn nummer, geeft zijn buurman hem een por.

'Wat mankeert je?'

'Niets... Alles. Deze plek.'

'Die is nog precies hetzelfde als gisteren. En morgen zal hij weer hetzelfde zijn. Dat heb jij me geleerd. Wat is er veranderd?'

'Je hebt gelijk, het is hetzelfde. Alleen, nou ja, ik heb gedroomd over een meisje dat ik ooit heb gekend, in een ander leven.'

'Hoe heette ze?'

'Dat kan ik me niet herinneren. Het doet er niet toe.'

'Dus je was niet verliefd op haar?'

'Ik hield van hen allemaal, maar op de een of andere manier heeft geen van hen ooit mijn hart veroverd. Klinkt dat logisch?'

'Niet echt. Ik zou al blij zijn als ik een meisje had om van te houden en de rest van mijn leven mee door te brengen.'

Het heeft dagenlang geregend, maar deze ochtend beschijnt een bleek zonnetje het troosteloze terrein van Birkenau terwijl Lale en Pepan hun werkplek inrichten. Ze hebben twee tafels, flesjes met inkt, een heleboel naalden.

'Vooruit, Lale, daar komen ze al.'

Lale kijkt op en ziet tot zijn verbijstering tientallen jonge vrouwen hun kant op geleid worden. Hij wist dat er meisjes in Auschwitz zaten, maar niet hier, niet in Birkenau, in de ergste hel van allemaal.

'Vandaag gaat het een beetje anders, Lale. Ze hebben een aantal meisjes van Auschwitz hiernaartoe verhuisd, en die hebben een nieuw nummer nodig.'

'Wat?'

'Hun nummers zijn aangebracht met een stempel, en dat was volkomen inefficiënt. We moeten het nu goed doen. Er is geen tijd om ze te bewonderen – doe gewoon je werk.'

'Dat kan ik niet.'

'Doe je werk, Lale. Zeg niets tegen ze. Doe geen stomme dingen.'

De rij van jonge meisjes is zo lang dat hij het eind ervan niet kan zien.

'Ik kan dit niet. Alsjeblieft, Pepan, dit kunnen we niet doen.'

'Je kunt het, Lale. Je moet wel. Als jij het niet doet, doet iemand anders het, en dan heb ik je voor niets gered. Dus doe je werk.' Pepan staart Lale strak aan. Angst sijpelt door tot in Lales botten. Pepan heeft gelijk – of hij volgt de regels, of hij zet zijn leven op het spel.

Met tegenzin begint hij aan zijn taak. Zonder op te kijken steekt hij zijn hand uit om het velletje papier aan te nemen dat hem wordt aangereikt. Hij moet de vijf cijfers aanbrengen op de arm van het meisje dat hem het papiertje geeft. Er staat al een nummer, maar dat is vervaagd. Hij duwt de naald in haar linkerarm en kerft zo voorzichtig mogelijk een 4. Er vloeit bloed. De naald is echter niet diep genoeg gegaan, en hij moet het nog een keer doen. Ze laat niets blijken van de pijn die hij haar ongetwijfeld toebrengt.

Ze zijn gewaarschuwd – zeg niets, doe niets. Hij veegt het bloed weg en wrijft groene inkt in de wond.

'Schiet op!' fluistert Pepan.

Lale doet er te lang over. Het is één ding om de armen van mannen te tatoeëren, maar het is afschuwelijk om de lichamen van jonge meisjes te verminken. Hij kijkt op en ziet een man in een witte jas die langzaam langs de rij meisjes loopt. Nu en dan blijft de man staan om het gezicht en het lichaam van een doodsbange jonge vrouw te inspecteren. Ten slotte komt hij bij Lale. Terwijl Lale de arm van het meisje zo voorzichtig mogelijk vasthoudt, pakt de man haar kin en draait haar gezicht ruw heen en weer. Lale kijkt in de angstige ogen. Haar lippen bewegen, alsof ze iets wil zeggen. Hij knijpt in haar arm om haar te waarschuwen. Ze kijkt hem aan, en met zijn mond vormt hij het woordje 'sst'. De man in de witte jas laat haar gezicht los en loopt weg.

'Goed gedaan,' fluistert hij, terwijl hij de resterende drie cijfers begint te tatoeëren – 562. Als hij klaar is, houdt hij haar arm wat langer vast dan nodig is, en hij kijkt haar opnieuw in de ogen. Met moeite tovert hij een klein glimlachje op zijn gezicht. Ze schenkt hem een nog kleiner glimlachje. Haar ogen dansen echter. Terwijl hij haar aankijkt, lijkt zijn hart tegelijk stil te staan en voor het eerst te gaan kloppen, het voelt alsof het ieder moment uit zijn borst kan barsten. Hij staart naar de grond, en die lijkt onder zijn voeten te wiebelen. Hij krijgt een nieuw papiertje in zijn handen gedrukt.

'Schiet op, Lale!' fluistert Pepan dringend.

Wanneer hij weer opkijkt, is ze verdwenen.

Een paar weken later meldt Lale zich zoals gebruikelijk op het werk. Zijn tafel en zijn benodigdheden staan al voor hem klaar, maar Pepan ziet hij nergens. Tot zijn schrik komt Oberscharführer Houstek aanlopen, vergezeld door een jonge ss-officier. Hij buigt zijn hoofd en denkt aan Pepans waarschuwing: 'Onderschat hem niet.'

'Vandaag werk je alleen,' mompelt Houstek.

Wanneer Houstek zich omdraait en weg wil lopen, vraagt Lale zacht: 'Waar is Pepan?'

Houstek blijft staan, draait zich om en staart hem aan. Zijn hart slaat een slag over.

'Jij bent nu de Tätowierer.' Houstek wendt zich tot de ss-officier. 'En jij bent verantwoordelijk voor hem.'

Als Houstek wegloopt, legt de ss-officier zijn geweer op zijn schouder en richt het op Lale. Lale beantwoordt zijn blik, starend in de zwarte ogen van een schriel joch met een wrede grijns op zijn gezicht. Uiteindelijk slaat hij zijn blik neer. Pepan, je zei dat dit werk me kon helpen om te overleven. Maar wat is er met jou gebeurd?

'Het lijkt erop dat mijn lot in jouw handen ligt,' snauwt de officier. 'Wat vind je daarvan?'

'Ik zal mijn best doen om u niet teleur te stellen.'

'Je best doen? Je zúlt me niet teleurstellen.'

'Ja, meneer.'

'In welk blok zit je?'

'Nummer zeven.'

'Als je klaar bent, zal ik je je kamer laten zien in een van de nieuwe blokken. Daar verblijf je van nu af aan.'

'Ik ben tevreden met mijn blok, meneer.'

'Doe niet zo dom. Nu je de Tätowierer bent, heb je bescherming nodig. Je werkt nu voor de politieke vleugel van de ss – verdomme, misschien moet ík wel bang voor je zijn.' Opnieuw die grijns.

Bemoedigd door het feit dat hij deze ronde van de ondervraging heeft overleefd, waagt Lale het erop. 'Weet u, het zou veel sneller gaan als ik een assistent zou hebben.'

De officier doet een stap in zijn richting en laat zijn blik vol minachting over hem heen glijden. 'Wat?'

'Als u iemand regelt om mij te helpen, verloopt het proces sneller en is uw baas tevreden.'

Alsof hij instructies heeft gekregen van Houstek, keert de officier zich om en loopt langs de rij van jongemannen die klaar staan om genummerd te worden. Ze hebben allemaal hun hoofd gebogen, behalve één. Lale vreest voor degene die terugstaart naar de officier, en hij is verbaasd als deze man bij de arm wordt gegrepen en naar hem toe wordt gesleurd.

'Je assistent. Doe zijn nummer eerst.'

Lale neemt het papiertje van de jongeman aan en tatoeeert vlug het nummer op zijn arm. 'Hoe heet je?' vraagt hij.

'Leon.'

'Leon, ik ben Lale, de Tätowierer,' zegt hij, met een stem die even kordaat klinkt als die van Pepan. 'Kom naast me staan en kijk goed wat ik doe. Vanaf morgen werk je voor mij, als mijn assistent. Het zou weleens je leven kunnen redden.'

Tegen de tijd dat de laatste gevangene is getatoeëerd en naar zijn nieuwe onderkomen is geduwd, is de zon ondergegaan. Lales bewaker, die Baretski blijkt te heten, loopt op geen enkel moment verder dan een paar meter bij hem vandaan. Nu komt hij op Lale en zijn nieuwe assistent af.

'Breng hem naar jouw blok, en kom dan terug.'

Vlug brengt Lale Leon naar blok 7.

'Wacht morgenochtend buiten de barak op me, dan kom ik je halen,' zegt hij tegen de jongen. 'Als je kapo wil weten waarom je niet met de anderen meegaat naar de bouwplaats, vertel hem dan dat je voor de Tätowierer werkt.'

Wanneer Lale op zijn werkplek terugkeert, zijn zijn spullen in een aktetas gepakt en is zijn tafeltje opgeklapt. Baretski staat op hem te wachten.

'Breng deze naar je nieuwe kamer. Meld je iedere ochtend bij het administratiegebouw, dan krijg je daar te horen waar je die dag gaat werken.'

'Kan ik een extra tafel en extra spullen krijgen voor Leon?'

'Wie?'

'Mijn assistent.'

'Bij de administratie kun je alles vragen wat je nodig hebt.'

Baretski brengt Lale naar een deel van het kamp waaraan nog gebouwd wordt. Veel van de gebouwen zijn nog niet af, en de griezelige stilte bezorgt Lale de rillingen. Een van de nieuwe blokken is voltooid, en daar leidt Baretski Lale naar een eenpersoonskamer die vlak naast de ingang ligt. 'Hier slaap je,' zegt hij. Lale legt zijn tas met gereedschap op de harde vloer en bekijkt de kleine, geïsoleerde kamer. Hij mist zijn vrienden in blok 7 nu al.

Baretski vertelt hem dat hij van nu af aan in een ruimte vlak bij het administratiegebouw zal eten. Als Tätowierer krijgt hij extra rantsoenen. 'We willen dat onze arbeiders op krachten blijven,' legt de ss'er uit wanneer ze op weg zijn naar de eetzaal. Hij gebaart dat Lale aan moet sluiten in de rij voor het eten. 'Maak er goed gebruik van.'

Wanneer Baretski is vertrokken, krijgt Lale een kom waterige soep en een homp brood uitgereikt. Hij werkt ze allebei razendsnel weg, en dan wil hij weglopen.

'Als je wilt, kun je meer krijgen,' zegt een klaaglijke stem.

Hij neemt een tweede portie brood en kijkt om zich heen, naar de gevangenen die in stilte zitten te eten. Ze praten niet met elkaar, wisselen alleen heimelijke blikken. Het wantrouwen en de angst is voelbaar. Hij stopt het stuk brood in zijn mouw en gaat op weg naar zijn oude onderkomen, blok 7. Als hij naar binnen loopt, knikt hij naar de kapo, die kennelijk te horen heeft gekregen dat hij niet langer de baas over Lale kan spelen. Lale begroet de vele mannen met wie hij een barak heeft gedeeld, en zijn angsten en dromen over een ander leven. Wanneer hij bij zijn oude stapelbed komt, zit Leon met bungelende voeten op de bovenste matras. Lale kijkt naar het gezicht van de jongeman. Er ligt een mildheid en een oprechtheid in zijn grote blauwe ogen die Lale ontwapenend vindt.

'Kom even met me mee naar buiten.'

Leon springt van het bed en volgt hem. Alle ogen zijn op hen gericht. Lale neemt Leon mee naar de achterkant van de barak. Daar haalt hij de homp brood uit zijn mouw en geeft die aan Leon, die hem gretig opschrokt. Pas als de jongen klaar is, bedankt hij Lale.

'Ik dacht al dat je het avondeten gemist zou hebben. Vanaf nu krijg ik extra rantsoenen, en ik zal proberen om die zo veel mogelijk met jou en de anderen te delen. Ga nu weer terug naar binnen. Zeg tegen ze dat ik je naar buiten heb gesleept om je de les te lezen. En houd je hoofd omlaag. Ik zie je morgenochtend.'

'Wil je niet dat ze weten dat jij extra eten krijgt?'

'Nee. Ik wil eerst zien hoe de situatie zich ontwikkelt. Ik kan ze niet allemaal tegelijk helpen, en ik wil ze geen extra reden geven om onderling te vechten.'

Lale ziet Leon zijn oude blok binnengaan met een mengeling van gevoelens die hij maar moeilijk kan duiden. Moet hij bang zijn nu hij privileges heeft? Waarom maakt het hem triest dat hij zijn oude plek in het kamp moet verlaten, hoewel hij daar geen bescherming genoot? Verloren dwaalt hij rond in de schaduwen van de half afgemaakte gebouwen. Hij is alleen.

Die nacht slaapt hij voor het eerst in tijden helemaal uitgestrekt. Er is niemand die hem schopt of duwt. Hij voelt zich als een koning in de luxe van een eigen bed. En net als een koning, moet hij nu oppassen dat mensen niet om de verkeerde redenen zijn vriend willen zijn of hem in vertrouwen nemen. Zijn ze jaloers? Willen ze zijn baan? Loopt hij het risico dat ze hem ergens vals van zullen beschuldigen? Hij heeft gezien wat hebzucht en wantrouwen teweeg kunnen brengen. De meeste mensen geloven dat ze meer te eten zullen krijgen als er minder mannen zijn. Voedsel is een betaalmiddel. Het helpt je om in leven te blijven, het geeft je de kracht om te doen wat je wordt opgedragen. Je mag nog een dag leven. Zonder voedsel verzwak je tot een punt dat het je niet meer kan schelen. Zijn nieuwe positie maakt het kampleven ingewikkelder. Bij het verlaten van zijn oude blok wist hij zeker dat hij iemand 'collaborateur' had horen mompelen.

De volgende ochtend staat Lale samen met Leon voor het administratiegebouw te wachten wanneer Baretski arriveert en hem complimenteert met het feit dat hij zo vroeg is. Lale heeft zijn aktetas in zijn hand, en zijn tafel ligt opgeklapt naast hem. Baretski draagt Leon op om te blijven waar hij is, en Lale om hem naar binnen te volgen. Lale kijkt de grote ontvangstruimte rond. Hij ziet gangen die in verschillende richtingen lopen en waar kantoren aan lijken te liggen. Achter de grote balie staan verschillende rijen kleine bureaus waar jonge meisjes ijverig aan het werk zijn; dossiers bijhouden, documenten kopiëren. Baretski stelt hem voor aan een andere officier – 'dit is de Tätowierer' – en vertelt hem nogmaals dat hij hier iedere dag zijn spullen en zijn instructies kan komen halen. Lale vraagt om een extra tafel en extra benodigdheden voor zijn assistent die buiten staat te wachten. Het verzoek wordt zonder commentaar ingewilligd. Hij slaakt een zucht van opluchting. In elk geval heeft hij één man van de dwangarbeid gered. Hij denkt aan Pepan en bedankt hem in stilte. Dan pakt hij de tafel en stopt de extra benodigdheden in zijn tas. Wanneer hij zich omdraait en weg wil lopen, roept de jongeman van de administratie hem terug.

'Houd die tas de hele tijd bij je en introduceer jezelf altijd met de woorden "Politische Abteilung". Dan zal niemand je lastigvallen. Breng het genummerde formulier elke avond naar ons terug, maar houd die tas bij je.'

Baretski lacht laatdunkend. 'Het is waar, met die tas en die woorden ben je veilig – behalve voor mij, natuurlijk. Als je het verprutst en mij in de problemen brengt, is er geen tas die je nog kan redden.' Zijn hand kruipt naar zijn pistool, rust op de holster, klikt de veiligheidspal open. Dicht. Open. Dicht. Zijn ademhaling wordt zwaarder.

Lale slaat wijselijk zijn blik neer en wendt zich af.

Er komen nu dag en nacht transporten aan in Auschwitz-Birkenau. Het is niet ongebruikelijk voor Lale en Leon om vierentwintig uur per dag te werken. Op zulke dagen toont Baretski zich van zijn meest onaangename kant. Hij scheldt hen uit of hij slaat Leon, omdat de jongen hem te traag is. Lale ontdekt al snel dat het alleen maar erger wordt als hij het probeert te voorkomen.

Wanneer ze op een ochtend in de vroege uurtjes hun werk in Auschwitz hebben afgerond, loopt Baretski weg voordat Lale en Leon hun spullen hebben ingepakt. Een stukje verderop draait de ss'er zich om en kijkt aarzelend naar hen.

'O, jullie zakken er ook maar in. Jullie lopen zelf maar terug naar Birkenau. Ik slaap vannacht hier. Als jullie morgenochtend om acht uur maar terug zijn.'

'Hoe moeten we weten hoe laat het is?' vraagt Lale.

'Het kan me geen moer schelen hoe jullie het doen, maar zorg dat je er bent. En haal het niet in je hoofd om te vluchten. Dan spoor ik jullie hoogstpersoonlijk op en schiet jullie met alle genoegen af.' Hij loopt weg.

'Wat doen we nu?' vraagt Leon.

'Wat die hufter ons heeft opgedragen. Kom op, ik zorg wel dat je morgen op tijd wakker wordt.'

'Ik ben zo moe. Kunnen we niet hier blijven?'

'Nee. Als je morgenochtend niet bij de telling bent, dan gaan ze naar je op zoek. Kom op, dan gaan we.'

Lale staat bij zonsopgang op, en hij en Leon leggen de vier kilometer naar Auschwitz lopend af. Het duurt zeker een uur voordat Baretski eindelijk op komt dagen. Het is duidelijk dat de ss'er niet meteen naar bed is gegaan, maar dat hij de halve nacht heeft zitten drinken. Hoe smeriger zijn adem, hoe slechter zijn humeur.

'Lopen!' schreeuwt hij.

Omdat er nergens nieuwe gevangenen te bekennen zijn, moet Lale de vraag wel stellen. 'Waarnaartoe?'

'Terug naar Birkenau. De nieuwste lading gevangenen is daar afgezet.'

Wanneer het trio de vier kilometer lange terugweg naar Birkenau aflegt, struikelt Leon en valt – de uitputting en het gebrek aan voedzaam eten worden hem te veel. Moeizaam hijst hij zich weer overeind. Baretski gaat wat langzamer lopen en wacht tot Leon hem heeft ingehaald. Zodra dat gebeurt, steekt hij zijn been uit, zodat Leon opnieuw valt. Dit spelletje herhaalt hij onderweg nog een aantal keer. De wandeling en het vermaak dat hij zichzelf bezorgt, lijken hem te ontnuchteren. Hij kijkt iedere keer naar Lale om te zien wat zijn reactie is. Lale laat echter niets blijken.

Wanneer ze terug zijn in Birkenau, ziet Lale tot zijn verbazing dat Houstek vandaag de gevangenen uitkiest die naar Lale en Leon worden gestuurd om nog een dag te blijven leven. Ze beginnen aan hun werk, terwijl Baretski langs de rij jongemannen marcheert en zijn best doet om een competente indruk op zijn meerdere te maken. De uitgeputte Leon schrikt wanneer een jongeman die hij probeert te tatoeëren, het uitgilt. Hij laat het houten blokje met de naald vallen. Wanneer hij bukt om het op te rapen, stoot Baretski hem met zijn geweer tegen de rug, zodat hij op zijn gezicht in de modder terechtkomt. Baretski zet zijn voet op Leons rug en drukt hem omlaag.

'We zijn sneller klaar als u hem laat opstaan en verder laat gaan met zijn werk,' zegt Lale, terwijl hij Leon naar adem ziet happen onder de voet van Baretski.

Houstek beent naar hen toe en mompelt iets tegen Baretski. Als Houstek verdwijnt, duwt Baretski zijn schoen nog een keer extra hard tegen Leons rug en tilt zijn voet dan met een wrange glimlach op.

'Ik ben maar een nederige dienaar van de ss. Jij, Tätowierer, staat onder bescherming van de politieke vleugel, die uitsluitend verantwoording verschuldigd is aan Berlijn. Je hebt enorm gemazzeld dat die Fransman je voorstelde aan Houstek en hem vertelde hoe slim je bent, omdat je zo veel talen spreekt.'

Daar valt niets op te zeggen, en dus gaat Lale verder met zijn werk. De met modder besmeurde Leon krabbelt hoestend overeind.

'Wat denk je, Tätowierer,' zegt Baretski, opnieuw met die sadistische glimlach. 'Zullen we vriendschap sluiten?'

Het voordeel van het werken als Tätowierer is dat Lale altijd de datum weet. Die staat op de documenten die hij iedere ochtend krijgt uitgereikt en die hij iedere avond weer inlevert. Hij hoeft echter niet alleen op de documenten af te gaan. Zondag is de enige dag van de week waarop de andere gevangenen niet werken en de hele dag over het terrein mogen rondlopen of in hun blok mogen blijven. Dan verzamelen ze zich in kleine groepjes – mannen die elkaar al voor hun deportatie kenden, en mannen die in het kamp vriendschappen hebben gesloten.

Zondag ziet hij haar. Hij herkent haar meteen. Ze lopen naar elkaar toe, Lale in zijn eentje en zij met een groep meisjes, allemaal met geschoren hoofden, allemaal gehuld in dezelfde eenvoudige kleding. Het enige wat haar onderscheidt, zijn haar ogen. Zwart – nee, bruin. Het donkerste bruin dat hij ooit heeft gezien. Voor de tweede keer kijken ze elkaar in de ziel. Lales hart slaat een slag over. Hun blikken grijpen in elkaar.

'Tätowierer!' Baretski verbreekt de betovering door zijn hand op Lales schouder te leggen.

De meeste gevangenen lopen weg. Ze willen niet in de buurt zijn van een ss-officier of de man met wie hij praat. De groep meisjes verspreidt zich, maar zij blijft naar Lale kijken, en Lale naar haar. Baretski's blik glijdt van de een naar de ander terwijl ze in een driehoek bij elkaar staan en wachten tot een van hen in beweging komt. Baretski heeft een sluw glimlachje op zijn gezicht. Een van de vriendinnen van het meisje komt moedig naar haar toe en trekt haar terug naar het groepje.

'Niet slecht,' zegt Baretski, wanneer hij en Lale weglopen.

Lale negeert hem, doet zijn uiterste best om de haat te onderdrukken die in hem oplaait.

'Zou je haar willen ontmoeten?' Opnieuw weigert hij te reageren.

'Schrijf haar een brief, vertel haar dat je haar leuk vindt.'

Hoe stom denkt hij dat ik ben?

'Ik geef je een pen en een potlood, en dan breng ik je brief naar haar toe. Wat zeg je daarvan? Weet je hoe ze heet?'

4562.

Lale loopt verder. Hij weet dat een gevangene die met pen of papier betrapt wordt de doodstraf wacht.

'Waar gaan we naartoe?' Hij verandert van onderwerp.

'Naar Auschwitz. Herr Doktor heeft meer patiënten nodig.'

Huiverend denkt hij aan de man in de witte jas, de harige handen op het gezicht van het mooie meisje. Hij heeft nog nooit zo'n ongemakkelijk gevoel gehad bij een dokter als op die dag.

'Maar het is zondag.'

Baretski lacht. 'Denk je dat jij vrij krijgt omdat de anderen op zondag niet werken? Misschien kun je dat eens met Herr Doktor bespreken.' Baretski's lach wordt schel, en er kruipt een nieuwe rilling langs Lales ruggengraat. 'Doe dat vooral, Tätowierer. Vertel Herr Doktor dat je een vrije dag hebt. Dat lijkt me heel vermakelijk.'

Lale weet wanneer hij zijn mond moet houden. Hij loopt weg, zodat hij niet meer zo dicht bij Baretski hoeft te zijn.

4

Tijdens de wandeling naar Auschwitz lijkt Baretski in een joviale bui te zijn, en hij bestookt Lale met vragen. 'Hoe oud ben je?' 'Wat deed je voordat je, je weet wel, voordat je hier naartoe werd gebracht?' Lale beantwoordt de meeste vragen met een tegenvraag, en hij ontdekt al snel dat Baretski graag over zichzelf praat. De ss'er blijkt maar een jaar jonger te zijn dan Lale, maar daar houden de overeenkomsten dan ook op. Hij praat over vrouwen alsof hij een tiener is. Lale besluit dat hij hier gebruik van kan maken, en hij begint Baretski te vertellen over de succesvolle manier waarop hij met vrouwen omgaat, hoe belangrijk het is dat je hen respecteert en belangstelling voor hen toont.

'Heb je ooit bloemen aan een meisje gegeven?' vraagt hij.

'Nee, waarom zou ik dat doen?'

'Omdat ze het leuk vinden als ze bloemen krijgen van een man. Liefst zelfgeplukte.'

'Mooi niet. Dan lachen ze me uit.'

'Wie?'

'Mijn vrienden.'

'Je bedoelt andere mannen?'

'Ja, ze zouden me een mietje vinden.'

'Wat denk je dat het meisje dat de bloemen kreeg ervan zou vinden?'

'Wat maakt het uit wat zij denkt.' Baretski grijnst en maakt pompbewegingen voor zijn kruis. 'Dat is het enige wat ik van ze wil, en dat willen ze van mij. Geloof me, ik weet die dingen.'

Lale loopt vooruit. Baretski haalt hem in.

'Wat? Heb ik iets verkeerd gezegd?'

'Wil je echt dat ik daar antwoord op geef?'

'Ja.'

Lale draait zich naar hem om. 'Heb je een zus?'

'Ja,' antwoordt Baretski. 'Twee.'

'Wil je dat andere mannen je zussen behandelen zoals jíj meisjes behandelt?'

'Als iemand zo met mijn kleine zusje omgaat, dan vermoord ik hem.' Baretski haalt zijn pistool uit de holster en schiet een aantal keer in de lucht. 'Ik vermóórd hem.'

Lale springt naar achteren. De pistoolschoten weerkaatsen om hen heen. Baretski hijgt, zijn gezicht is rood en zijn ogen zijn donker.

Vlug houdt Lale zijn handen omhoog. 'Ik snap het. Gewoon iets om over na te denken.'

'Ik wil het hier niet meer over hebben.'

Lale ontdekt dat Baretski niet Duits is, maar dat hij in Roemenië is geboren, in een dorp vlak bij de grens met Slowakije, slechts een paar honderd kilometer van Lales geboorteplaats Krompachy. Hij liep weg van huis, ging naar Berlijn, werd lid van de Hitlerjugend en later de ss. Hij heeft een hekel aan zijn vader, die hem en zijn broers en zussen vaak sloeg. Hij is nog steeds bezorgd over zijn zussen, eentje jonger en eentje ouder, die allebei nog thuis wonen.

Als ze later die avond teruglopen naar Birkenau, zegt Lale rustig: 'Ik zou het aanbod van potlood en papier graag aannemen. Haar nummer is 4562.'

Na het avondmaal glipt hij naar buiten en loopt stilletjes naar blok 7. De kapo staart naar hem, maar zegt niets. Hij deelt zijn extra avondrantsoen, een paar broodkorsten, met zijn vrienden uit het blok. De mannen praten en wisselen nieuws uit. Zoals gebruikelijk wordt Lale door de religieuze gevangenen uitgenodigd om deel te nemen aan het avondgebed. Hij weigert beleefd, en zijn weigering wordt beleefd geaccepteerd. Dit is de routine geworden.

Wanneer hij later ligt te slapen, wordt Lale wakker en ziet dat Baretski naast zijn bed staat. De ss'er heeft niet geklopt voor hij binnenkwam, dat doet hij nooit, maar dit bezoek is anders dan de andere.

'Ze zit in blok 29.' Hij geeft Lale potlood en papier. 'Hier, schrijf haar een briefje, dan zorg ik dat ze het krijgt.'

'Weet je hoe ze heet?'

Baretski's blik zegt genoeg. Wat denk je zelf?

'Ik kom over een uur terug om het op te halen.'

'Doe maar twee uur.'

Lale pijnigt zijn hersens om te bedenken wat hij aan gevangene 4562 zal schrijven. Hoe moet hij beginnen? Hoe moet hij haar aanspreken? Uiteindelijk besluit hij om het eenvoudig te houden. 'Hallo,' begint hij, 'ik heet Lale.' Wanneer Baretski terugkomt, geeft hij de ss'er een blaadje waar maar een paar zinnen op staan. Hij heeft het meisje verteld waar hij vandaan komt, hoe oud hij is, wat de samenstelling van zijn familie is, en dat hij hoopt dat ze veilig zijn. Hij vraagt haar om de volgende zondagochtend naar het administratiegebouw te komen. Hij vertelt dat hij zal proberen om daar ook te zijn, maar dat hij geen garantie kan geven omdat zijn werk niet op vaste tijdstippen plaatsvindt.

Baretski neemt het briefje aan en leest het in het bijzijn van Lale. 'Is dit alles wat je te zeggen hebt?'

'De rest vertel ik haar zelf.'

Baretski gaat op Lales bed zitten en begint te pochen over wat híj zou zeggen en doen als hij in Lales schoenen stond – dat wil zeggen, als hij niet zou weten of hij aan het eind van de week nog zou leven. Lale bedankt hem voor zijn advies, maar zegt dat hij het er liever zo op waagt.

'Prima,' zegt Baretski. 'Ik zal haar deze zogenaamde brief brengen, en haar een potlood en papier geven om een antwoord te schrijven. Ik zal tegen haar zeggen dat ik het antwoord morgenochtend kom halen. Dan heeft ze de hele nacht om te bedenken of ze je aardig vindt of niet.'

Hij grijnst naar Lale en vertrekt.

Wat heb ik gedaan, denkt Lale. Hij heeft gevangene 4562 in gevaar gebracht. Hij is beschermd. Zij niet. En toch wil hij, móét hij het risico nemen.

De volgende avond werken Lale en Leon tot in de late uurtjes door. Baretski is steeds in de buurt. Hij vermaakt zich met het intimideren van de mannen in de rij, zijn geweer als wapenstok gebruikend wanneer iemands uitdrukking hem niet aanstaat. Op zijn gezicht prijkt voortdurend een beledigende grijns. Hij schept er duidelijk genoegen in om langs de rijen te paraderen en zijn autoriteit te laten gelden. Pas wanneer Lale en Leon hun spullen aan het inpakken zijn, haalt hij een stuk papier uit zijn zak en geeft dat aan Lale.

'O, Tätowierer,' merkt hij op, 'ze zegt niet veel. Volgens mij kun je beter een ander vriendinnetje zoeken.'

Wanneer Lale zijn hand uitsteekt om het briefje aan te nemen, trekt Baretski de zijne plagend terug. Prima, denkt Lale. Als je het zo wilt spelen. Hij draait zich om en loopt weg. Baretski komt achter hem aan en geeft hem het briefje. Een kort knikje is het enige bedankje dat Lale hem bereid is te geven. Hij stopt het briefje in zijn zak en gaat op weg naar zijn avondmaal, terwijl hij Leon terug ziet lopen naar zijn blok en beseft dat de jongen waarschijnlijk zijn maaltje is misgelopen.

Wanneer hij in de eetzaal komt, is er nog maar weinig eten over. Als hij zelf klaar is, stopt hij een paar hompen brood in zijn mouw, balend van het pyjama-achtige pak zonder zakken dat in de plaats van zijn Russische uniform is gekomen. Bij het binnenlopen van blok 7 wordt hij op de gebruikelijke rustige wijze begroet. Hij legt uit dat hij alleen genoeg extra eten heeft voor Leon en misschien twee anderen, en belooft dat hij de volgende dag meer zal proberen te brengen. Hij blijft niet lang en haast zich terug naar zijn kamer. Hij wil de woorden lezen die tussen zijn gereedschap verstopt liggen.

In zijn kamer laat hij zich op bed ploffen en drukt het briefje tegen zijn borst. In gedachten ziet hij gevangene 4562 de zinnen opschrijven die hij zo graag wil lezen. Uiteindelijk vouwt hij het papiertje open.

'Beste Lale,' begint het. Net als hij heeft het meisje slechts een paar zorgvuldig opgestelde zinnen geschreven. Ze komt ook uit Slowakije. Ze zit al langer in Auschwitz dan hij, sinds maart. Ze werkt in een van de Canada-pakhuizen, waar gevangenen de geconfisceerde bezittingen van medeslachtoffers sorteren. Op zondag komt ze naar het administratiegebouw en dan zal ze naar hem uitkijken. Lale herleest het briefje en draait het een aantal keer om. Hij pakt een potlood uit zijn tas en schrijft in dikke letters op de achterkant van haar briefje: Je naam, wat is je naam?

De volgende ochtend brengt Baretski Lale in zijn eentje naar Auschwitz. Het nieuwe transport is klein, dus Leon krijgt een dag rust. Baretski plaagt Lale met het briefje en zegt dat hij kennelijk zijn handigheid in de omgang met dames is verloren. Lale negeert het geplaag en vraagt Baretski of hij de laatste tijd nog een goed boek heeft gelezen.

'Boeken?' mompelt Baretski. 'Ik lees geen boeken.'

'Je zou het eens moeten proberen.'

'Waarom? Wat heb ik aan boeken?'

'Je kunt er een hoop van leren, en meisjes vinden het leuk als je eruit kunt citeren.'

'Ik hoef niet uit boeken te citeren. Ik heb mijn uniform. Verder heb ik niets nodig om meisjes te versieren,' pocht Baretski. 'Ze zijn gek op het uniform. Ik heb een vriendin, weet je.'

Dit hoort Lale voor het eerst.

'Wat leuk. En vindt ze je uniform mooi?'

'Nou en of. Ze trekt het zelfs aan en dan salueert ze – alsof ze Hitler is.' Met een koele glimlach doet hij haar na, rondstappend met zijn arm omhoog: 'Heil Hitler! Heil Hitler!'

'Dat ze je uniform leuk vindt, wil niet zeggen dat ze jou leuk vindt,' flapt Lale eruit.

Baretski blijft abrupt staan.

Lale vervloekt zichzelf om de ondoordachte opmerking. Hij vertraagt zijn passen, zich afvragend of hij zal omkeren en zijn verontschuldigingen zal aanbieden. Nee, besluit hij. Hij loopt gewoon door, en dan ziet hij wel wat er gebeurt. Hij doet zijn ogen dicht en zet de ene voet voor de andere, één stap tegelijk, wachtend tot het schot komt. Wat hij hoort, is het geluid van rennende voetstappen achter zich. Dan voelt hij een hand die aan zijn mouw trekt. 'Denk je dat, Tätowierer? Dat ze me alleen leuk vindt vanwege mijn uniform?'

Opgelucht keert hij zich naar Baretski toe. 'Hoe kan ik weten wat ze leuk vindt? Waarom vertel je me niet wat meer over haar.'

Hij heeft helemaal geen zin in dit gesprek, maar nu hij aan een kogel is ontsnapt, heeft hij het gevoel dat hij geen keus heeft. Het blijkt dat Baretski maar heel weinig over zijn 'vriendin' weet, vooral omdat hij haar nooit heeft gevraagd iets over zichzelf te vertellen. Dit kan Lale niet negeren, en voordat hij het weet, geeft hij Baretski nog meer advies over hoe je met vrouwen omgaat. In gedachten houdt hij zichzelf voor dat hij zijn mond moet houden. Wat kan het hem schelen of het monster naast hem ooit in staat zal zijn een meisje met respect te behandelen? De waarheid is dat hij hoopt dat Baretski nooit meer met een vrouw samen zal zijn, omdat hij Auschwitz niet zal overleven.

5

Het is zondagochtend. Lale springt uit bed en haast zich naar buiten. De zon schijnt al. Waar is iedereen? Waar zijn de vogels? Waarom zingen ze niet? 'Het is zondag!' roept hij tegen niemand in het bijzonder. Als hij om zijn as draait, ziet hij dat er vanuit de bewakingstorens geweren op hem gericht zijn. 'O, shit.' Hij sprint terug naar zijn blok, terwijl achter hem geweerschoten de stille ochtend doorboren. Kennelijk wil een van de bewakers hem angst aanjagen. Lale weet dat dit de enige dag is waarop de gevangenen 'uitslapen', of in elk geval hun blokken niet verlaten tot de hongerpijn hen naar de zwarte koffie en hun enkele homp oud brood drijft. De bewaker vuurt nog een salvo af op het gebouw, gewoon voor de lol.

Terug in zijn kleine kamer ijsbeert Lale heen en weer, oefenend op de eerste woorden die hij tegen haar zal zeggen. Je bent het mooiste meisje dat ik ooit heb gezien, probeert hij, maar dat vindt hij niets. Met haar kale hoofd en haar veel te grote tweedehands kleren voelt ze zich vast niet mooi. Toch sluit hij deze woorden nog niet helemaal uit. Aan de andere kant kan hij het misschien beter eenvoudig houden. Vragen hoe ze heet, en kijken wat dat oplevert.

Hij dwingt zichzelf om binnen te blijven tot hij de vertrouwde geluiden van het ontwakende kamp hoort. Eerst de sirene die de slaap van de gevangenen wreed verstoort. Dan ss'ers met een kater, onuitgeslapen en slechtgehumeurd, die instructies blaffen. Het gekletter van de koffieketels die naar de blokken worden gebracht; het gekreun van de gevangenen die ze moeten dragen en die dag na dag verzwakken, terwijl de ketels met de minuut zwaarder lijken te worden.

Hij loopt naar de eetzaal en voegt zich bij de andere mannen die in aanmerking komen voor extra rantsoenen. Zoals gebruikelijk vinden de begroetingen plaats door knikjes met het hoofd, discrete blikken, zo nu en dan een vluchtige glimlach. Niemand zegt iets. Hij eet de helft van zijn brood op, stopt de rest in zijn mouw en vouwt er een manchet in, zodat het brood er niet uit valt. Als hij de kans krijgt, zal hij het aan haar geven. Zo niet, dan is het voor Leon.

Hij kijkt toe terwijl de andere gevangenen het gezelschap zoeken van vrienden en in kleine groepjes bij elkaar gaan zitten om van de laatste zomerzon te genieten, nu de herfst voor de deur staat. Zelf wil hij het meisje gaan zoeken, maar dan beseft hij dat hij zijn tas niet bij zich heeft. Zijn reddingsboei. Hij verlaat zijn kamer nooit zonder die tas, en toch heeft hij hem die ochtend laten liggen. Waar zit hij met zijn hoofd? Hij rent terug naar zijn blok en komt even later weer tevoorschijn, serieuze blik en zijn tas in zijn hand – een man met een missie.

Hij mengt zich onder zijn medegevangenen en maakt een praatje met de mannen die hij uit blok 7 kent. Al die tijd speurt hij naar het groepje meisjes. Wanneer hij met Leon staat te praten, gaan zijn nekharen overeind staan en wordt hij bekropen door het tintelende gevoel dat iemand naar hem kijkt. Hij draait zich om. Daar is ze.

Ze staat met drie andere meisjes te kletsen, maar zodra ze ziet dat hij haar heeft ontdekt, houdt ze daarmee op. Hij loopt naar de meisjes toe en haar vriendinnen doen een paar stappen naar achteren, zodat er wat afstand tussen hen en de onbekende ontstaat; ze hebben over hem gehoord. Het meisje blijft als enige staan.

Hij loopt naar haar toe, opnieuw aangetrokken door haar ogen. Haar vriendinnen giechelen zachtjes op de achtergrond. Ze glimlacht. Een aarzelende, aftastende glimlach. Lale kan haast geen woord uitbrengen, maar hij raapt zijn moed bijeen en geeft haar het brood en de brief. In de brief – hij kon het niet helpen – heeft hij geschreven dat hij voortdurend aan haar moet denken.

'Hoe heet je?' vraagt hij. 'Ik wil weten hoe je heet.'

Achter hem zegt iemand: 'Gita.'

Voordat hij nog iets kan doen of zeggen, haasten Gita's vriendinnen zich naar haar toe en slepen haar mee, onder het fluisteren van nieuwsgierige vragen.

Die avond, wanneer Lale in bed ligt, zegt hij haar naam opnieuw en opnieuw. 'Gita. Gita. Wat een prachtige naam.'

In blok 29 in het vrouwenkamp kruipen Gita en haar vriendinnen Dana en Ivana bij elkaar. Een lichtstraal van een van de schijnwerpers valt door een kleine kier in de houten wand naar binnen, en Gita knijpt haar ogen samen om Lales brief te kunnen lezen.

'Hoe vaak ga je hem lezen?' vraagt Dana.

'Ik weet het niet,' antwoordt Gita. 'Tot ik elk woord uit mijn hoofd ken.'

'En wanneer zal dat zijn?'

'Ongeveer twee uur geleden,' zegt Gita giechelend. Dana knuffelt haar vriendin.

De volgende ochtend zijn Gita en Dana de laatste twee die het blok verlaten. Ze lopen arm in arm naar buiten, kletsend, zich totaal onbewust van hun omgeving. Zonder waarschuwing stoot de ss-officier die buiten hun blok op wacht staat, Gita met zijn geweer in de rug. Beide meisjes vallen op de grond. Gita slaakt een kreet van pijn. De man gebaart met zijn geweer dat ze op moeten staan. Ze krabbelen met neergeslagen blikken overeind. Hij neemt hen op met een gezicht waar de afschuw en minachting vanaf druipen.

'Veeg die glimlach van jullie smoel.' Hij haalt zijn pistool uit de holster en zet de loop tegen Gita's slaap. 'Zij krijgen vandaag geen eten,' snauwt hij tegen een andere officier.

Als hij wegloopt, komt hun kapo naar hen toe en slaat hen allebei met vlakke hand in het gezicht. 'Vergeet niet waar jullie zijn.' Ze loopt weg, en Gita legt haar hoofd op Dana's schouder.

'Ik heb je verteld dat Lale me zondag wil spreken, toch?'

Het is zondag. Gevangenen slenteren in hun eentje of in groepjes over het terrein. Sommigen zitten met hun rug tegen de muren van de gebouwen, te moe en te verzwakt om te bewegen. Een handjevol ss'ers loopt kletsend en rokend rond. De gevangenen negeren ze. Gita en haar vriendinnen maken samen een rondje, ervoor zorgend dat hun uitdrukkingen niets prijsgeven. Ze praten zachtjes met elkaar, behalve Gita. Gita kijkt om zich heen.

Lale slaat Gita en haar vriendinnen gade en glimlacht om Gita's bezorgde gezicht. Steeds wanneer haar blik bijna bij hem is, duikt hij weg achter andere gevangenen. Langzaam beweegt hij zich in haar richting. Dana ziet hem als eerste, en ze maakt aanstalten om iets tegen Gita te zeggen. Lale legt echter zijn vinger op zijn lippen. Stilletjes steekt hij zijn hand uit, pakt die van Gita en loopt door. Haar vriendinnen giechelen en houden elkaar vast terwijl Lale Gita zon-

der iets te zeggen naar de achterkant van het administratiegebouw leidt, ondertussen controlerend of de bewaker in
de dichtstbijzijnde toren niet hun kant op kijkt.

Hij gaat met zijn rug tegen de muur van het gebouw zitten en trekt Gita naast zich. Vanaf deze plek kunnen ze het
bos achter het hek zien liggen. Gita staart naar de grond
terwijl Lale haar aandachtig opneemt.

'Hallo...' zegt hij voorzichtig.

'Hallo,' zegt ze terug.

'Ik hoop dat ik je niet heb laten schrikken.'

'Zijn we veilig?' Haar blik schiet naar de wachttoren.

'Waarschijnlijk niet, maar ik kan het niet aan om je niet
te zien. Ik wil bij je zijn en met je praten zoals mensen
doen.'

'Maar als we niet veilig zijn –'

'Het wordt nooit veilig. Praat met me. Ik wil je stem horen. Ik wil alles over je weten. Het enige wat ik van je weet,
is je naam. Gita. Wat een prachtige naam.'

'Wat wil je dat ik zeg?'

Lale zoekt naar de juiste vraag. Hij besluit met iets dood-
gewoons te komen. 'Wat dacht je van... hoe was je dag?'

Eindelijk tilt ze haar hoofd op en kijkt hem recht in de
ogen. 'O, je weet wel. Opgestaan, stevig ontbeten, mijn ouders gedag gekust en de bus naar mijn werk genomen. Mijn
werk was –'

'Oké, oké, sorry, stomme vraag.'

Ze zitten naast elkaar, maar ze kijken elkaar niet aan.
Lale luistert naar Gita's ademhaling. Ze tikt met haar duim

tegen haar bovenbeen. Tenslotte zegt ze: 'Hoe was jouw dag?'

'O, je weet wel. Opgestaan, stevig ontbeten…'

Ze kijken elkaar aan en lachen zachtjes. Gita geeft Lale een zacht duwtje. Hun handen strijken per ongeluk langs elkaar.

'Als we het niet over onze dag kunnen hebben,' zegt Lale, 'vertel me dan iets over jezelf.'

'Er valt niets te vertellen.'

Hij fronst zijn wenkbrauwen. 'Natuurlijk wel. Wat is je achternaam?'

Ze staart hem hoofdschuddend aan. 'Ik ben gewoon een nummer. Dat zou je moeten weten. Je hebt het me zelf gegeven.'

'Ja, maar dat is alleen hier. Wie ben je in de buitenwereld?'

'De buitenwereld bestaat niet meer. Dit is het enige wat er nog is.'

Hij staat op en staart haar aan. 'Ik heet Ludwig Eisenberg, maar ik word Lale genoemd. Ik kom uit Krompachy in Slowakije. Ik heb een moeder, een vader, een broer en een zus.' Hij zwijgt even. 'Nu jij.'

Ze staart uitdagend terug. 'Ik ben gevangene 4562 in Birkenau, Polen.'

Er valt een ongemakkelijke stilte. Hij kijkt naar haar, naar haar neergeslagen ogen. Ze worstelt duidelijk met haar gedachten: wat te zeggen, wat niet te zeggen.

Lale gaat weer zitten, maar nu tegenover haar in plaats

van naast haar. Hij steekt zijn hand uit alsof hij de hare wil pakken, maar trekt hem weer terug. 'Ik wil je niet van streek maken, maar kun je me één ding beloven?'

'Wat dan?'

'Dat je me, voordat we hier weggaan, vertelt wie je bent en waar je vandaan komt.'

Ze kijkt hem aan. 'Ja, dat beloof ik.'

'Dat is voorlopig genoeg voor me. Dus je werkt in de Canada?'

Ze knikt.

'Is dat een beetje te doen?'

'Jawel. Maar de Duitsers gooien alle spullen van de gevangenen door elkaar. Verrot eten, kleding, alles. En de schimmel – ik vind het vreselijk om het aan te raken, en het stinkt.'

'Ik heb een paar mannen gesproken die meisjes kennen die ook in de Canada werken. Het schijnt dat ze vaak juwelen en geld tegenkomen.'

'Dat heb ik gehoord, ja. Maar ik lijk alleen maar beschimmeld brood te vinden.'

'Je doet toch wel voorzichtig? Geen gekke dingen uithalen, en altijd op je hoede zijn voor de ss.'

'Die les heb ik al lang en breed geleerd, geloof me.'

Er klinkt een sirene.

'Je kunt maar beter teruggaan naar je blok,' zegt Lale. 'Volgende keer breng ik weer wat te eten voor je mee.'

Hij staat op en steekt zijn hand uit naar Gita. Ze neemt hem aan. Hij trekt haar overeind en houdt haar hand iets langer vast dan nodig is. Hij kan zijn blik niet van haar afwenden.

'We moeten gaan.' Ze verbreekt het oogcontact, maar ze houdt hem in haar greep met een glimlach waar zijn knieën slap van worden.

6

Weken gaan voorbij. De bomen rond het kamp hebben hun bladeren verloren, de dagen worden korter en de winter is in aantocht.

Wie zijn die mensen? Lale stelt zichzelf deze vraag al sinds zijn aankomst in het kamp. Die groepjes mannen die op het bouwterrein werken en elke dag in burgerkleding verschijnen, maar die je nooit ziet nadat het gereedschap is opgeborgen. Nu hij zo vrolijk is door zijn ontmoeting met Gita, heeft hij het gevoel dat hij wel met een paar van de mannen kan praten zonder dat de ss'ers zich druk zullen maken en op hem zullen schieten. Bovendien heeft hij zijn tasvormige schild.

Lale slentert nonchalant naar een van de bakstenen barakken in aanbouw. Het lijken geen blokken te zijn die bedoeld zijn om onderdak te bieden aan gevangenen, maar hun bestemming zal Lale vandaag een zorg zijn. Hij benadert twee mannen, de een wat ouder dan de ander, die druk bezig zijn met metselwerk, en hurkt naast een stapel bakstenen die klaarliggen om geplaatst te worden. De twee mannen nemen hem geïnteresseerd op en vertragen hun werktempo. Lale pakt een baksteen en doet alsof hij die bekijkt.

'Ik snap iets niet,' zegt hij rustig.

'Wat snap je niet?' vraagt de oudere man.

'Ik ben een Jood. Ik ben gebrandmerkt met een gele ster. Om me heen zie ik politieke gevangenen, moordenaars en niksnutten die niet werken. En dan zijn jullie er nog – jullie dragen geen merkteken.'

'Dat gaat je niets aan, jodenjong,' zegt de jongere man, die zelf nog maar een knul is.

'Ik knoop gewoon een praatje aan. Je weet hoe dat gaat, ik was het terrein aan het verkennen en ik werd nieuwsgierig naar jullie en jullie vrienden. Ik heet Lale.'

'Hoepel op!' zegt de jongere man.

'Rustig aan, jongen. Let maar niet op hem,' zegt de oudere man tegen Lale, met een stem die hees is van de vele sigaretten. 'Ik heet Victor. En die brutale aap hier is mijn zoon Yuri.'

Victor steekt zijn hand uit en Lale schudt die. Daarna steekt Lale Yuri de hand toe, maar de jongen neemt hem niet aan.

'We wonen hier vlakbij,' legt Victor uit, 'dus we komen hier elke dag werken.'

'Wacht even. Begrijp ik nu goed dat jullie hier elke dag vrijwillig komen? Ik bedoel, worden jullie betaald om in het kamp te werken?'

'Inderdaad, jodenjong,' zegt Yuri met schelle stem. 'Wij worden betaald en we gaan elke avond naar huis. Maar jullie –'

'Hou je mond, zei ik, Yuri. Je ziet toch dat die man gewoon vriendelijk probeert te doen?'

'Dank je, Victor. Ik zoek geen ruzie. Zoals ik al zei, ik maakte gewoon een ommetje over het terrein.'

'Wat is dat voor tas?' snauwt Yuri, die er duidelijk van baalt dat zijn vader hem in het bijzijn van Lale een uitbrander heeft gegeven.

'Daar zitten mijn spullen in, het gereedschap dat ik nodig heb om de nummers van de gevangenen op hun arm te tatoeëren. Ik ben de Tätowierer.'

'Drukke baan,' zegt Victor grappend.

'Op sommige dagen wel, ja. Ik weet nooit wanneer de transporten komen, of hoeveel het er zijn.'

'Ik heb gehoord dat het erger gaat worden.'

'Hoe dat zo?'

'Dit gebouw. Ik heb de bouwplannen gezien. De bestemming ervan zal je niet bevallen.'

'Het kan niet erger zijn dan wat er hier nu al gebeurt, toch?' Lale is gaan staan en leunt tegen de stapel bakstenen.

'Het heet Crematorium Eén.' Victor wendt zijn blik af.

'Crematorium Eén. Betekent dat dat er ook een nummer twee komt?'

'Sorry. Ik zei al dat het je niet zou bevallen.'

Lale stompt met zijn vuist tegen de laatst gelegde baksteen, zodat die weg vliegt, en schudt met zijn hand van de pijn.

Victor pakt een tas en haalt er een stuk gedroogde worst in vetpapier uit. 'Hier, pak aan. Ik weet dat ze je uithongeren, en ik heb meer dan genoeg.'

'Dat is onze lunch!' roept Yuri verontwaardigd, en hij wil de worst uit zijn vaders uitgestrekte hand grissen.

Maar Victor duwt Yuri weg. 'Je krijgt er niets van als je je lunch een keertje overslaat. Deze man heeft het harder nodig.'

'Als we thuis zijn, vertel ik het aan mama.'

'Je mag hopen dat ik haar niet vertel over jouw brutale houding. Je hebt nog veel te leren wat beleefdheid betreft, jongeman. Laat dit je eerste les zijn.'

Lale heeft de worst nog steeds niet aangenomen. 'Sorry, ik wilde geen problemen veroorzaken.'

'Nou, dat heb je wel gedaan,' jammert Yuri.

'Nee, dat heeft hij niet,' zegt Victor. 'Lale, neem die worst aan en kom me morgen opzoeken. Dan breng ik nog meer voor je mee. Man, als we er maar eentje kunnen helpen, dan doen we dat. Goed, Yuri?'

Yuri steekt Lale met tegenzin zijn hand toe, en Lale schudt die.

'Als je er één redt, red je de wereld,' zegt Lale zacht, meer tegen zichzelf dan tegen de anderen.

'Ik vrees dat ik jullie niet allemaal kan helpen,' zegt Victor op spijtige toon.

Lale neemt de worst aan. 'Ik heb niets om je mee te betalen.'

'Geen probleem.'

'Ik waardeer het gebaar, maar misschien kan ik je toch iets in ruil hiervoor geven. Als ik dat voor elkaar krijg, kun jij dan iets anders voor me regelen? Chocola, bijvoorbeeld?' Hij wilde graag chocola. Dat geef je aan een meisje als je het kunt krijgen.

'Daar komen we vast wel uit. Maar nu kun je beter doorlopen, er is een officier die op ons let.'

'Tot later,' zegt Lale, terwijl hij de worst in zijn tas stopt.

Wanneer hij terugloopt naar zijn blok, dwarrelen er sneeuwvlokken omlaag. Ze vangen de laatste zonnestralen op en weerkaatsen die op een manier die hem doet denken aan de caleidoscoop waar hij als jongetje mee speelde. Wat is er mis met dit beeld? Overmand door emoties haast hij zich terug naar zijn blok. De gesmolten sneeuw op zijn gezicht is niet te onderscheiden van de tranen. De winter van 1942 is aangebroken.

Terug in zijn kamer breekt hij de worst zorgvuldig in gelijke stukken. Hij scheurt stroken van het vetpapier en pakt elk stuk stevig in voordat hij het weer terugstopt in zijn tas. Als hij bij het laatste stuk is, staart hij peinzend naar het kleine, bevredigende pakje eten in zijn ruwe, vuile vingers. De vingers die zo glad en schoon en mollig waren, die luxueuze voedingswaren hadden vastgehouden, die hij omhoog had gehouden om tegen zijn gastheer of gastvrouw te zeggen: 'Nee, bedankt, er kan werkelijk niets meer bij.' Hoofdschuddend stopt hij ook het laatste stuk worst in de tas.

Hij loopt naar een van de Canada-pakhuizen. Ooit had hij een man in blok 7 gevraagd of hij wist waarom de sorteerruimtes 'Canada' genoemd werden.

'De meisjes die daar werken, dromen over een plek, ver weg, waar er genoeg van alles is en waar het leven is zoals zij het zich voorstellen. Ze hebben besloten dat Canada zo'n plek is.'

Lale heeft weleens een paar meisjes gesproken die in dit gebouw werken, toen ze laat in de middag terugliepen naar hun blok. Hij heeft ze allemaal verschillende keren naar buiten zien komen, en hij weet dat Gita hier niet werkt. Er zijn andere gebouwen die hij niet zo makkelijk kan bereiken. Ze moet in een van die werken. Een stukje verderop ziet hij twee meisjes lopen met wie hij eerder heeft gepraat. Hij steekt zijn hand in zijn tas, haalt er twee pakjes uit en loopt glimlachend naar de meisjes toe. Als hij bij hen is, draait hij zich om en loopt een stukje met ze mee.

'Ik wil dat jullie je hand uitsteken, maar doe het langzaam en zo onopvallend mogelijk. Ik ga jullie een pakje met worst geven. Maak het niet open tot je alleen bent.'

De twee meisjes doen wat hij zegt, schichtig om zich heen kijkend of er ss'ers in de buurt zijn die hen in de gaten houden. Als ze de worst eenmaal in hun handen hebben, slaan ze hun armen om hun borst om hun geschenk te beschermen.

'Ik heb gehoord dat jullie soms juwelen en geld vinden – klopt dat?'

De vrouwen wisselen een blik.

'Ik wil jullie niet in gevaar brengen, maar denken jullie dat jullie daar op een of andere manier iets van naar mij zouden kunnen smokkelen?'

'Dat zou moeten lukken,' zegt een van hen nerveus. 'De opzichters letten niet meer zo goed op ons. Ze denken dat we ongevaarlijk zijn.'

'Mooi. Pak wat je kunt zonder achterdocht te wekken, en dan gebruik ik het om eten voor jullie en de anderen te kopen.'

'Denk je dat je aan chocola zou kunnen komen?' vraagt het ene meisje met schitterende ogen.

'Ik kan niets beloven, maar ik zal het proberen. Denk eraan, neem kleine hoeveelheden tegelijk mee. Ik zal proberen om hier morgenmiddag te zijn. Als ik er niet ben, is er dan een veilige plek waar jullie de spullen kunnen verstoppen tot ik tijd heb om ze op te halen?'

'Niet in ons blok,' antwoordt een van de meisjes. 'Dat wordt voortdurend doorzocht.'

'Ik weet het,' zegt het andere meisje. 'Er ligt een flinke berg sneeuw aan de achterkant van ons blok. We kunnen de spullen in een doek wikkelen en ze daar verstoppen wanneer we naar de wc gaan.'

'Ja, dat is een goed idee,' stemt het eerste meisje in.

'Jullie mogen aan niemand vertellen wat jullie doen, of waar het eten vandaan komt, oké? Dat is heel belangrijk. Jullie levens hangen ervan af.' Een van de meisjes maakt een gebaar alsof ze haar mond dichtritst. Als ze bijna bij het vrouwengedeelte zijn, zegt Lale de meisjes gedag en blijft een poosje buiten blok 29 dralen. Gita is nergens te bekennen. Het is niet anders. Maar over drie dagen is het weer zondag.

De volgende dag is hij al na een paar uur klaar met zijn werk in Birkenau. Leon vraagt hem om de middag met hem door te brengen, zodat ze over hun situatie kunnen praten zonder dat een blok vol mannen hun gesprek probeert op te vangen. Lale excuseert zich door te zeggen dat hij zich niet lekker voelt en wat rust nodig heeft. Ze gaan ieder hun weg.

Hij voelt zich verscheurd. Hij wil wanhopig graag het eten hebben dat Victor heeft meegebracht, maar hij heeft iets nodig om de man mee te betalen. De meisjes komen uit hun werk op ongeveer hetzelfde tijdstip als waarop Victor en de andere dagarbeiders vertrekken. Zal hij genoeg tijd hebben om te kijken of het ze gelukt is iets mee te smokkelen? Uiteindelijk besluit hij Victor een bezoekje te brengen en hem te verzekeren dat hij bezig is een betaalmiddel te regelen.

Met zijn tas in zijn hand loopt hij naar het gebouw in aanbouw. Hij kijkt om zich heen, op zoek naar Victor en

Yuri. Victor ziet hem en maakt zich samen met Yuri los van de andere arbeiders. Ze komen naar Lale toe, die is blijven staan en net doet alsof hij iets in zijn tas zoekt. Yuri begroet Lale met een uitgestrekte hand.

'Zijn moeder heeft gisteravond een hartig woordje met hem gewisseld,' verklaart Victor.

'Sorry, ik heb nog niets om je mee te betalen, maar dat komt hopelijk snel. Breng alsjeblieft niets mee tot ik je heb betaald voor datgene wat ik tot nu toe van je heb gekregen.'

'Dat zit wel goed,' zegt Victor. 'We hebben genoeg over.'

'Nee, jullie nemen een risico. Daar moet iets tegenover staan. Geef me een dag of twee, goed?'

Victor haalt twee pakketjes uit zijn tas en laat die in Lales geopende tas vallen. 'We zijn hier morgen weer, zelfde tijd.'

'Dank je,' zegt Lale.

'Zie je later,' zegt Yuri, en Lale moet glimlachen.

'Zie je later, Yuri.'

Wanneer hij terug is in zijn kamer, maakt Lale de pakketjes open. Worst en chocola. Hij houdt de chocola onder zijn neus en snuift de geur op.

Opnieuw breekt hij het eten in kleine stukjes, zodat de meisjes het makkelijk kunnen verstoppen en verdelen. Hij hoopt vurig dat ze discreet zullen zijn. De gevolgen als ze niet oppassen zijn verschrikkelijk. Hij bewaart wat van de worst voor blok 7. De sirene die aangeeft dat het werk erop zit, onderbreekt zijn obsessieve inspanningen om ervoor te zorgen dat ieder stukje precies even groot is. Hij gooit alles in zijn tas en haast zich naar de Canada.

Niet ver van de vrouwenbarakken treft hij zijn twee vriendinnen. Ze zien hem aankomen en vertragen hun pas, zodat ze achterop raken bij de meute meisjes die naar 'huis' sjokt. Met de bundeltjes eten in zijn ene hand en zijn open tas in de andere wringt hij zich tussen de meisjes door. Zonder hem aan te kijken laat ieder van de meisjes iets in zijn tas vallen. Op zijn beurt drukt hij de pakketjes met voedsel in hun handen, waarna zij ze vlug in hun mouwen schuiven. Bij de ingang van het vrouwenkamp lopen ze ieder een andere kant op.

Lale heeft geen idee wat hij zal aantreffen in de vier met lappen omwikkelde pakketjes die hij op zijn bed legt. Voorzichtig vouwt hij ze open. Er zitten munten en biljetten in, Poolse złoty's, losse diamanten, robijnen en saffieren, gouden en zilveren ringen die zijn versierd met kostbare edelstenen. Geschokt wankelt hij naar achteren en botst met zijn rug tegen de deur. Hij deinst terug voor de treurige herkomst van deze voorwerpen, die stuk voor stuk verbonden zijn met belangrijke momenten in de levens van de vorige eigenaren. Ook vreest hij voor zijn eigen veiligheid. Als hij met deze schat wordt betrapt, wordt hij direct geëxecuteerd. Buiten klinkt een geluid, en razendsnel gooit hij de juwelen en het geld weer in zijn tas en werpt zich op het bed. Er komt niemand binnen. Na een poosje staat hij op en neemt zijn tas mee naar de eetzaal. Tijdens het eten legt hij de tas niet zoals gebruikelijk bij zijn voeten, maar houdt hem de hele tijd met één hand vast. Hoewel hij zijn best doet om er niet te vreemd uit te zien, vreest hij dat hij daar bepaald niet in slaagt.

Later die avond scheidt hij de edelstenen van het geld en de losse stenen van de sieraden, en wikkelt ze stuk voor stuk in lappen. Het grootste deel van de buit stopt hij onder zijn matras. Hij houdt alleen een losse robijn en een diamanten ring in zijn tas.

Om zeven uur de volgende ochtend, wanneer de dagarbeiders arriveren, staat Lale klaar bij het hek van het hoofdterrein. Hij loopt zo onopvallend mogelijk naar Victor en laat hem zijn geopende hand zien, waar de robijn en de ring in liggen. Victor schudt hem de hand en neemt de juwelen van hem over. Lales tas is al open, en Victor stopt er vlug wat pakketjes in. Hun bondgenootschap is nu bezegeld.

'Gelukkig nieuwjaar,' fluistert Victor.

Lale loopt weg, omhuld door een dik gordijn van sneeuw dat het kamp langzaam bedekt. 1943 is begonnen.

7

Hoewel het bitterkoud is en het kamp in één grote bende van sneeuw en modder is veranderd, verkeert Lale in een opperbeste stemming. Het is zondag. Lale en Gita zullen zich onder de dapperen wagen die een wandelingetje maken over het terrein, in de hoop op een vluchtige ontmoeting, een woord, een aanraking van de hand. Hij beent heen en weer, speurend naar Gita, terwijl hij probeert de kou uit zijn botten te weren. Hij loopt zo vaak hij durft langs het vrouwenkamp. Er komen verschillende meisjes uit blok 29 naar buiten, maar Gita is er niet bij. Net wanneer hij op het punt staat om het op te geven, verschijnt Dana en kijkt zoekend om zich heen. Zodra ze Lale ontdekt, haast ze zich naar hem toe.

'Gita is ziek,' zegt ze zodra ze binnen gehoorsafstand is. 'Ze is erg ziek, Lale. Ik weet niet wat ik moet doen.'

Zijn hart schiet van paniek in zijn keel als hij aan de dodenkar denkt, zijn eigen nipte ontsnapping, de mannen die hem hebben verpleegd tot hij weer beter was. 'Ik moet haar zien.'

'Nee, je kunt niet naar binnen, onze kapo is in een vreselijke bui. Ze wil de ss erbij halen, zodat ze Gita meenemen.'

'Dat mag je niet laten gebeuren! Alsjeblieft, Dana,' zegt Lale. 'Wat mankeert ze? Weet je dat?'

'We denken dat het tyfus is. Daar zijn deze week al een aantal meisjes in ons blok aan bezweken.'

'Dan heeft ze medicijnen nodig.'

'En waar halen we medicijnen vandaan? Als we naar de ziekenboeg gaan en om medicijnen vragen, dan halen ze haar weg. Ik kan haar niet verliezen. Ik ben mijn hele familie al kwijtgeraakt. Alsjeblieft, Lale, kun je ons helpen?' Dana kijkt hem smekend aan.

'Breng haar níét naar de ziekenboeg. Wat je ook doet, ga daar niet naartoe.' Lales brein draait op volle toeren. 'Luister, Dana – het gaat me een paar dagen kosten, maar ik ga proberen om medicijnen voor haar te krijgen.' Hij wordt bekropen door een soort verlamming. Zijn zicht wordt wazig. Zijn hoofd bonst.

'Je moet het volgende doen. Breng haar morgenochtend naar de Canada. Het kan me niet schelen hoe je het doet – draag haar, versleep haar, wat dan ook. Verstop haar daar tussen de kleren, probeer haar zo veel mogelijk water te laten drinken, en breng haar na het werk terug naar jullie blok voor de telling. Het kan zijn dat je dat een paar dagen moet volhouden tot ik medicijnen heb, maar je moet het doen. Het is de enige manier om te voorkomen dat ze haar afvoeren naar de ziekenboeg. Ga nu, en zorg goed voor haar.'

'Goed, dat kan ik. Ivana zal me helpen. Maar ze móét medicijnen krijgen.'

Hij grijpt Dana's hand vast. 'Zeg tegen haar...'

Dana wacht.

'Zeg tegen haar dat ik voor haar zal zorgen.'

Lale kijkt Dana na terwijl ze het blok in rent. Hij kan zich niet verroeren. Vreselijke gedachten tollen door zijn hoofd. Ze mag niet op de dodenkar terechtkomen. Dat mag haar lot niet zijn. Hij kijkt om zich heen naar de dappere zielen die zich buiten hebben gewaagd, en hij stelt zich voor dat ze in de sneeuw vallen en daar glimlachend blijven liggen, dankbaar dat de dood hen van deze plek heeft bevrijd.

'Je krijgt haar niet!' roept hij. 'Ik sta niet toe dat je haar van me afpakt!'

De gevangenen kijken hem bevreemd aan en lopen bij hem vandaan. De ss'ers hebben ervoor gekozen om binnen te blijven op deze gure, donkere dag, en al snel is Lale alleen, verlamd door de kou en de angst. Uiteindelijk komen zijn voeten in beweging. Zijn geest voegt zich bij de rest van zijn lichaam. Hij strompelt terug naar zijn kamer en stort ineen op zijn bed.

De volgende ochtend kruipt het daglicht zijn kamer binnen. Het vertrek voelt leeg, zelfs met hem erin. Hij kijkt van bovenaf neer, maar hij ziet zichzelf niet. Alsof hij buiten zijn eigen lichaam is getreden. Waar ben ik? Ik moet terugkomen. Ik heb iets belangrijks te doen. De herinnering aan het gesprek met Dana van de vorige dag brengt hem met een schok terug naar de werkelijkheid.

Hij grist zijn tas van de grond, steekt zijn voeten haastig in zijn laarzen, gooit een deken om zijn schouders en rent naar buiten, naar de hoofdingang. Hij let niet op wie er rondloopt. Hij moet Victor en Yuri onmiddellijk spreken. De twee mannen arriveren tegelijk met de andere dagarbeiders. Bij iedere stap die ze zetten, zinken ze diep weg in de sneeuw. Wanneer ze Lale zien, lopen ze weg bij de anderen en komen naar hem toe. Lale laat Victor de juwelen en het geld in zijn hand zien, samen een klein vermogen waard. Alles wat hij heeft, laat hij in Victors tas vallen.

'Medicijnen voor tyfus,' zegt hij dringend. 'Kun je me helpen?'

Victor stopt zijn pakketjes met eten in Lales open tas en knikt. 'Ja.'

Lale haast zich naar het vrouwenkamp en houdt blok 29 van een afstandje in de gaten. Waar zijn ze? Waarom ziet hij hen nog niet? Hij beent heen en weer, zonder zich iets aan te trekken van de starende ogen in de wachttorens die het kamp omringen. Hij moet Gita zien. Ze moet de nacht levend zijn doorgekomen. Eindelijk ziet hij Dana en Ivana, die een verzwakte Gita met zich mee torsen. Twee andere meisjes schermen hen af, zodat niemand het vreemde tafereel in de gaten krijgt. Lale valt op zijn knieën bij de gedachte dat dit de laatste keer zou kunnen zijn dat hij haar ziet.

'Wat doe jij hier?' Baretski verschijnt achter hem. Hij krabbelt overeind. 'Ik voelde me niet goed, maar nu gaat het wel weer.'

'Misschien moet je bij een dokter langs. Je weet toch dat we die hebben in Auschwitz?'

'Nee, dank je, ik vraag je nog liever om me neer te schieten.'

Baretski haalt zijn pistool uit de holster. 'Als dit de plek is waar je wilt sterven, Tätowierer, dan help ik je met alle genoegen.'

'Dat geloof ik zo, maar niet vandaag,' zegt Lale. 'Ik neem aan dat we werk te doen hebben?'

Baretski stopt zijn pistool weer weg. 'Auschwitz,' zegt hij, en hij begint te lopen. 'En breng die deken terug naar waar je hem vandaan hebt. Je ziet er belachelijk uit.'

Lale en Leon brengen de ochtend door in Auschwitz, waar ze nummers op angstige nieuwkomers tatoeëren en proberen de schok daarvan te verzachten. Maar in gedachten is Lale bij Gita, en soms drukt hij te hard met de naald.

In de middag, wanneer het werk erop zit, loopt Lale op een drafje terug naar Birkenau. Hij ontmoet Dana vlak bij de ingang van het vrouwenkamp en geeft haar alles wat hij bij het ontbijt heeft meegesmokkeld.

'We hebben een bed voor haar gemaakt van kleren,' zegt Dana, terwijl ze de etenswaren in geïmproviseerde manchetten stopt. 'En we hebben sneeuw gesmolten om haar te laten drinken. Vanmiddag hebben we haar teruggebracht naar het blok, maar ze is er nog steeds erg slecht aan toe.'

Lale geeft een kneepje in Dana's hand. 'Dankjewel. Probeer haar zover te krijgen dat ze iets eet. Morgen heb ik medicijnen voor haar.'

Hij vertrekt, met zijn hoofd vol chaotische gedachten. Ik ken Gita nauwelijks, maar hoe kan ik leven als zij sterft? Die nacht kan hij de slaap niet vatten.

De volgende ochtend stopt Victor samen met het eten medicijnen in Lales tas.

Die middag lukt het hem om de medicijnen aan Dana te geven.

's Avonds zitten Dana en Ivana naast Gita, die nu helemaal bewusteloos is. De tyfus is sterker dan zij; de zwarte roerloosheid heeft haar volledig in zijn greep. Ze praten tegen haar, maar ze geeft geen teken dat ze hen hoort. Ivana houdt Gita's mond open, en Dana giet een paar druppels vloeistof uit een smal buisje op haar tong.

'Ik denk niet dat het me lukt om haar naar de Canada te blijven dragen,' zegt de uitgeputte Ivana.

'Ze wordt wel beter,' houdt Dana vol. 'Nog een paar dagen.'

'Waar heeft Lale het medicijn vandaan?'

'Dat hoeven we niet te weten. Wees gewoon dankbaar dat hij het heeft geregeld.'

'Denk je dat het te laat is?'

'Ik weet het niet, Ivana. Laten we haar nu stevig vasthouden en haar de nacht door helpen.'

De volgende ochtend kijkt Lale van een afstandje toe terwijl Gita opnieuw naar de Canada wordt gedragen. Hij ziet dat ze een paar keer probeert haar hoofd op te tillen, en dat stemt hem dolgelukkig. Nu moet hij op zoek naar Baretski. De belangrijkste verblijven van de ss-officieren staan in Auschwitz. In Birkenau is er slechts een klein gebouw voor hen, en daar gaat Lale naartoe, in de hoop Baretski te treffen wanneer die aankomt of vertrekt. De officier verschijnt na een paar uur, en hij reageert verbaasd als hij ziet dat Lale op hem staat te wachten.

'Heb jij soms niet genoeg te doen?'

'Ik wil je om een gunst vragen,' flapt Lale eruit.

Baretski knijpt zijn ogen samen. 'Ik verleen geen gunsten meer.'

'Misschien kan ik op een dag iets terugdoen.'

Een schamper lachje. 'Wat zou jij nou voor mij kunnen doen?'

'Je weet maar nooit. Zou je het niet handig vinden als ik bij je in het krijt stond, voor het geval dat?'

Baretski zucht. 'Wat wil je?'

'Het gaat om Gita.'

'Je vriendinnetje.'

'Kun je haar laten overplaatsen van de Canada naar het administratiegebouw?'

'Waarom? Je wilt zeker dat ze in een verwarmde ruimte werkt?'

'Ja.'

Baretski tikt met zijn voet op de grond. 'Geef me een dag of twee, dan zal ik kijken wat ik kan doen. Maar ik beloof niets.'

'Dank je.'

'Je bent me iets verschuldigd, Tätowierer.' De grijns verschijnt weer, en Baretski speelt met zijn wapenstok. 'Je bent me iets verschuldigd.'

Met meer bravoure dan hij voelt, zegt Lale: 'Nog niet, maar binnenkort hopelijk wel.' Opgewekt loopt hij weg. Misschien kan hij Gita's leven een beetje draaglijker maken.

De volgende zondag loopt Lale langzaam naast een herstellende Gita. Het liefst zou hij zijn arm om haar heen slaan, zoals hij Dana en Ivana heeft zien doen, maar dat durft hij niet. Het is ook al fijn om gewoon bij haar te zijn. Al snel is ze uitgeput, en het is te koud om te gaan zitten. Ze draagt een lange wollen jas, een kledingstuk dat de meisjes kennelijk uit de Canada hebben meegenomen zonder dat de ss'ers daar bezwaar tegen maakten. Er zitten diepe zakken in, en Lale vult ze met etenswaren voordat hij haar terugstuurt naar haar blok om te rusten.

De volgende ochtend wordt een trillende Gita door een vrouwelijke ss-officier naar het hoofdadministratiegebouw gebracht. Er is de jonge vrouw niets verteld, en ze vreest automatisch het ergste. Ze is ziek geweest, en nu is ze verzwakt – de autoriteiten hebben duidelijk besloten dat ze haar niet langer kunnen gebruiken. Terwijl de officier met een hoger geplaatste collega praat, kijkt Gita de grote ruimte rond. Hij is gevuld met vaalgroene bureaus en dossierkasten. Alles staat keurig op zijn plek. Wat haar vooral opvalt, is de warmte – er werken hier ook ss'ers, dus uiteraard is er verwarming. Een gemengd gezelschap van vrouwelijke gevangenen en vrouwelijke burgers werkt vlug en stilletjes, met gebogen hoofden, aan documenten en dossiers.

De begeleidende officier stuurt Gita naar haar collega. Gita struikelt, nog verzwakt door de tyfus. De collega vangt haar op en duwt haar ruw weg. Ze pakt Gita's arm en inspecteert haar nummer voordat ze haar naar een leeg bureau sleept en op een harde houten stoel duwt, naast een gevangene die exact hetzelfde gekleed is als zij. Het meisje kijkt niet op, probeert zich alleen kleiner te maken, onopvallender, zodat de officier niet op haar let.

'Zet haar aan het werk,' blaft de officier.

Zodra ze alleen zijn, laat het meisje Gita een lange lijst met namen en gegevens zien. Ze geeft haar een stapel kaartjes en gebaart dat ze de gegevens van iedere persoon eerst op een kaartje moet schrijven, en daarna in een groot, in leer gebonden boek dat ze delen. Er wordt geen woord gewisseld, en als ze vlug om zich heen kijkt, wordt het Gita duidelijk dat zij ook maar beter haar mond kan houden.

Later die dag hoort ze een vertrouwde stem, en ze kijkt op. Lale is de ruimte binnengekomen en overhandigt een stapel papieren aan een van de burgermeisjes die achter de balie staan. Wanneer hij zijn gesprek heeft afgerond, speurt hij langzaam alle gezichten af. Als zijn blik op Gita blijft rusten, knipoogt hij. Ze kan het niet helpen – ze hapt hoorbaar naar adem. Een paar vrouwen draaien zich om en kijken naar haar. Het meisje naast haar geeft haar een zachte por in haar ribben, terwijl Lale haastig vertrekt.

Als de werkdag erop zit, ziet Gita Lale een stuk verderop staan en de meisjes gadeslaan die het administratiegebouw verlaten. Er zijn zo veel ss'ers in de buurt dat hij niet dichterbij durft te komen. De meisjes praten onder het lopen met elkaar.

'Ik ben Cilka,' stelt Gita's nieuwe collega zich voor. 'Ik zit in blok 25.'

'Gita, blok 29.'

Wanneer de meisjes het vrouwenkamp betreden, komen Dana en Ivana haastig naar Gita toe. 'Is alles goed met je? Waar hebben ze je naartoe gebracht? Waarom namen ze je mee?' Dana's uitdrukking is een mengeling van angst en opluchting.

'Ik ben in orde. Ze hebben me aan het werk gezet in het administratiekantoor.'

'Hoe...' begint Ivana.

'Lale. Volgens mij heeft hij het op een of andere manier geregeld.'

'En het gaat goed met je? Ze hebben je niets aangedaan?'

'Het gaat prima. Dit is Cilka. Ik werk samen met haar.'

Dana en Ivana begroeten Cilka met een omhelzing. Gita glimlacht, blij dat haar vriendinnen het andere meisje direct in hun midden verwelkomen. Ze had zich de hele middag zorgen gemaakt over hun reactie op haar relatief makkelijke baantje, in een warme omgeving en zonder lichamelijke inspanning. Ze zou het hun nauwelijks kwalijk kunnen nemen als ze jaloers zouden zijn op haar nieuwe rol en niets meer van haar zouden willen weten.

'Ik moet terug naar mijn blok,' zegt Cilka. 'Tot morgen, Gita.'

Cilka loopt weg, en Ivana kijkt haar bewonderend na.

'Jeetje, wat is ze knap. Zelfs in lompen is ze beeldschoon.'

'Dat is ze zeker. Ze heeft de hele dag bemoedigend naar me geglimlacht, om me op mijn gemak te stellen. Haar schoonheid gaat verder dan de buitenkant.'

Cilka draait zich om en glimlacht naar de drie meisjes. Met haar ene hand maakt ze de sjaal om haar hoofd los en zwaait ermee naar hen. Een waterval van lang donker haar stroomt over haar rug. Ze beweegt met de gratie van een zwaan; een jonge vrouw die zich nauwelijks bewust is van haar schoonheid, en die onaangetast lijkt door de gruwelen om haar heen.

'Je moet haar eens vragen hoe het haar is gelukt om haar haren te houden,' zegt Ivana, afwezig aan haar eigen hoofd krabbend.

Gita trekt haar sjaal van haar hoofd en strijkt met haar hand door haar korte stekelige haar, dat weer zal worden afgeschoren voordat het de kans krijgt om aan te groeien. Even verdwijnt haar glimlach. Dan doet ze haar sjaal weer om, haakt haar armen door die van Dana en Ivana en loopt samen met haar vriendinnen naar de maaltijdkar.

8

Lale en Leon werken dag en nacht terwijl de Duitsers alle steden, dorpen en gehuchten die ze bestormen, ontdoen van Joden. Joden uit Frankrijk, België, Joegoslavië, Italië, Moravië, Griekenland en Noorwegen voegen zich bij degenen die al uit Duitsland, Oostenrijk, Polen en Slowakije zijn weggehaald. In Auschwitz tatoeëren Lale en Leon de gevangenen die de pech hebben gehad te zijn geselecteerd door het 'medische team'. De mannen en vrouwen die zijn voorbestemd om aan het werk te gaan, worden in treinen naar Birkenau gebracht, wat Lale en Leon een wandeling van vier kilometer heen en vier kilometer terug bespaart. Door de vele nieuwkomers heeft Lale weinig tijd om de buit van de meisjes in de Canada op te halen, en vaak neemt

Victor zijn pakketjes weer mee naar huis. Nu en dan, wanneer de rijen korter worden en het moment geschikt is, vraagt Lale of hij even naar het toilet mag en brengt hij een haastig bezoekje aan de Canada. De hoeveelheid edelstenen, juwelen en geld onder zijn matras groeit gestaag.

De dag is overgegaan in de avond, en nog steeds stellen de mannen zich in rijen op om voor het leven te worden genummerd, of dat nu lang of kort is. Lale doet zijn werk als een robot. Automatisch neemt hij het papiertje aan, pakt de aangeboden arm vast en zet het nummer. 'Doorlopen graag. Volgende.' Hij wist wel dat hij moe was, maar de volgende arm is zó zwaar dat hij hem laat vallen. Voor hem staat een reus van een man, met een brede borst, een dikke nek en massieve ledematen.

'Ik heb zo'n honger,' fluistert de man.

Dan doet Lale iets wat hij nog nooit heeft gedaan. 'Hoe heet je?' vraagt hij.

'Jakub.'

Lale tatoeëert Jakubs nummer op zijn arm. Als hij klaar is, kijkt hij om zich heen en ziet dat de toezichthoudende ss'ers moe zijn en nauwelijks op hem letten. Hij gebaart dat Jakub achter hem moet gaan staan, in de schaduw, waar het licht van de schijnwerpers niet komt.

'Blijf daar tot ik klaar ben.'

Als de laatste gevangene genummerd is, ruimen Lale en Leon hun spullen op en klappen hun tafeltjes in. Lale zegt Leon gedag, verontschuldigt zich voor het feit dat de jongen zijn avondmaaltijd heeft gemist en belooft hem om morgenochtend iets uit zijn voorraad mee te brengen. Of ís het al ochtend? Terwijl Jakub zich nog steeds schuilhoudt, blijft Lale dralen tot alle ss'ers zijn vertrokken. Ten slotte is er niemand meer. Een vlugge blik op de wachttoren leert hem dat geen van de bewakers hun kant op kijkt. Hij draagt Jakub op om hem te volgen, en ze lopen haastig naar zijn kamer. Hij doet de deur achter hen dicht, tilt een hoek van zijn ingezakte matras op en haalt wat brood en worst tevoorschijn. Dat geeft hij aan Jakub, die het snel opeet.

Wanneer de grote man klaar is met eten, vraagt Lale: 'Waar kom je vandaan?'

'Amerika.'

'Echt? Hoe ben je hier terechtgekomen?'

'Ik was op bezoek bij mijn familie in Polen en daar kwam ik vast te zitten. Ik kon niet meer weg. We werden bijeengedreven, en nu ben ik hier. Ik heb geen idee waar mijn familie is. We zijn van elkaar gescheiden.'

'Maar je woont in Amerika?'

'Ja.'

'Verdomme, dat is ellendig.'

'Hoe heet je?' vraagt Jakub.

'Ik ben Lale. Ze noemen me de Tätowierer, en net als ik zul jij het hier goed doen.'

'Ik begrijp het niet. Hoe bedoel je, ik zal het hier goed doen?'

'Je lichaamsbouw. De Duitsers zijn de wreedste rotzakken die ooit hebben bestaan, maar ze zijn niet op hun achterhoofd gevallen. Ze zijn er heel handig in om de juiste persoon voor het juiste werk te vinden, en ik weet zeker dat ze een baan voor jou hebben.'

'Wat voor baan?'

'Dat weet ik niet. Dat zul je moeten afwachten. Weet je welk blok ze je hebben toegewezen?'

'Blok 7.'

'Aha, dat ken ik goed. Kom, dan breng ik je ernaartoe. Je kunt er maar beter zijn wanneer je nummer over een paar uur wordt opgelezen.'

Twee dagen later is het zondag. Omdat hij de afgelopen vijf zondagen moest werken, heeft Lale Gita vreselijk gemist. Vandaag schijnt de zon op zijn hoofd terwijl hij over het kampterrein loopt en naar haar zoekt. Als hij de hoek van een van de blokken omslaat, vangt hij tot zijn verbazing gejuich en applaus op. Zulke geluiden hoor je anders nooit in het kamp. Hij wringt zich door de menigte om te kijken waar alle aandacht op is gericht. In het midden, omringd door zowel ss'ers als gevangenen, geeft Jakub een voorstelling.

Drie mannen sjouwen een groot stuk timmerhout naar hem toe. Hij pakt het aan en gooit het een eind weg. Gevangenen maken zich haastig uit de voeten. Een andere gevangene komt aanzetten met een lange metalen staaf, die Jakub ombuigt. De show gaat nog een poosje verder, waarbij de gevangenen steeds zwaardere voorwerpen naar Jakub brengen, zodat hij kan laten zien hoe sterk hij is.

Plotseling daalt er een stilte neer over de menigte. Houstek komt eraan, omringd door ss'ers. Jakub merkt de mannen niet op en gaat verder met zijn optreden. Houstek kijkt toe terwijl Jakub een stuk staal boven zijn hoofd tilt en het buigt. De Oberscharführer heeft genoeg gezien. Hij knikt naar de ss'ers, die naar Jakub toe lopen. Ze raken hem niet aan, maar gebaren met hun geweren welke kant hij op moet lopen. Wanneer de menigte uiteenvalt, ziet Lale Gita. Hij haast zich naar haar en haar vriendinnen toe. Eén of twee meisjes giechelen wanneer ze hem zien. Het geluid valt helemaal uit de toon in dit dodenkamp, en Lale geniet ervan. Gita straalt. Hij neemt haar bij de arm en loodst haar naar hun plekje achter het administratiegebouw. De grond is nog steeds te koud om op te kunnen zitten, dus leunt Gita tegen de muur en heft haar gezicht naar de zon.

'Doe je ogen dicht,' zegt Lale.

'Waarom?'

'Doe het nou maar gewoon. Vertrouw me.'

Gita sluit haar ogen.

'Doe je mond open.'

Ze opent haar ogen.

'Doe je ogen dicht en open je mond.'

Gita doet wat hij vraagt. Lale haalt een klein stukje chocola uit zijn tas. Hij legt het tegen haar lippen, laat haar de textuur voelen, en duwt het dan een stukje in haar mond. Ze drukt haar tong ertegenaan. Dan wrijft hij de chocola, die nu vochtig is, zachtjes over haar lippen, en ze likt er gretig aan. Wanneer hij de chocola in haar mond duwt, bijt ze er een stuk af en spert haar ogen wijd open. Genietend van de smaak vraagt ze: 'Waarom smaakt chocola zo veel beter wanneer het je wordt gevoerd?'

'Ik weet het niet. Niemand heeft mij ooit chocola gevoerd.'

Gita pakt het kleine stukje chocola dat Lale nog in zijn hand heeft.

'Doe je ogen dicht en open je mond.'

Hetzelfde spelletje vindt plaats. Als Gita het laatste bétje chocola op Lales lippen heeft gesmeerd, kust ze hem zachtjes en likt de chocola op. Als hij zijn ogen opendoet, ziet hij dat zij de hare dicht heeft. Hij trekt haar naar zich toe en ze kussen hartstochtelijk. Eindelijk doet Gita haar ogen open, en ze veegt de tranen weg die over Lales gezicht biggelen.

'Wat zit er nog meer in die tas van jou?' vraagt ze speels.

Lale haalt zijn neus op en lacht. 'Een diamanten ring. Of heb je liever een smaragd?'

'O, doe de diamant maar, dank je,' zegt ze, het spelletje meespelend.

Hij rommelt in zijn tas en haalt er een prachtige zilveren ring met een enkele diamant uit. Die geeft hij aan Gita. 'Voor jou.'

Gita kan haar ogen niet losmaken van de ring, die fonkelt in de zon. 'Waar heb je die vandaan?'

'Meisjes die in de Canada werken, smokkelen juwelen en geld voor me naar buiten. Die gebruik ik om het eten en de medicijnen te kopen die ik aan jou en de anderen geef. Hier, hij is voor jou.'

Gita steekt haar hand uit, alsof ze de ring om wil proberen, maar dan trekt ze haar hand weer terug. 'Nee, hou hem maar. Jij kunt hem beter gebruiken.'

'Oké.' Hij wil de ring weer terugstoppen in zijn tas.

'Wacht. Laat me er nog een keertje naar kijken.' Hij houdt de ring tussen twee vingers en draait hem, zodat ze het sieraad van alle kanten kan bewonderen.

'Dat is het mooiste wat ik ooit heb gezien. Berg hem nu maar op.'

'Het is het op één na mooiste wat ik ooit heb gezien,' zegt hij, Gita in de ogen kijkend. Ze bloost en wendt haar gezicht af.

'Ik lust nog wel wat van die chocola, als je nog hebt.' Hij geeft haar een klein blokje. Ze breekt er een stukje af, stopt dat in haar mond en sluit even haar ogen. De rest stopt ze in haar mouw.

'Kom op,' zegt hij. 'Ik breng je terug naar de meisjes, dan kun je het delen.'

Gita strijkt liefkozend over zijn wang. 'Dankjewel.'

Zijn knieën knikken door haar nabijheid.

Gita pakt zijn hand en begint te lopen. Hij laat zich leiden. Als ze op het hoofdterrein komen, zien ze Baretski en laten snel elkaars hand los. Hij schenkt Gita een blik die haar alles vertelt wat ze moet weten. Het doet hem pijn om zonder iets te zeggen uit elkaar te gaan, zonder te weten wanneer ze elkaar weer zullen zien. Hij loopt naar Baretski, die met opgetrokken wenkbrauwen naar hem staart.

'Ik was naar je op zoek,' zegt Baretski. 'We hebben werk te doen in Auschwitz.'

Onderweg naar Auschwitz wordt Baretski door verschillende ss-bewakers begroet, maar hij negeert ze allemaal. Vandaag is er iets mis met hem. Normaal gesproken is hij bijzonder spraakzaam, maar nu lijkt zijn hele lichaam gespannen. Een stukje verderop ziet Lale drie gevangenen op de grond zitten, met hun ruggen tegen elkaar om elkaar te ondersteunen. Ze zijn overduidelijk uitgeput. De gevangenen kijken op naar Lale en Baretski, maar doen geen poging om in beweging te komen. Zonder zijn pas zelfs maar te vertragen, haalt Baretski zijn geweer van zijn rug en schiet een aantal keer op hen.

Lale blijft stokstijf staan, starend naar de dode mannen. Wanneer hij eindelijk naar Baretski kijkt, moet hij denken aan de eerste keer dat hij iemand zonder aanleiding weerloze mannen heeft zien aanvallen – zittend op een plank in het donker. Beelden van zijn eerste avond in Birkenau verschijnen in flitsen op zijn netvlies. Baretski beweegt zich bij hem vandaan, en Lale is bang dat de ss'er zijn woede hierna op hém zal botvieren. Vlug loopt hij hem achterna, maar hij houdt een beetje afstand. Hij weet dat Baretski weet dat hij hem volgt. Voor de zoveelste keer komen ze aan bij het hek van Auschwitz en kijkt Lale naar de woorden boven de ingang: ARBEIT MACHT FREI. In stilte vervloekt hij welke god er dan ook luistert.

9

Maart 1943

Lale meldt zich bij het administratiekantoor om zijn instructies in ontvangst te nemen. Het weer is langzaam aan het verbeteren – het heeft al een week niet gesneeuwd. Bij binnenkomst kijkt hij als eerste of Gita nog op haar plek zit. Daar is ze, nog steeds aan haar bureautje naast Cilka. De twee zijn dikke vriendinnen geworden, en Dana en Ivana lijken Cilka helemaal in hun kleine kringetje te hebben opgenomen. Zijn gebruikelijke knipoog naar de twee meisjes wordt met onderdrukte glimlachjes ontvangen. Hij loopt naar het Poolse meisje achter de balie.

'Goedemorgen, Bella. Wat een prachtige dag is het.'

'Goedemorgen, Lale,' zegt Bella. 'Hier heb ik je werk. Ik heb opdracht om je te vertellen dat er voor alle nummers van vandaag een z staat.'

Lale kijkt naar de lijst met nummers, en inderdaad worden ze allemaal voorafgegaan door de letter z.

'Weet je wat dat betekent?'

'Nee, Lale, mij vertellen ze niets. Jij weet meer dan ik. Ik volg gewoon mijn instructies.'

'Net als ik, Bella. Dankjewel, tot later.'

Met de instructies in zijn hand loopt Lale naar de deur.

'Lale,' roept Bella hem achterna.

Hij draait zich weer om. Met een knikje richting Gita vraagt ze: 'Ben je niet iets vergeten?'

Hij glimlacht naar Bella, keert zich naar Gita toe en trekt met twinkelende ogen zijn wenkbrauwen op. Een paar meisjes slaan hun hand voor hun mond en kijken vlug of de ss'ers die toezicht houden het niet in de gaten hebben.

Leon wacht Lale buiten op. Lale praat hem bij terwijl ze naar hun werkplek lopen. De vrachtwagens worden net leeggeladen, en de mannen knipperen met hun ogen als ze zien dat er deze keer kinderen bij zijn, en oudere mannen en vrouwen. Ze hebben nog nooit kinderen in Birkenau gezien.

'We gaan toch zeker geen kinderen tatoeëren,' zegt Leon verontwaardigd. 'Dat weiger ik.'

'Daar heb je Baretski. Hij vertelt ons wel wat ze van ons verwachten. Zeg geen woord.'

Baretski komt naar hen toe. 'Ik zie dat het je niet is ontgaan dat er vandaag iets anders is, Tätowierer. Dit zijn je nieuwe metgezellen. Van nu af aan moeten jullie alles delen, dus als ik jou was, zou ik maar aardig tegen ze zijn. Ze zijn in de meerderheid – flink in de meerderheid, zelfs.'

Lale zegt niets.

'Ze zijn het uitschot van Europa, nog erger dan jullie. Het zijn zigeuners, en God mag weten waarom, maar de Führer heeft besloten dat ze hier komen wonen. Wat zeg je daarvan, Tätowierer?'

'Is het de bedoeling dat we de kinderen tatoeëren?'

'Het is de bedoeling dat jullie iedereen tatoeëren die een papiertje met een nummer heeft. Ik laat jullie aan het werk gaan. Voorlopig ben ik wel bezig bij de selectie, dus zorg dat ik hier niet nodig ben.'

Wanneer Baretski wegmarcheert, stamelt Leon: 'Ik weiger.'

'Laten we eerst eens kijken wat er onze kant op komt.'

Het duurt niet lang voordat mannen en vrouwen, van kleine baby'tjes tot krom lopende ouderen, hun weg vinden naar Lale en Leon, die tot hun opluchting ontdekken dat de kinderen geen nummer krijgen, hoewel sommige van de mensen die Lale een papiertje geven, hem veel te jong lijken. Hij doet zijn werk, glimlacht naar de kinderen die naast hun ouders staan terwijl die worden getatoeëerd, en zegt zo nu en dan tegen een moeder met een baby in haar armen wat een mooi kindje ze heeft. Baretski bevindt zich niet binnen gehoorsafstand. Lale heeft vooral moeite met het nummeren van de oudere vrouwen, die wel levende doden lijken: holle ogen, een wezenloze blik. Misschien weten ze wat voor lot hen wacht. Hij geeft aan hen een 'sorry'. Hij weet dat ze het waarschijnlijk niet begrijpen.

In het administratiegebouw zitten Gita en Cilka aan hun bureau te werken. Zonder waarschuwing worden ze benaderd door twee ss-officieren. Cilka hapt naar lucht wanneer een van hen haar bij de arm grijpt en ruw overeind trekt. Gita kijkt toe terwijl Cilka weg wordt geleid en met verwarde en smekende ogen omkijkt. Gita ziet haar bazin niet aankomen, tot ze een klap tegen de zijkant van haar hoofd krijgt, een duidelijke boodschap dat ze weer aan het werk moet gaan.

Cilka probeert zich te verzetten terwijl ze door een lange gang naar een onbekend deel van het gebouw wordt gesleept. Ze is echter geen partij voor de twee mannen, die bij een gesloten deur blijven staan, de deur openen en haar letterlijk naar binnen smijten. Ze krabbelt overeind en kijkt om zich heen. Het grootste deel van de kamer wordt in beslag genomen door een groot hemelbed. Verder staan er een ladekast, een stoel en een nachtkastje met een lamp. Er zit iemand op de stoel. Cilka herkent de man, Lagerführer Schwarzhuber, de hoofdcommandant van Birkenau. Het is een indrukwekkende man die maar zelden in het kamp gezien wordt. Hij tikt met zijn wapenstok tegen zijn hoge leren laars. Met een uitdrukkingsloos gezicht staart hij naar een ruimte boven Cilka's hoofd. Cilka deinst achteruit, tot ze met haar rug tegen de deur staat. Haar hand kruipt naar de deurkruk. In een flits vliegt de wapenstok door de lucht en slaat hard tegen Cilka's hand. Ze slaakt een kreet van pijn en zakt op de vloer.

Schwarzhuber staat op, loopt naar haar toe en raapt zijn wapenstok op. Hij torent boven haar uit. Zijn neusgaten verwijden zich. Hij ademt zwaar en staart haar dreigend aan. Dan neemt hij zijn pet af en gooit die naar de andere kant van de kamer. Met zijn andere hand slaat hij weer met zijn wapenstok tegen zijn laars. Bij iedere klap krimpt Cilka ineen, verwachtend dat hij haar zal slaan, maar hij gebruikt de wapenstok om haar shirt omhoog te schuiven. Zich realiserend wat er verwacht wordt, maakt Cilka met trillende handen de bovenste twee knoopjes los. Daarna duwt hij de stok onder haar kin en dwingt haar op te staan. De man torent nog steeds boven haar uit. Zijn ogen lijken niets te zien; dit is een man wiens ziel is gestorven en wiens lichaam nog moet volgen.

Hij spreidt zijn armen, en ze interpreteert dit gebaar als 'kleed me uit'. Ze doet een stap in zijn richting, nog steeds op armlengte, en begint de vele knopen van zijn jasje los te maken. Een klap met de wapenstok op haar rug spoort haar aan om op te schieten. Schwarzhuber moet de wapenstok loslaten zodat ze zijn jasje van zijn schouders kan laten glijden. Hij pakt het aan en gooit het achter zijn pet aan. Dan trekt hij zelf zijn hemd uit. Cilka maakt zijn riem en zijn rits los. Ze knielt en trekt zijn broek omlaag tot zijn enkels, maar het lukt haar niet om die over zijn laarzen te schuiven.

Wanneer hij haar een duw geeft, wankelt ze en valt achteruit. Hij laat zich op zijn knieën vallen en komt boven haar zitten. Doodsbenauwd probeert Cilka zich te bedekken wanneer hij haar shirt openscheurt. Hij slaat haar hard met de achterkant van zijn hand in het gezicht, en ze doet haar ogen dicht en geeft zich over aan het onvermijdelijke.

Die avond rent Gita van het kantoor naar haar blok, terwijl de tranen over haar gezicht stromen. Wanneer Dana en Ivana een poosje later terugkeren, treffen ze haar snikkend op hun bed aan. Ze is ontroostbaar en kan hun alleen vertellen dat Cilka is weggehaald.

Het was slechts een kwestie van tijd. Vanaf zijn aanstelling als Tätowierer heeft Lale een heel blok voor zichzelf gehad. Elke dag bij zijn terugkeer van het werk heeft hij de gebouwen om zich heen omhoog zien komen. Hij bevindt zich in een duidelijk afgebakend kamp en slaapt in de eenpersoonskamer die doorgaans voor de kapo van ieder blok is gereserveerd, ook al is hij niemands kapo. Hij is er altijd van uitgegaan dat de lege stapelbedden achter hem op een dag bevolkt zouden worden.

Vandaag keert Lale terug naar zijn blok en kijkt naar de kinderen die buiten tikkertje spelen. Het leven zal niet meer hetzelfde zijn in het kamp. Een paar van de oudere kinderen komen naar hem toe en stellen hem vragen die hij niet begrijpt. Ze ontdekken dat hij in eenvoudig Hongaars kan communiceren, hoewel niet altijd even correct. Hij laat de kinderen zijn kamer zien, en vertelt ze met zijn strengste stem dat ze daar nooit, maar dan ook nooit naar binnen mogen gaan. Hij weet dat ze het begrijpen, maar zullen ze zich er ook aan houden? De tijd zal het leren. Hij denkt aan zijn beperkte begrip van de zigeunercultuur en vraagt zich af of hij een andere opslagplek moet zoeken voor de spullen onder zijn matras.

Hij loopt het blok binnen, schudt een aantal van de mannen de hand en begroet de vrouwen met een respectvol knikje, de oudere vrouwen in het bijzonder. Ze weten wat hij hier doet, en hij probeert het verder uit te leggen. Ze willen weten wat er met hen gaat gebeuren. Een redelijke vraag, waar hij geen antwoord op kan geven. Hij belooft dat hij ze alles zal vertellen wat hij opvangt en wat voor hen van belang is. Ze maken een dankbare indruk. Veel van hen blijken nog nooit met een Jood gesproken te hebben. Hij gelooft ook niet dat hij ooit met een zigeuner heeft gepraat.

Die avond heeft hij moeite om in slaap te vallen, hoe hard hij ook zijn best doet om zijn oren te sluiten voor het geluid van huilende baby's en kinderen die hun ouders om eten smeken.

10

Binnen enkele dagen is Lale tot erelid van de Roma benoemd. Hij heeft geleerd dat het woord zigeuner vaak minachtend wordt gebruikt door mensen die zelf geen Roma zijn. Iedere keer wanneer hij terugkeert naar wat nu officieel bekendstaat als het 'zigeunerkamp' wordt hij begroet door jonge jongens en meisjes, die om hem heen drommen en hem vragen om met hen te spelen of eten uit zijn tas te halen. Ze weten dat hij daar aan kan komen – hij heeft met een aantal van hen gedeeld – maar hij legt uit dat hij het zo veel mogelijk aan de volwassenen geeft, zodat zij het kunnen verdelen onder de gevangenen die het het hardst nodig hebben. Van de volwassen mannen krijgt hij dagelijks de vraag of hij al meer over hun lot kan vertellen. Hij verzekert ze dat hij alles door zal geven wat hij hoort. Hij stelt voor dat ze hun situatie zo goed mogelijk proberen te accepteren en adviseert hen om een of andere vorm van scholing voor de kinderen te regelen, al bestaat die maar uit het vertellen van verhalen over hun thuisland, hun familie, hun cultuur. Tot zijn plezier volgen ze deze suggestie op en krijgen de oudere vrouwen de rol van onderwijzeres toebedeeld. Hij ziet een kleine sprankeling in hun ogen die er eerst niet was. Natuurlijk onderbreekt zijn terugkeer altijd de les die op dat moment aan de gang is. Soms gaat hij erbij zitten om te luisteren en te leren over een volk en een cultuur die zo anders zijn dan de zijne. Vaak stelt hij vragen, die de vrouwen bereidwillig beantwoorden, zodat de kinderen – die geïnteresseerder lijken wanneer Lale de vraag heeft gesteld – tegelijk iets opsteken. Lale, die zijn hele leven met zijn familie in hetzelfde huis heeft gewoond, vindt het nomadenbestaan van de Roma intrigerend. Zijn makkelijke, helder omkaderde leventje, zijn opleiding en zijn levenservaring, lijken alledaags en voorspelbaar vergeleken bij de reizen en de beproevingen die deze mensen hebben doorstaan. Het valt hem op dat één vrouw vaak in haar eentje is. Ze lijkt geen kinderen of familie te hebben; er is niemand die met haar praat of haar genegenheid toont. Vaak is ze slechts een extra paar handen voor een moeder die het druk heeft met te veel kinderen. Zo te zien is ze in de vijftig, hoewel Lale heeft ontdekt dat de Roma er vaak ouder uitzien dan ze zijn.

Op een avond, als ze allebei hebben geholpen om de kinderen naar bed te brengen, volgt hij haar naar buiten.

'Dankjewel voor je hulp vanavond,' begint hij.

Ze schenkt hem een flauw glimlachje en gaat op een stapel bakstenen zitten om te rusten. 'Ik breng al kinderen naar bed sinds ik zelf een kleintje was. Ik zou het nog met mijn ogen dicht kunnen.'

Lale gaat naast haar zitten. 'Daar twijfel ik niet aan. Maar je lijkt hier geen familie te hebben?'

Triest schudt ze haar hoofd. 'Mijn man en mijn zoon zijn aan de tyfus gestorven. Ik ben in mijn eentje achtergebleven. Nadya.'

'Dat spijt me voor je, Nadya. Ik zou graag meer over ze horen. Ik heet Lale.'

Die avond praten Lale en Nadya tot diep in de nacht. Lale is voornamelijk aan het woord, en Nadya luistert liever. Hij vertelt haar over zijn familie in Slowakije en zijn liefde voor Gita. Hij ontdekt dat ze pas eenenveertig is. Haar zoon is drie jaar geleden op zesjarige leeftijd gestorven, twee dagen voor zijn vader. Wanneer Lale haar om haar mening vraagt, geeft Nadya antwoorden die hem aan zijn moeder doen denken. Is dat waarom hij naar haar toe trekt, waarom hij haar wil beschermen zoals hij Gita wil beschermen? Plotseling wordt hij overspoeld door heimwee. Hij kan zijn angsten over de toekomst niet van zich afzetten. Donkere gedachten die hij op afstand heeft gehouden, over zijn familie en hun veiligheid, dreigen hem te verteren. Als hij hen niet kan helpen, dan zal hij doen wat in zijn macht ligt voor de vrouw die naast hem zit.

Als hij een paar dagen later terugkeert in het blok, komt er een klein jongetje naar hem toe gewaggeld. Lale tilt hem op. Het gewicht en de geur van het ventje doen hem denken aan het kleine neefje van wie hij ruim een jaar geleden afscheid heeft genomen. Overweldigd door emoties zet hij het kind weer op de grond en haast zich naar binnen. Voor de verandering volgt geen van de kinderen hem; iets vertelt hun dat ze hem beter even met rust kunnen laten.

Liggend op zijn bed denkt hij terug aan de laatste keer dat hij bij zijn familie was. Het afscheid op het station, bij de trein die hem naar Praag zou brengen. Zijn moeder had hem geholpen zijn koffer in te pakken. Tussen het wegvegen van de tranen door haalde ze steeds kleren uit zijn koffer en verving die door boeken, bij wijze van 'troost en een herinnering aan thuis, waar je ook terechtkomt.'

Toen ze afscheid namen op het perron, zag hij voor het eerst tranen in zijn vaders ogen. Hij had ze van alle anderen verwacht, maar niet van zijn sterke, betrouwbare vader. Door het raampje van zijn treincoupé zag hij dat zijn broer en zijn zus zijn vader ondersteunden bij het verlaten van het perron. Zijn moeder rende met de trein mee, met uitgestrekte armen, in een wanhopige poging haar kleine jongetje vast te houden. Zijn twee kleine neefjes, die geen idee hadden dat de wereld om hen heen zo ingrijpend aan het veranderen was, renden onschuldig over het perron en probeerden de trein bij te houden.

Met zijn koffer, met daarin alleen kleren en de paar boeken die hij zijn moeder had toegestaan in te pakken, tegen zijn borst geklemd had Lale zijn hoofd tegen het raam laten rusten en zich overgegeven aan zijn tranen. Bij het afscheid was hij zo opgegaan in de emoties van zijn familie, dat hij aan zijn eigen vreselijke verlies voorbij was gegaan.

Resoluut zet hij de herinneringen van zich af en gaat naar buiten om met de kinderen te spelen. Als hij zich door hen heeft laten vangen, laat hij ze over hem heen klimmen. Wie heeft er bomen nodig als je een Tätowierer hebt om aan te hangen? Die avond voegt hij zich bij een groepje mannen dat buiten zit. Zij en Lale wisselen herinneringen en verhalen uit over hun gezinsleven, gefascineerd door de verschillen en overeenkomsten tussen hun culturen. 'Weet je,' zegt Lale, nog in de greep van de emoties van die dag, 'in een ander leven zou ik niets met jullie te maken willen hebben. Waarschijnlijk zou ik me van jullie afwenden, of de straat oversteken als ik jullie aan zag komen.'

Er valt een korte stilte, en dan zegt een van de mannen: 'Hé, Tätowierer, in een ander leven zouden wij ook niets met jou te maken willen hebben. Wij zouden als eerste de straat oversteken.'

De mannen lachen, en een van de vrouwen komt naar buiten en zegt vermanend dat ze stil moeten zijn omdat ze anders de kinderen wakker maken. De mannen gaan deemoedig naar binnen, maar Lale blijft dralen. Hij is niet moe genoeg om te slapen. Hij voelt de aanwezigheid van Nadya, en als hij zich omdraait, ziet hij haar in de deuropening staan.

'Kom erbij,' zegt hij.

Nadya gaat naast hem zitten en staart de nacht in. Hij bestudeert haar profiel. Ze is een mooie vrouw. Haar bruine haar, dat niet is afgeschoren, golft over haar schouders. Het milde briesje laat het rond haar gezicht waaien, en ze is steeds bezig om het weer achter haar oren te strijken. Een gebaar dat hem intens vertrouwd is, een gebaar dat zijn moeder altijd maakte wanneer de koppige lokken ontsnapten aan de strakke wrong die ze iedere ochtend in haar haar aanbracht, of aan de sjaal die het verborg. Nadya spreekt met de zachtste natuurlijke stem die hij ooit heeft gehoord. Ze fluistert niet – dit is haar gewone stem. Eindelijk beseft Lale waarom die stem hem zo triest maakt. Er klinkt geen emotie in door. Of ze nu verhalen vertelt over gelukkige tijden met haar familie of over hoe vreselijk het is om hier te zijn, haar toon is steeds hetzelfde.

'Wat betekent je naam?' vraagt hij.

'Hoop. Mijn naam betekent hoop.' Nadya staat op. 'Welterusten,' zegt ze.

Ze is weg voordat Lale iets terug kan zeggen.

11

Mei 1943

Het dagelijks leven van Lale en Leon wordt nog steeds gedicteerd door de aankomst van transporten uit heel Europa. De lente gaat over in de zomer, en nog altijd komt er geen eind aan. Vandaag werkt het stel met lange rijen vrouwelijke gevangenen. Het selectieproces vindt een stukje verderop plaats. Ze hebben het te druk om erop te letten. Er verschijnt een arm en een papiertje voor hun neus, en ze doen hun werk. Opnieuw en opnieuw en opnieuw. Deze gevangenen zijn ongebruikelijk stil – misschien voelen ze iets kwaadaardigs in de lucht hangen. Plotseling hoort Lale iemand een deuntje fluiten. Het is een bekende melodie, uit een opera misschien. Het gefluit wordt luider, en Lale kijkt waar het vandaan komt. Een man in een witte jas komt naar hem toe gelopen. Lale buigt zijn hoofd en probeert het ritme van zijn werk vast te houden. Kijk niet naar de gezichten. Hij pakt het papiertje aan, kerft het nummer, zoals hij al duizend keer eerder heeft gedaan.

Het gefluit stopt. De dokter, die de scherpe geur van desinfectiemiddel om zich heen heeft hangen, blijft naast Lale staan. Hij buigt zich naar voren, inspecteert Lales werk en pakt de arm vast die half is getatoeëerd. Hij moet haast wel tevreden zijn met wat hij ziet, want hij loopt snel verder, een andere valse melodie fluitend. Lale kijkt naar Leon, die bleek is geworden. Baretski komt naast hen staan.

'Wat vinden jullie van onze nieuwe dokter?'

'Hij heeft zich niet echt voorgesteld,' mompelt Lale.

Baretski lacht. 'Geloof me, aan deze dokter wil je niet voorgesteld worden. Zelfs ik ben bang voor hem. Het is een engerd.'

'Weet je hoe hij heet?'

'Mengele, Herr Doktor Josef Mengele. Je kunt die naam maar beter onthouden, Tätowierer.'

'Wat deed hij bij de selectie?'

'Herr Doktor heeft laten weten dat hij bij de meeste selecties aanwezig zal zijn, omdat hij specifieke patiënten zoekt.'

'Ik neem aan dat ziek zijn voor hem geen criterium is.'

Baretski klapt dubbel van het lachen. 'Soms ben je zo grappig, Tätowierer.'

Lale gaat weer aan het werk. Een poosje later hoort hij het gefluit weer achter zich, en hij schrikt zo van het geluid dat hij uitschiet en de jonge vrouw die hij aan het tatoeëren is, in haar arm steekt. Ze slaakt een kreet. Met zijn mouw veegt hij het bloed weg dat langs haar arm sijpelt. Mengele komt naast hem staan.

'Is er iets mis, Tätowierer? Jij bent toch de Tätowierer?' vraagt hij.

Zijn stem bezorgt Lale de rillingen. 'Meneer, ik bedoel ja, meneer... Ik ben de Tätowierer, Herr Doktor,' stamelt hij.

Mengele staart op hem neer, zijn ogen zwart als kool, verstoken van compassie. Er verschijnt een vreemde glimlach op zijn gezicht. Dan loopt hij verder.

Baretski komt aanlopen en geeft Lale een stomp op zijn arm. 'Zware dag, Tätowierer? Wil je misschien pauze nemen en in plaats van je eigen werk de latrines schoonmaken?'

Die avond probeert Lale het opgedroogde bloed met water uit een poeltje uit zijn mouw te wassen. Hij slaagt daar gedeeltelijk in, maar besluit dan dat een vlek een passend aandenken is aan de dag waarop hij Herr Doktor Mengele heeft ontmoet. Een dokter, zo vermoedt hij, die meer pijn zal veroorzaken dan verlichten, wiens bestaan bedreigend is op manieren waarbij hij niet wil stilstaan. Ja, er moet een vlek achterblijven om hem te herinneren aan het nieuwe gevaar dat in zijn leven is verschenen. Hij moet altijd op zijn hoede zijn voor deze man, wiens ziel kouder is dan zijn scalpel.

De volgende dag zijn Lale en Leon weer in Auschwitz, om jonge vrouwen te nummeren. De fluitende dokter is er ook. Hij heeft zich voor de optocht van meisjes opgesteld en beslist met een kort handgebaar over hun lot: rechts, links, rechts, rechts, links, links. Lale kan geen enkele logica in de beslissingen ontdekken. De vrouwen zijn allemaal jong, fit en gezond. Hij ziet dat Mengele hem gadeslaat en opmerkt dat hij naar hem kijkt. Lale kan zijn blik niet afwenden wanneer Mengele het gezicht van het volgende meisje in zijn grote handen pakt, het heen en weer duwt, omhoog en omlaag, en haar mond opent. Met een klap in haar gezicht duwt hij haar naar links. Afgewezen. Lale staart hem aan tot Mengele als eerste zijn blik afwendt. De dokter roept een ss-officier bij zich en wisselt enkele woorden met hem. De officier kijkt naar Lale en komt zijn kant op. Verdomme.

'Wat wil je?' vraagt hij met meer zelfvertrouwen dan hij voelt.

'Hou je mond, Tätowierer.' De officier keert zich naar Leon toe. 'Laat je spullen hier en kom met mij mee.'

'Wacht even, je kunt hem niet meenemen. Zie je niet hoeveel mensen er nog gedaan moeten worden?' zegt Lale, die nu bang is voor zijn jonge assistent.

'Dan zou ik maar snel verdergaan met mijn werk, als ik

jou was, Tätowierer. Anders ben je de hele avond bezig, en dat zal Herr Doktor niet prettig vinden.'

'Laat hem alsjeblieft hier. Laat ons verder gaan met ons werk,' zegt Lale smekend. 'Het spijt me als ik iets heb gedaan wat Herr Doktor niet bevalt.'

De officier richt zijn geweer op Lale. 'Wil jij ook mee, Tätowierer?'

'Ik ga wel, het is goed, Lale,' zegt Leon. 'Ik kom zo snel mogelijk terug.'

'Het spijt me, Leon.' Lale kan zijn vriend niet langer aankijken.

'Het geeft niet. Ik red me wel. Ga jij maar weer aan het werk.'

Leon wordt weggevoerd.

Die avond sjokt Lale met gebogen hoofd terug naar Birkenau. Iets langs het pad vangt zijn blik, een flits van kleur. Een bloem, een enkele bloem, die wuift in de wind. Bloedrode blaadjes rond een diepzwart hart. Hij kijkt of hij er nog meer ziet, maar dit is de enige. Een bloem is echter een bloem, en hij vraagt zich af wanneer hij weer de kans zal krijgen om bloemen te geven aan iemand die hem dierbaar is. Beelden van Gita en zijn moeder verschijnen op zijn netvlies, de twee vrouwen van wie hij het meest houdt. Het verdriet komt in golven en dreigt hem te verdrinken. Zullen die twee elkaar ooit ontmoeten? Zal de jongste van de oudste leren? Zal zijn moeder Gita verwelkomen en net als hij van haar houden?

Hij heeft de kunst van het flirten van zijn moeder geleerd en met haar geoefend. Hoewel hij er redelijk zeker van was dat ze niet doorhad wat hij deed, wist hij het; hij wist wat hij deed; hij kwam erachter wat bij haar werkte en wat niet, en hij was er al snel achter wat acceptabel en onacceptabel gedrag was tussen een man en een vrouw. Hij vermoedde dat alle jongemannen dit leerproces met hun moeders doormaakten, hoewel hij zich vaak afvroeg of ze zich daarvan bewust waren. Hij had het bij verschillende van zijn vrienden ter sprake gebracht, maar die hadden geschokt gereageerd en beweerd dat ze zulke dingen absoluut niet deden. Wanneer hij volhield en hun vroeg of hun moeder meer door de vingers zag dan hun vader, kwamen ze allemaal met gedrag op de proppen dat je als flirten zou kunnen zien – terwijl ze dachten dat hun moeder gewoon milder was dan hun vader. Hij wist precies wat hij deed.

Zijn verhouding tot meisjes en vrouwen was gevormd door de emotionele band met zijn moeder. Hij vond alle vrouwen aantrekkelijk, niet alleen lichamelijk, maar ook geestelijk. Hij vond het heerlijk om met hen te praten; hij vond het heerlijk om hen een goed gevoel over zichzelf te bezorgen. In zijn ogen waren alle vrouwen mooi, en hij zag er geen kwaad in om ze dat te vertellen. Zijn moeder, en ook zijn zus, leerden hem op een onbewust niveau wat een vrouw van een man wilde, en tot nu toe had hij steeds geprobeerd om deze lessen in de praktijk te brengen. 'Luister aandachtig, Lale; onthoud de kleine dingen, dan vallen de grote dingen vanzelf op hun plek.' In gedachten hoort hij de lieflijke stem van zijn moeder.

Hij bukt zich en plukt voorzichtig de klaproos. Morgen zal hij een manier vinden om hem aan Gita te geven. Terug in zijn kamer legt hij de kostbare bloem voorzichtig naast zijn bed, voordat hij in een droomloze slaap valt, maar de volgende ochtend als hij wakker wordt, hebben de bloemblaadjes losgelaten en liggen ze opgekruld naast het zwarte hartje. Alleen de dood houdt stand op deze plek.

12

Lale wil niet meer naar de bloem kijken, en dus verlaat hij zijn blok om hem weg te gooien. Baretski is er, maar Lale negeert hem en loopt terug naar binnen, naar zijn kamer. Baretski volgt hem en leunt tegen de deurpost om Lale op zijn dooie gemakje op te nemen. Lale is zich ervan bewust dat hij boven op een bobbelig vermogen van edelstenen, geld, worst en chocolade zit. Hij pakt vlug zijn tas en wringt zich langs Baretski, hem dwingend om zich om te draaien en Lale naar buiten te volgen.

'Wacht, Tätowierer. Ik moet met je praten.'

Lale blijft staan.

'Ik wil je iets vragen.'

Lale doet er het zwijgen toe en kijkt naar een punt achter Baretski's schouder.

'Wij, ik bedoel mijn mede-officieren en ik, zoeken wat vertier, en nu het weer mooier begint te worden, dachten we aan een voetbalwedstrijd. Wat vind je daarvan?'

'Daar zullen jullie vast plezier aan beleven.'

'Inderdaad.' Baretski speelt het spelletje mee en wacht. Lale knippert met zijn ogen. 'Wat kan ik voor je doen?'

'Nu je het vraagt, Tätowierer, we willen dat je elf gevangenen zoekt die het tegen een team ss'ers op willen nemen in een vriendschappelijke wedstrijd.'

Lale schiet bijna in de lach, maar hij blijft naar het punt boven Baretski's schouder staren. Hij denkt lang en diep na over zijn antwoord op dit bizarre verzoek.

'Geen wissels?'

'Geen wissels.'

'Oké, waarom niet.' Waar kwam dat vandaan? Ik had een miljoen andere dingen kunnen zeggen. Zoals 'zak er maar in.'

'Mooi. Zoek je team bij elkaar, en dan zien we elkaar over twee dagen op het terrein – zondag. Wij zorgen voor de bal.' Baretski lacht smakelijk en loopt weg. 'Trouwens, Tätowierer, je hebt een dagje vrij. Vandaag zijn er geen transporten.'

Een deel van de dag brengt Lale door met het verdelen van zijn schat in kleine bundeltjes. Eten voor de Roma en de jongens in blok 7, en natuurlijk voor Gita en haar vriendinnen. Juwelen en geld op soort gesorteerd. Het is een onwerkelijke bezigheid. Diamanten bij diamanten, robijnen bij robijnen, dollars bij dollars, en zelfs een stapel geld dat hij nooit eerder heeft gezien, waar de woorden SOUTH AFRICAN RESERVE BANK en SUID-AFRIKAANS op staan. Hij heeft geen idee hoeveel het waard is, of hoe het in Birkenau terecht is gekomen. Hij stopt een aantal edelstenen in zijn tas en gaat op zoek naar Victor en Yuri om zijn aankopen van die dag te doen. Daarna speelt hij een poosje met de jongens uit zijn blok. Ondertussen probeert hij te bedenken wat hij tegen de mannen in blok 7 gaat zeggen wanneer ze terugkeren van hun werk. 's Avonds is hij omringd door tientallen mannen die hem vol ongeloof aanstaren.

'Je maakt zeker een grapje,' zegt een van hen.

'Nee,' antwoordt Lale.

'Je wil dat wij gaan voetballen tegen die klote-ss?'

'Ja. Aanstaande zondag.'

'Nou, vergeet het maar,' zegt de man. 'Je kunt me niet dwingen.'

Ergens achteraan de groep roept een stem: 'Ik doe wel mee. Ik heb een poosje gevoetbald.' Een kleine man wringt zich tussen de anderen door en komt voor Lale staan. 'Ik ben Joel.'

'Dank je, Joel, en welkom in het team. Ik heb er nog negen nodig. Wat hebben jullie te verliezen? Dit is jullie enige kans om een beetje ruw met die hufters om te springen zonder dat je ervoor bestraft wordt.'

'Ik ken een kerel in blok 15 die voor het Hongaarse nationale team heeft gespeeld. Ik kan hem vragen, als je wilt?' vraagt een andere gevangene.

'Graag,' zegt Lale. 'En jijzelf?'

'Oké, prima. Ik heet ook Joel. Ik zal eens rondvragen om te zien wie er mee wil doen. Denk je dat we de kans krijgen om vóór zondag te trainen?'

'Een voetballer met gevoel voor humor. Ik mag jou wel. Morgenavond kom ik terug om te zien hoe ver je bent gekomen. Bedankt, Grote Joel.' Lale kijkt naar de andere Joel. 'Niet vervelend bedoeld, hoor.'

'Geen probleem,' antwoordt Kleine Joel.

Lale haalt brood en worst uit zijn tas en legt dat op een van de bedden. Wanneer hij vertrekt, ziet hij twee van de mannen de etenswaren uitdelen. Elke ontvanger breekt zijn deel weer in hapklare stukjes en verdeelt die. Er wordt niet geduwd en niet gevochten; het is gewoon een ordelijke distributie van levensreddende voedingsmiddelen. Hij hoort een van de mannen zeggen: 'Hier, Grote Joel, neem jij dat van mij maar – je zult je energie nodig hebben.' Lale glimlacht; een dag die slecht is begonnen, eindigt met een grootmoedig gebaar van een uitgehongerde man.

De dag van de wedstrijd breekt aan. Lale loopt naar het hoofdterrein en ziet de ss een scheve witte streep schilderen die de omtrek van het veld voor moet stellen. Iemand roept zijn naam, en hij ziet dat zijn 'team' zich al heeft verzameld. Hij voegt zich bij de mannen.

'Hé Lale, ik heb veertien spelers – inclusief jij en ik – en een paar wissels, voor als er iemand omvalt,' kondigt Grote Joel trots aan.

'Sorry, geen wissels, zeiden ze. Alleen een team van elf man. Kies de fitste uit.'

De mannen kijken elkaar aan. Er gaan drie handen omhoog, en degenen die aanbieden om zich terug te trekken, lopen weg. Lale kijkt toe terwijl een aantal van de mannen hun spieren strekken en op en neer springen alsof ze een professionele warming-up doen.

'Die lui zien eruit alsof ze weten wat ze doen,' mompelt hij tegen Kleine Joel.

'Dat mag ook wel. Zes van hen hebben semi-professioneel gespeeld.'

'Dat meen je niet!'

'Zeker wel. We maken gehakt van ze.'

'Kleine Joel, dat kan niet. We mogen niet winnen. Ik ben bang dat ik niet duidelijk genoeg geweest ben.'

'Je zei dat ik een team bij elkaar moest zoeken, en dat heb ik gedaan.'

'Ja, maar we mogen niet winnen. We kunnen de ss niet vernederen. Straks komen ze in de verleiding om iedereen neer te schieten. Kijk eens om je heen.'

Kleine Joel ziet de honderden verzamelde gevangenen. Er hangt een opgewonden sfeer in het kamp, en de mannen verdringen elkaar om een goede plek te bemachtigen. Hij zucht: 'Ik zal het tegen de anderen zeggen.'

Lale speurt de menigte af naar een gezicht. Gita staat bij haar vriendinnen en zwaait voorzichtig naar hem. Hij zwaait terug. Het liefst zou hij naar haar toe rennen, haar optillen en achter het administratiegebouw verdwijnen.

Dan hoort hij gedreun achter zich, en als hij zich omdraait, ziet hij dat een aantal ss'ers bezig is om grote palen in de grond te hameren bij wijze van doelpalen.

Baretski komt naar hem toe. 'Kom mee.'

Aan de ene kant van het veld wijken de toeschouwers uiteen wanneer het team van ss'ers aan komt lopen. In plaats van hun uniform dragen ze kleding die een voetbalwedstrijd een stuk makkelijker zal maken. Korte broeken, mouwloze T-shirts. Achter het team volgen een zwaarbewaakte commandant Schwarzhuber en Lales baas, Houstek.

Baretski stelt Lale aan Schwarzhuber voor. 'Dit is de aanvoerder van het gevangenenteam, de Tätowierer.'

'Tätowierer.' Schwarzhuber wendt zich tot een van zijn bewakers. 'Hebben we iets waar we om kunnen spelen?'

Een hoger geplaatste ss'er neemt een grote beker over van een soldaat die naast hem staat en laat die aan zijn commandant zien. 'We hebben deze.' Hij houdt de beker, met een inscriptie die Lale niet kan lezen, omhoog.

Schwarzhuber pakt de beker en houdt die boven zijn hoofd, zodat iedereen hem kan zien. De ss'ers juichen. 'Laten we beginnen. Moge het beste team winnen!'

Terwijl Lale terugdraaft naar zijn team, mompelt hij: 'Dat het beste team morgenochtend de zon nog mag zien opkomen.'

Lale en zijn team verzamelen zich midden op het veld. De toeschouwers juichen. De scheidsrechter trapt de bal naar het team van de ss, en de wedstrijd is begonnen.

Tien minuten later staat het 2-0 voor de gevangenen. Hoewel Lale van de doelpunten geniet, wint zijn gezonde verstand het wanneer hij de boze gezichten van de ss'ers ziet. Hij laat zijn spelers weten dat ze het de rest van de eerste helft rustig aan moeten doen. Ze hebben hun momenten van glorie gehad, en nu moeten ze de ss de kans geven om terug te komen in de wedstrijd. De eerste helft eindigt in 2-2. Terwijl de ss'ers in de rust iets te drinken krijgen, bespreken Lale en zijn team de tactiek. Uiteindelijk lukt het Lale om zijn teamgenoten ervan te overtuigen dat ze deze wedstrijd niet mogen winnen. Ze komen overeen dat ze nog twee keer mogen scoren om het moreel van de toeschouwers een duwtje te geven, zolang ze uiteindelijk maar met één doelpunt verschil verliezen.

Wanneer de tweede helft begint, daalt er as neer op de spelers en het publiek – de crematoria staan weer aan en deze kernactiviteit van Birkenau laat zich niet onderbreken door sport. De gevangenen maken een derde doelpunt, en daarna maakt de ss gelijk. De gevangenen, die al lange tijd kampen met ondervoeding, beginnen moe te worden. De ss'ers scoren nog twee goals. De gevangenen hoeven hun tegenstanders niet te laten winnen, ze kúnnen simpelweg niet meer. Met de ss op twee doelpunten voorsprong fluit de scheidsrechter de wedstrijd af. Schwarzhuber komt het veld op en overhandigt de trofee aan de aanvoerder van de ss, die hem onder bescheiden toejuichingen van de aanwezige bewakers en officieren boven zijn hoofd houdt. Wanneer de ss'ers teruglopen naar hun barakken om de overwinning te vieren, passeert Houstek Lale.

'Goed gespeeld, Tätowierer.'

Lale roept zijn teamgenoten bij elkaar en vertelt ze dat ze het geweldig hebben gedaan. De menigte begint uiteen te vallen. Hij kijkt om zich heen en ziet dat Gita nog op haar plek staat. Hij draaft naar haar toe en pakt haar hand vast. Samen lopen ze tussen de andere gevangenen door naar het administratiegebouw. Als Gita zich naast het gebouw op de grond laat vallen, kijkt Lale om zich heen of iemand hen in de gaten houdt. Gerustgesteld gaat hij naast haar zitten. Hij observeert Gita terwijl ze haar vingers door het gras laat glijden en het aandachtig onderzoekt.

'Wat doe je?'

'Ik zoek een klavertje vier. Het zal je verbazen hoeveel er hier zijn.'

Lale glimlacht. 'Dat meen je niet. '

'Jawel, ik heb er al een aantal gevonden. Ivana komt ze de hele tijd tegen. Wat kijk je geschokt.'

'Ik bén geschokt. Jij bent het meisje dat niet gelooft dat ze hier ooit nog wegkomt, en toch zoek je naar een plantje dat geluk brengt!'

'Ze zijn niet voor mij. Je hebt gelijk, ik geloof niet in dat soort dingen.'

'Voor wie zijn ze dan?'

'Weet je hoe bijgelovig de ss'ers zijn? Als we een klavertje vier vinden, dan zijn we daar heel zuinig op. Voor ons is het een soort wisselgeld.'

'Ik begrijp het niet.'

'Als de officieren ons bedreigen, geven we ze zo'n klavertje, en soms slaan ze ons dan niet. En als we er eentje meebrengen tijdens etenstijd, krijgen we soms een extra portie.'

Zachtjes streelt Lale haar gezicht. Het pijnigt hem dat hij het meisje van wie hij houdt niet kan beschermen. Gita buigt zich weer naar voren en gaat verder met haar zoektocht. Ze plukt een handvol sprieten en gooit die lachend naar Lale. Hij grijnst terug. Speels duwt hij haar omver, en ze gaat op haar rug liggen. Hij buigt zich over haar heen, plukt een handvol gras en laat die langzaam op haar gezicht dwarrelen. Ze blaast de sprieten weg. Een tweede hoopje gras komt terecht op haar hals en de bovenkant van haar borst. Ze laat het liggen. Lale maakt het bovenste knoopje van haar blouse los, gooit nog meer gras op haar en kijkt toe terwijl het in haar decolleté verdwijnt.

'Mag ik je zoenen?' vraagt hij.

'Waarom zou je dat willen? Ik heb mijn tanden al in tijden niet meer gepoetst.'

'Ik ook niet, dus dat heft elkaar mooi op.'

Gita antwoordt door haar gezicht naar hem op te tillen. Hun voorgaande vluchtige kus heeft een enorm verlangen in hen opgewekt. Opgekropte hartstocht ontvlamt wanneer ze elkaar verkennen. Ze willen meer van elkaar, ze hebben meer van elkaar nodig.

Het moment wordt verbroken door het geluid van een blaffende hond. Ze weten dat de hond vlakbij moet zijn, en dat er een ss'er bij moet zijn die het dier aan de lijn heeft.

Lale staat op, helpt Gita overeind en trekt haar in zijn armen. Een laatste kus voordat ze terugrennen naar de veiligheid van het kamp en een menigte waarin ze kunnen opgaan.

Bij het vrouwenkamp zien ze Dana, Ivana en Cilka, en ze lopen naar hen toe. Het valt Lale op hoe bleek Cilka is. 'Gaat het wel goed met Cilka?' vraagt hij Gita. 'Ze ziet er niet goed uit.'

'Naar omstandigheden maakt ze het redelijk.'

'Is ze ziek? Heeft ze medicijnen nodig?'

'Nee, ze is niet ziek. Je kunt het maar beter niet weten.'

Wanneer ze bij de meisjes zijn, buigt Lale zich naar Gita toe en fluistert: 'Vertel het me. Misschien kan ik helpen.'

'Deze keer niet, liefste.' Gita wordt omringd door de meisjes, en het groepje loopt weg. Cilka sjokt er met gebogen hoofd achteraan.

Liefste!

13

Wanneer Lale die avond in bed ligt, is hij gelukkiger dan hij in lange tijd is geweest.

In haar eigen bed ligt Gita opgekruld naast een slapende Dana en staart met wijd geopende ogen in het donker, de momenten herlevend die ze met Lale heeft meegemaakt: zijn kussen, het verlangen in haar lichaam, haar wens dat hij door zou gaan, dat hij verder zou gaan. Haar gezicht begint te gloeien wanneer ze over hun volgende ontmoeting begint te fantaseren.

In een groot hemelbed liggen Schwarzhuber en Cilka in elkaars armen. Zijn handen verkennen haar lichaam terwijl ze in het niets staart. Ze voelt niets. Ze is verdoofd.

In zijn privé-eetkamer in Auschwitz zit Rudolf Höss aan

een elegant gedekte tafel voor één. Verfijnd eten ligt op verfijnd porselein. Hij giet een Château Latour uit 1932 in een kristallen glas. Hij laat de wijn walsen, ruikt eraan, proeft hem. De spanning en de stress die zijn werk met zich meebrengt, weerhouden hem er niet van om zich over te geven aan de geneugten des levens.

Een dronken Baretski wankelt zijn kamer in de barakken in Auschwitz binnen. Hij schopt de deur dicht en laat zich lomp op zijn bed vallen. Met moeite maakt hij de holster van zijn pistool los en hangt die over de bedstijl. Uitgespreid op zijn bed valt het hem op dat het licht aan het plafond nog aan is en in zijn ogen schijnt. Na een onsuccesvolle poging om overeind te komen, vindt hij zijn wapen op de tast en trekt het uit de holster. Met twee schoten schakelt hij het recalcitrante peertje uit. Dan gaat hij van zijn stokje en valt het pistool op de grond.

Wanneer Lale de volgende ochtend zijn instructies ophaalt in het administratiekantoor, knipoogt hij naar Gita. Zijn glimlach verdwijnt wanneer hij Cilka met gebogen hoofd naast haar vriendin ziet zitten. Net als de vorige dag begroet ze hem niet. Dit is al veel te lang gaande, besluit hij, en hij neemt zich voor om Gita te dwingen hem te vertellen wat er met Cilka aan de hand is. Buiten het gebouw wordt hij opgewacht door een boze en gemeen katerige Baretski.

'Schiet op. Er staat een truck klaar om ons naar Auschwitz te brengen.'

Lale volgt hem naar de truck. Baretski klimt in de cabine

en trekt het portier dicht. Lale begrijpt de hint en klimt achterin. Daar brengt hij de oncomfortabele rit naar Auschwitz door, terwijl hij van de ene kant van de laadbak naar de andere wordt gesmeten.

Wanneer ze in Auschwitz aankomen, vertelt Baretski Lale dat hij even gaat liggen en dat Lale naar blok 10 moet gaan. Als Lale het blok heeft gevonden, wordt hij naar de achterkant gedirigeerd door de ss-officier die de wacht houdt bij de ingang. Het valt Lale op dat het gebouw er anders uitziet dan de blokken in Birkenau.

Het eerste wat hij ziet als hij de hoek van het gebouw omslaat, is het hek dat een deel van het achterterrein omsluit. Geleidelijk merkt hij kleine bewegingen op in het afgesloten gebied. Aarzelend loopt hij naar voren, geschokt door wat hij achter het hek ziet: meisjes, tientallen naakte meisjes. De meeste liggen op de grond, andere zitten, sommige staan. Ze bewegen nauwelijks. Als verlamd kijkt Lale toe terwijl een bewaker het omheinde terrein betreedt, tussen de meisjes door loopt en hun linkerarmen optilt op zoek naar een nummer, mogelijk aangebracht door Lale. Wanneer hij het meisje vindt dat hij zoekt, sleurt hij haar mee. Lale kijkt naar de gezichten van de meisjes. Uitdrukkingsloos. Zwijgend. Hij ziet dat sommige van hen tegen het hek leunen. In tegenstelling tot de hekken van Auschwitz en Birkenau staat deze niet onder stroom. De mogelijkheid om zelfmoord te plegen is deze meisjes ontnomen.

'Wie ben jij?' vraagt een dwingende stem achter hem.

Lale draait zich om en ziet een ss-officier staan, die uit een van de achterdeuren is gekomen. Langzaam houdt Lale zijn tas omhoog. 'Ik ben de Tätowierer.'

'Wat sta je dan te treuzelen? Ga naar binnen.'

De dokters en verpleegsters in witte jassen begroeten hem kort wanneer hij door een grote ruimte naar een bureau loopt. De gevangenen hier zien er niet uit als mensen; meer als marionetten die door hun poppenspelers in de steek zijn gelaten. Hij loopt naar de verpleegster achter het bureau en houdt opnieuw zijn tas omhoog.

'Ik ben de Tätowierer.'

De verpleegster bekijkt hem met walging, en dan staat ze op en gebaart dat hij haar moet volgen. Ze leidt hem door een lange gang naar een ruim vertrek, waar ongeveer vijftig jonge meisjes zwijgend in een rij staan opgesteld. De kamer ruikt zuur. Aan de voorkant van de rij is Herr Doktor Mengele bezig een van de meisjes te onderzoeken. Ruw opent hij haar mond en grijpt beurtelings haar heupen en haar borsten vast, terwijl de tranen stilletjes over haar wangen biggelen. Wanneer hij klaar is met zijn onderzoek, gebaart hij naar rechts. Afgewezen. Een ander meisje wordt naar voren geduwd. De verpleegster brengt Lale naar Mengele, die zijn inspectie staakt.

'Je bent laat,' zegt de dokter met een grijns. Hij geniet duidelijk van Lales ongemak. Hij wijst naar een klein groepje meisjes dat links van hem staat.

'Deze houd ik. Geef ze hun nummer.'

Lale loopt weg.

'Een dezer dagen, Tätowierer, dan neem ik jou.'

Lale kijkt achterom, en dan ziet hij het. De licht vertrokken lippen die een sadistische glimlach vormen. Opnieuw huivert hij. Haastig loopt hij naar een klein tafeltje waar een tweede verpleegster achter zit, met een stapeltje identiteitskaarten bij de hand. Zwijgend maakt ze ruimte voor hem om zijn spullen klaar te zetten. Zijn handen beven terwijl hij zijn gereedschap en zijn inktflesjes uitstalt. Hij kijkt naar Mengele, die het volgende doodsbange meisje voor zich heeft staan en zijn handen over haar haren en haar borsten laat glijden.

'Wees maar niet bang,' hoort Lale de dokter zeggen. 'Ik ga je geen pijn doen.'

Het meisje trilt van angst.

'Rustig maar. Je bent veilig, dit is een ziekenhuis. Hier zorgen we voor mensen.'

Mengele wendt zich tot een verpleegster die vlak bij hem staat. 'Haal een deken voor dit knappe jonge ding.' Tegen het meisje zegt hij: 'Ik zal goed voor je zijn.'

Het meisje wordt naar Lale gestuurd. Lale buigt zijn hoofd en bereidt zich voor op het ritmisch tatoeëren van de nummers die de verpleegster hem laat zien.

Wanneer zijn werk erop zit, verlaat hij het gebouw en kijkt opnieuw naar het afgezette terrein. Het is leeg. Hij laat zich op zijn knieën vallen en kokhalst, maar heeft niets meer om uit te braken; de enige vloeistof die zijn lichaam nog bevat, zijn tranen.

Wanneer Gita die avond terugkeert in haar blok, ontdekt ze dat er een aantal nieuwe vrouwen is gearriveerd. De vaste bewoners nemen de nieuwkomers met weerzin op. Ze willen niet praten over de gruwelen die hen te wachten staan, en ook willen ze hun rantsoenen niet delen.

'Gita! Ben jij dat, Gita?' roept een zwakke stem.

Gita loopt naar de vrouwen, die grotendeels op leeftijd zijn. Oudere vrouwen zie je maar zelden in Birkenau, dat vooral onderdak biedt aan jonge mensen die kunnen werken. Een van de vrouwen stapt met uitgestrekte armen naar voren. 'Gita, ik ben het, je buurvrouw. Hilda Goldstein.'

Gita staart naar de vrouw, en plotseling herkent ze een van de buurvrouwen uit haar woonplaats Vranov nad Top-ľou, bleker en dunner dan toen Gita haar voor het laatst had gezien. Herinneringen overspoelen haar, geuren en texturen en flitsen uit het verleden: een vertrouwde deuropening, het aroma van kippensoep, een gebarsten stuk zeep bij de keukengootsteen, vrolijke stemmen op warme zomeravonden, de armen van haar moeder.

'Mevrouw Goldstein...' Ze loopt naar de vrouw toe en pakt haar hand. 'Ze hebben u ook meegenomen.'

De vrouw knikt. 'Ze hebben ons allemaal opgehaald, ongeveer een week geleden. Ik ben gescheiden van de anderen en op transport gezet.'

Hoop laait op. 'Zijn mijn ouders en mijn zussen er ook?'

'Nee, die hebben ze een aantal maanden geleden al opgehaald. Je ouders en je zussen. Je broers zijn al een hele tijd weg – je moeder zei dat ze bij het verzet zijn gegaan.'

'Weet u waar mijn moeder en mijn zussen naartoe zijn gebracht?'

Mevrouw Goldstein slaat haar blik neer. 'Het spijt me. We hebben te horen gekregen dat ze... Ze zijn...'

Gita zakt ineen op de grond. Dana en Ivana haasten zich naar haar toe en slaan hun armen om haar heen. Boven hun hoofd gaat mevrouw Goldstein verder: 'Het spijt me zo, het spijt me zo.' Huilend brabbelen Dana en Ivana troostende woorden tegen Gita, die zelf droge ogen heeft. Weg. Nu komen er geen herinneringen bij haar boven. Ze voelt een vreselijke leegte in haar binnenste.

Ze kijkt haar vriendinnen aan en vraagt met haperende, gebroken stem: 'Denken jullie dat het oké is als ik huil? Een klein beetje maar?'

'Wil je dat we met je bidden?' vraagt Dana.

'Nee, alleen een paar tranen. Dat is het enige wat ik die moordenaars gun.'

Ivana en Dana vegen allebei hun wangen droog en kijken vol medeleven naar de stille tranen die over Gita's gezicht rollen. Ze vegen ze om beurten weg. Met een kracht waarvan ze niet wist dat ze die bezat, staat ze op en omhelst mevrouw Goldstein. Om haar heen voelt ze de herkenning van de vrouwen die getuige zijn van haar verdriet. Ze kijken zwijgend toe, ieder in de wurgende greep van hun eigen wanhoop, hun eigen onzekerheid over het lot van hun dierbaren. Langzaam mengen de twee groepen vrouwen zich, de oude kampbewoners en de nieuwkomers.

Na het eten gaat Gita bij mevrouw Goldstein zitten, en haar oude buurvrouw vertelt haar over gebeurtenissen thuis; hoe die langzaam, gezin voor gezin, uit elkaar is gerukt. Geleidelijk waren de verhalen over de concentratiekampen er doorgedrongen. Niemand besefte dat het regelrechte dodenfabrieken waren geworden, maar ze wisten dat mensen die werden afgevoerd, niet terugkeerden. En toch hadden slechts een paar bewoners hun huis verlaten om naar een veilig buurland te vluchten. Het wordt Gita al snel duidelijk dat mevrouw Goldstein het niet lang zal overleven als ze hier tewerk wordt gesteld. Ze ziet er ouder uit dan ze is – lichamelijk en emotioneel gebroken.

De volgende ochtend benadert Gita haar kapo om haar om een gunst te vragen. Ze wil via Lale iets bemachtigen wat de vrouw graag wil hebben. In ruil daarvoor hoeft mevrouw Goldstein geen zware lichamelijke arbeid te verrichten, en mag ze de dag in het blok doorbrengen. Ze stelt voor dat mevrouw Goldstein elke avond de toiletemmers zal legen, een taak die de kapo doorgaans per dag aan iemand toewijst, vaak aan iemand van wie ze denkt dat die iets lelijks over haar heeft gezegd. De prijs die de kapo vraagt, is een diamanten ring. Ze heeft de geruchten over Lales schatkist opgevangen. Ze komen tot een overeenkomst.

De weken daarna gaat Lale elke dag naar Auschwitz. De vijf crematoria draaien op volle capaciteit, maar er zijn nog steeds grote aantallen gevangenen die moeten worden getatoeëerd. Hij ontvangt zijn instructies en zijn spullen in het administratiegebouw in Auschwitz. Hij heeft geen tijd en geen aanleiding om het administratiegebouw in Birkenau te bezoeken, en dus krijgt hij ook de kans niet om Gita te zien. Hij wil haar laten weten dat hij veilig is.

Baretski is in een opperbeste stemming – hij heeft een geheim, en hij wil dat Lale raadt wat dat kan zijn. Lale speelt het kinderachtige spelletje mee.

'Je laat ons allemaal naar huis gaan?'

Baretski lacht en stompt Lale op de arm.

'Heb je promotie gekregen?'

'Je mag hopen van niet, Tätowierer. Anders kom je onder toezicht te staan van iemand die minder aardig is dan ik.'

'Oké, ik geef het op.'

'Ik vertel het je wel. Volgende week krijgen jullie allemaal een paar dagen extra rantsoenen en dekens. Het Rode Kruis komt jullie vakantiekamp inspecteren.'

Lale denkt hard na. Wat kan dit betekenen? Zal de buitenwereld eindelijk te zien krijgen wat zich hier afspeelt? Hij doet zijn uiterste best om zijn emoties niet aan Baretski te tonen.

'Dat is fijn. Denk je dat dit kamp het keurmerk van menselijke gevangenis zal krijgen?'

Lale ziet Baretski's hersenen zwoegen. Hij vindt zijn gebrek aan begrip vermakelijk, maar hij durft niet te glimlachen.

'Als zij hier zijn, krijgen jullie goed te eten. Nou ja, degenen die ze te zien krijgen.'

'Dus het wordt een gecontroleerd bezoek?'

'Denk je dat we dom zijn?' Baretski lacht.

Lale negeert die vraag. 'Kan ik je om een gunst vragen?'

'Vragen staat vrij,' zegt Baretski schouderophalend.

'Als ik een briefje schrijf om Gita te laten weten dat alles goed met me gaat en dat ik het gewoon druk heb in Auschwitz, wil jij haar dat dan geven?'

'Beter nog. Ik zal het haar zelf vertellen.'

'Dankjewel.' Hoewel Lale en een select groepje gevangenen inderdaad een paar dagen lang extra rantsoenen krijgen, komt daar snel een eind aan en Lale is er niet zeker van of het Rode Kruis ooit in het kamp is geweest. Baretski is prima in staat om zoiets te verzinnen. Lale moet maar hopen dat zijn bericht Gita zal bereiken – hoewel hij Baretski in deze kwestie ook niet vertrouwt. Hij kan alleen maar wachten en hopen dat er snel een zondag zal komen waarop hij niet hoeft te werken.

Eindelijk komt de dag waarop Lale vroeg klaar is met zijn werk. Hij rent van Auschwitz naar Birkenau en weet het administratiegebouw te bereiken vlak voordat de meisjes naar buiten komen. Hij wacht ongeduldig. Waarom moet ze vandaag een van de laatsten zijn die vertrekt? Eindelijk verschijnt ze. Zijn hart maakt een sprongetje. Zonder tijd te verspillen, grijpt hij haar bij de arm en trekt haar mee naar de achterkant van het gebouw. Ze trilt als hij haar tegen de muur duwt.

'Ik dacht dat je dood was,' stamelt ze. 'Ik dacht dat ik je nooit meer zou zien. Ik...'

Hij laat zijn handen over haar gezicht glijden. 'Heeft Baretski je mijn boodschap niet gegeven?'

'Nee. Ik heb helemaal geen boodschap ontvangen.'

'Stil maar, alles is goed,' zegt hij. 'De afgelopen weken heb ik elke dag in Auschwitz gewerkt.'

'Ik was zo bang.'

'Dat weet ik. Maar ik ben er nu. En ik heb je iets te zeggen.'

'Wat dan?'

'Ik wil je eerst zoenen.'

Ze zoenen, wanhopig, hartstochtelijk, en dan duwt ze hem weg. 'Wat heb je te zeggen?'

'Mijn mooie Gita. Je hebt me betoverd. Ik ben verliefd op je geworden.' Het voelt alsof hij zijn hele leven heeft gewacht om deze woorden te kunnen uitspreken.

'Waarom? Waarom zeg je dat? Kijk naar me. Ik ben lelijk, ik ben vies. Mijn haar... Ik had zulk mooi haar.'

'Ik vind je haar prachtig zoals het nu is, en ik zal het ook prachtig vinden zoals het in de toekomst zal zijn.'

'Maar we hebben geen toekomst.'

Hij houdt haar stevig vast en dwingt haar om zijn blik te ontmoeten. 'Jawel, dat hebben we wel. Er komt een nieuw begin voor ons. Toen ik hier aankwam, heb ik mezelf gezworen dat ik deze hel zal overleven. We zullen het overleven en een leven opbouwen waarin we elkaar kunnen zoenen wanneer we maar willen, de liefde kunnen bedrijven wanneer we maar willen.'

Gita bloost en wendt haar blik af. Zachtjes draait hij haar gezicht, zodat ze hem weer aan moet kijken.

'Om de liefde te bedrijven waar en wanneer we maar willen. Hoor je me?'

Ze knikt. 'Dat wil ik wel, maar...'

'Geen gemaar. Geloof me. Nu kun je maar beter teruggaan naar je blok, voordat je kapo zich afvraagt waar je blijft.'

Als hij weg wil lopen, houdt ze hem tegen en zoent hem vurig.

Hij verbreekt de kus en zegt: 'Misschien zou ik vaker weg moeten blijven.'

'Waag het niet,' zegt ze met een stomp tegen zijn borst.

Die avond bestoken Ivana en Dana Gita met vragen, opgelucht dat ze hun vriendin weer zien glimlachen.

'Heb je hem over je familie verteld?' vraagt Dana.

'Nee.'

'Waarom niet?'

'Dat kan ik niet. Het is te pijnlijk om over te praten. En hij was zo blij om me te zien.'

'Gita, als hij van je houdt, zoals hij zegt, dan wil hij weten dat je je familie bent kwijtgeraakt. Dan wil hij je troosten.'

'Misschien heb je gelijk, Dana. Maar als ik het hem vertel, zijn we allebei verdrietig, en ik wil dat onze tijd samen anders is. Ik wil vergeten waar ik ben en wat er met mijn familie is gebeurd. En wanneer hij me in zijn armen houdt, vergeet ik het ook, heel eventjes. Is het verkeerd van me om af en toe aan de realiteit te willen ontsnappen?'

'Nee, helemaal niet.'

'Het spijt me dat ik mijn toevlucht heb, mijn Lale. Jullie weten dat ik jullie met heel mijn hart hetzelfde toewens.'

'We zijn heel blij dat jij Lale hebt,' zegt Ivana.

'Het is genoeg dat een van ons een beetje geluk kent,' zegt Dana. 'We delen erin, en jij laat ons erin delen, dat is genoeg voor ons.'

'Als je maar geen geheimen voor ons bewaart, goed?' vraagt Ivana.

'Geen geheimen,' belooft Gita.

'Geen geheimen,' zegt Dana.

14

De volgende ochtend verschijnt Lale in het administratiekantoor en loopt naar Bella, die achter de balie staat.

'Lale, waar heb je gezeten?' vraagt ze met een warme
glimlach. 'We dachten dat je iets was overkomen.'

'Auschwitz.'

'Aha, ik begrijp het. Je zult wel aardig door je voorraad
heen zijn – wacht even, dan vul ik alles bij.'

'Niet te veel, Bella.'

Bella kijkt naar Gita. 'Uiteraard. Je moet natuurlijk wel
een reden hebben om morgen terug te komen.'

'Je kent me veel te goed, jonge Bella. Dankjewel.'

Bella loopt weg om zijn spullen te gaan halen, en Lale
leunt op de balie en staart naar Gita. Hij weet dat ze hem

binnen heeft zien komen, maar ze doet koket en houdt haar hoofd gebogen. Ze laat haar vinger over haar lippen glijden. Hij voelt een steek van verlangen.

Het valt hem ook op dat de stoel naast Gita – die van Cilka – leeg is. Opnieuw neemt hij zich voor om uit te zoeken wat er met haar aan de hand is.

Hij verlaat het kantoor en loopt naar het selectieterrein, waar alweer een vrachtwagen met nieuwe gevangenen is gearriveerd. Terwijl hij zijn spullen klaarzet, verschijnt Baretski.

'Hier is iemand die je graag wil zien, Tätowierer.'

Voordat Lale op kan kijken, hoort hij een bekende stem, weinig meer dan een fluistering.

'Hallo, Lale.'

Leon staat naast Baretski – bleek, dunner, met kromme schouders.

'Ik zal jullie met rust laten, dan kunnen jullie bijpraten.' Baretski loopt grijnzend weg.

'Leon, lieve hemel, je leeft nog!' Lale haast zich naar zijn vriend toe en omhelst hem. Hij kan ieder bot in zijn lichaam door zijn shirt voelen. Hij houdt hem op armlengte afstand en bestudeert hem.

'Mengele, was het Mengele?'

Leon kan alleen maar knikken. Voorzichtig voelt Lale aan Leons magere armen en raakt zijn gezicht aan. 'De rotzak. Op een dag krijgt hij wat hem toekomt. Zodra ik hier klaar ben, ga ik een heleboel eten voor je regelen. Chocola, worst, waar heb je zin in? Ik zorg wel dat je weer wat vlees op je botten krijgt.'

Leon glimlacht zwakjes naar hem. 'Dank je, Lale.'

'Ik wist dat die schoft gevangenen uithongerde. Maar ik dacht dat hij het alleen bij meisjes deed.'

'Was dat maar alles.'

'Wat bedoel je?'

Nu staart Leon Lale recht in de ogen. 'Hij heeft verdomme mijn ballen eraf gesneden, Lale,' zegt hij met vaste, krachtige stem. 'Op een of andere manier verlies je dan je eetlust.'

Van afschuw doet Lale een wankele stap naar achteren, en hij wendt zijn gezicht af, zodat Leon niet kan zien hoe geschokt hij is. Met pijn en moeite hervindt hij zijn stem, terwijl hij ondertussen de grond afspeurt naar iets waar hij zijn blik op kan richten.

'Het spijt me, ik had het er niet zo uit moeten flappen. Dankjewel voor je aanbod, ik ben je dankbaar.'

Lale ademt diep in en probeert zijn woede te beheersen. Het liefst zou hij iemand slaan, wraak nemen voor de misdaad die tegen zijn vriend is gepleegd.

Leon schraapt zijn keel. 'Denk je dat ik mijn baantje terug kan krijgen?'

Lales gezicht begint te gloeien van blijdschap. 'Natuurlijk. Met alle plezier – maar pas wanneer je weer op krachten bent,' zegt hij. 'Waarom ga je niet naar mijn kamer? Als een van de zigeuners binnenkomt, zeg dan dat je mijn vriend bent en dat ik je ernaartoe heb gestuurd. Er ligt eten onder mijn bed. Ik kom naar je toe zodra ik hier klaar ben.'

Er komt een hoge ss-officier aangelopen.

'Toe maar, schiet op.'

'Opschieten gaat op dit moment niet lukken.'

'Sorry.'

'Geeft niet. Ik ga, tot straks.'

De officier kijkt Leon na en draait zich dan om, zodat hij verder kan gaan met waar hij mee bezig was: vaststellen wie er blijft leven en wie moet sterven.

De volgende dag krijgt Lale op het administratiekantoor te horen dat hij die dag vrij heeft. Noch in Auschwitz, noch in Birkenau komen die dag transporten aan, en Herr Doktor heeft hem niet nodig. Hij brengt de ochtend door met Leon. Hij heeft zijn oude kapo uit blok 7 omgekocht om Leon onderdak te bieden, en hem verteld dat Leon weer voor hem zal gaan werken wanneer hij volledig is hersteld. Hij geeft Leon het eten dat hij bestemd had voor zijn Romavrienden en voor Gita. Wanneer hij Leon achterlaat, roept Baretski hem.

'Tätowierer, waar zat je? Ik zocht je.'

'Ze zeiden dat ik vandaag vrij had.'

'Nou, nu niet meer. Er is werk aan de winkel.'

'Ik moet mijn tas halen.'

'Voor dit karweitje heb je je spullen niet nodig. Kom.'

Lale haast zich achter Baretski aan. Ze lopen in de richting van een van de crematoria.

'Waar gaan we naartoe?' vraagt hij wanneer hij Baretski heeft ingehaald.

'Maak je je zorgen?' vraagt Baretski lachend.

'Zou jij je geen zorgen maken als je in mijn schoenen stond?'

'Nee.'

Lales borst verkrampt; hij haalt moeizaam adem. Moet hij ervandoor gaan? Als hij dat doet, zal Baretski zeker op hem schieten. Maar wat zou dat uitmaken? Een kogel is in elk geval beter dan de gaskamer.

Wanneer ze vlak bij Crematorium Drie zijn, besluit Baretski om Lale uit zijn lijden te verlossen. Hij vertraagt zijn grote passen.

'Maak je geen zorgen. Kom, voordat we allebei in de problemen komen en in de ovens belanden.'

'Je gaat me niet lozen?'

'Nog niet. We hebben hier twee gevangenen die hetzelfde nummer lijken te hebben. We willen dat jij die nummers bekijkt. Jij moet ze hebben aangebracht, of die eunuch. Je moet ons vertellen wie wie is.'

Het rode bakstenen gevaarte doemt voor hen op; hoge ramen verhullen de functie, maar de omvang van de schoorstenen verraadt de gruwelijke ware aard ervan. Bij de ingang worden ze opgewacht door twee ss'ers die grapjes uitwisselen met Baretski en Lale negeren. Ze wijzen naar gesloten deuren in het gebouw, en Baretski en Lale lopen ernaartoe. Zwijgend kijkt Lale om zich heen en aanschouwt dit laatste stuk van de weg naar de dood. Hij ziet de Sonderkommando's staan, verslagen, belast met een taak waar niemand zich vrijwillig voor zou aanmelden: lijken uit de gaskamers halen en in de ovens schuiven. Hij probeert oogcontact met ze te maken, ze te laten weten dat ook hij voor de vijand werkt. Ook hij heeft ervoor gekozen om zo lang mogelijk in leven te blijven, door mensonterende handelingen op zijn eigen geloofsgenoten te verrichten. Geen van hen kijkt hem aan. Hij heeft gehoord wat andere gevangenen over deze mannen en hun bevoorrechte positie zeggen – hun aparte huisvesting, extra voedselrantsoenen, warme kleding en dekens om onder te slapen. Hun levens weerspiegelen het zijne, en de moed zinkt hem in de schoenen bij de gedachte dat ook hij wordt veracht vanwege de rol die hij in het kamp speelt. Omdat er geen enkele manier is waarop hij zijn solidariteit met deze mannen kan uitdrukken, loopt hij verder.

Ze worden naar een grote stalen deur gebracht. Er staat een bewaker voor.

'Het is veilig,' zegt de officier. 'Al het gas is weg. Ze moeten naar de ovens, maar dat kan pas wanneer jij de correcte nummers hebt geïdentificeerd, Tätowierer.'

De bewaker doet de deur open voor Lale en Baretski. Lale richt zich op, kijkt Baretski recht in de ogen en maakt een uitnodigend gebaar met zijn hand. 'Na jou.'

Baretski barst in lachen uit en geeft Lale een klap op zijn rug. 'Nee, na jou.'

'Nee, na jou,' herhaalt Lale.

'Ik sta erop, Tätowierer.'

De ss-officier duwt de deur wijd open, en ze stappen een enorme ruimte binnen. Overal liggen lijken, honderden naakte lijken. Ze zijn op elkaar gestapeld, hun ledematen verwrongen. Dode ogen staren. Mannen, jong en oud; de kinderen liggen onderop. Bloed, braaksel, urine en ontlasting. De geur van dood vult de hele ruimte. Lale probeert zijn adem in te houden. Zijn longen branden, zijn benen dreigen het te begeven. Achter hem zegt Baretski: 'Verdomme.'

Dat ene woord uit de mond van een sadist maakt de put van onmenselijkheid waarin Lale verdrinkt, alleen nog maar dieper.

'Daar moeten we zijn,' zegt de officier, en ze volgen hem naar een kant van de ruimte waar twee mannelijke lichamen naast elkaar zijn gelegd. De officier begint tegen Baretski te praten. Voor het eerst lijkt die geen woorden te kunnen vinden, en hij geeft aan dat Lale Duits verstaat.

'Ze hebben hetzelfde nummer,' zegt de officier. 'Hoe is dat mogelijk?'

Lale kan slechts zijn hoofd schudden en zijn schouders ophalen. Hoe moet ik dat in vredesnaam weten?

'Bekijk ze. Welke van de twee klopt?' snauwt de officier.

Lale buigt zich over de lijken en pakt een van de armen vast. Hij is blij dat hij een aanleiding heeft om te knielen, en hij hoopt dat het hem zal helpen om overeind te blijven. Hij kijkt aandachtig naar de cijfers op de arm die hij vasthoudt.

'En de andere?' vraagt hij.

De arm van de andere man wordt ruw naar hem toe geduwd. Hij bestudeert beide nummers nauwkeurig.

'Kijk eens hier. Dit is geen drie. Het is een acht. Hij is gedeeltelijk vervaagd, maar het is een acht.'

De bewaker krabbelt het juiste nummer op beide koude armen. Zonder toestemming te vragen, komt Lale overeind en verlaat haastig het crematorium. Baretski haalt hem buiten in, waar hij voorovergebogen staat en diep inademt. Baretski geeft hem even de tijd.

'Gaat het?'

'Nee, het gaat verdomme helemaal niet. Húfters. Hoeveel van ons moeten jullie nog vermoorden?'

'Ik zie dat je van slag bent.'

Baretski is nog maar een joch, een ongeschoold joch. Toch vraagt Lale zich af hoe het mogelijk is dat hij niets voelt voor de mensen die ze zojuist dood op de vloer hebben zien liggen; de doodsangst die uit hun gezichten en hun verwrongen lichamen sprak.

'Kom, dan gaan we,' zegt Baretski.

Lale richt zich op en loopt met hem mee, hoewel hij hem niet aan kan kijken.

'Zal ik je eens wat vertellen, Tätowierer? Ik durf te wedden dat jij de enige Jood bent die ooit een gaskamer in is gelopen en er weer uit is gekomen.'

Baretski lacht luid, mept Lale amicaal op zijn rug en loopt voor hem uit.

15

Vastberaden verlaat Lale zijn blok en steekt het terrein over. Twee ss-officieren komen met hun geweren in de aanslag op hem af. Zonder zijn pas in te houden, houdt hij zijn tas omhoog.

'Politische Abteilung!'

De geweren zakken, en hij mag doorlopen. Lale betreedt het vrouwenkamp en begeeft zich regelrecht naar blok 29, waar hij wordt opgewacht door de kapo, die met een verveelde uitdrukking tegen het gebouw leunt. De gevangenen onder haar hoede zijn aan het werk. Ze doet geen moeite in beweging te komen wanneer hij naar haar toe loopt en een groot stuk chocola uit zijn tas haalt. Met een onbewogen gezicht neemt ze het omkoopmiddel in ontvangst – Baretski heeft haar gewaarschuwd om zich niet te bemoeien met de relatie tussen de Tätowierer en gevangene 4562.

'Breng Gita alsjeblieft naar me toe. Ik wacht binnen.'

De kapo stopt de chocola in haar indrukwekkende boezem, haalt haar schouders op en loopt in de richting van het administratiegebouw. Lale gaat de barakken binnen en doet de deur achter zich dicht. Hij hoeft niet lang te wachten. Een streep zonlicht vertelt hem dat de deur opengaat en dat ze er is. Gita ziet hem met gebogen hoofd in het halfdonker staan.

'Jij!'

Hij doet een stap in haar richting. Geschrokken deinst ze achteruit en botst met haar rug tegen de dichtgevallen deur.

'Gaat het? Gita, ik ben het.'

Hij doet nog een stap in haar richting, en hij schrikt als hij ziet dat ze over haar hele lichaam beeft. 'Zeg iets, Gita.'

'Jij, jij...' herhaalt ze.

'Ja, ik ben het. Lale.' Hij pakt haar polsen en probeert ze stevig vast te houden.

'Heb je enig idee wat er door je hoofd schiet wanneer ze je komen halen? Werkelijk ook maar enig idee?'

'Gita...'

'Hoe kón je? Hoe kon je me zomaar laten halen?'

Lale staat paf. Hij ontspant zijn greep op haar polsen, en ze trekt zich los en beweegt zich bij hem vandaan.

'Het spijt me, ik wilde je niet laten schrikken. Ik heb je kapo alleen gevraagd om je hiernaartoe te brengen. Ik wilde je zien.'

'Wanneer iemand door de ss wordt opgehaald, zie je die persoon nooit meer terug. Begrijp je? Ik dacht dat ik werd opgehaald om vergast te worden, en het enige waar ik aan kon denken, was aan jou. Niet mijn vriendinnen, die ik nooit meer terug zou zien, niet Cilka, die me zag vertrekken en die helemaal van slag moet zijn. Ik dacht aan jóú, en dat ik jou nooit meer zou zien. En nu sta je hier.'

Lale schaamt zich – door zijn egoïstische behoefte is zijn geliefde zich doodgeschrokken. Plotseling komt ze met gebalde vuisten op hem af gerend. Hij steekt zijn armen naar haar uit wanneer ze zich op hem stort. Ze timmert op zijn borst, terwijl de tranen over haar gezicht stromen. Hij ondergaat de klappen tot ze ermee stopt. Dan tilt hij zachtjes haar gezicht op, veegt de tranen van haar wangen en probeert haar te kussen. Wanneer hun lippen elkaar raken, trekt Gita zich terug en staart hem boos aan. Hij steekt zijn armen uit, haar uitnodigend om terug te komen. Wanneer hij haar tegenzin ziet, laat hij ze zakken. Ze rent opnieuw op hem af en duwt hem hard tegen een muur terwijl ze probeert zijn shirt van zijn lijf te scheuren. Verbijsterd houdt Lale haar op een armlengte afstand, maar ze laat zich niet tegenhouden en drukt zich stevig tegen hem aan, hem hartstochtelijk kussend. Hij tilt haar op, en ze slaat haar benen om zijn middel. Ze kust hem zo hard dat ze in zijn lippen bijt. Lale proeft de zoute smaak van bloed, maar hij kust haar terug. Samen wankelen ze naar een dichtbijstaand stapelbed en laten zich daar op vallen, rukkend aan elkaars kleren. Hun liefdesspel is gepassioneerd, wanhopig. Het is

een behoefte die zó lang is gegroeid dat hij niet langer onderdrukt kan worden. Twee mensen die hunkeren naar
liefde en de intimiteit waarvan ze vrezen dat ze die anders
nooit meer zullen meemaken. Het bezegelt hun verbinte-
nis, en op dat moment beseft Lale dat hij nooit meer van
een ander zal kunnen houden. Het versterkt zijn voornemen om nog een dag te leven, en nog eentje, nog duizend
dagen, hoelang het ook zal duren voordat ze waar kunnen
maken wat hij Gita heeft beloofd – vrij zijn om de liefde te
bedrijven waar en wanneer ze maar willen.

Uitgeput liggen ze in elkaars armen. Gita valt in slaap, en
Lale kijkt lange tijd naar haar. Het lichamelijke gevecht tussen hen is voorbij; het heeft plaatsgemaakt voor een razend
tumult in Lales binnenste. Wat heeft deze plek met ons gedaan? Wat zijn we hier geworden? Hoeveel langer houden
we dit nog vol? Ze dacht vandaag dat haar laatste uur had
geslagen. Ik heb die pijn veroorzaakt. Dat mag ik nooit
meer doen.

Hij voelt aan zijn lip. Krimpt ineen. Het doorbreekt zijn
sombere stemming, en hij glimlacht bij de gedachte aan de
oorzaak van de pijn. Zachtjes kust hij Gita wakker.

'Hé, jij daar,' fluistert hij.

Gita rolt op haar buik en kijkt hem bezorgd aan. 'Is alles
goed met je? Je zag eruit alsof je, ik weet niet… Ik was over-
stuur toen ik binnenkwam, maar nu ik erop terugkijk, besef
ik dat je er vreselijk uitzag.'

Hij sluit zijn ogen en slaakt een diepe zucht.

'Wat is er gebeurd?'

'Laten we het erop houden dat ik diep in de afgrond heb gekeken, maar er weer uit ben gestapt.'

'Ga je het me ooit vertellen?'

'Waarschijnlijk niet. Dring niet aan, Gita.'

Ze knikt.

'Nu kun je maar beter teruggaan naar het kantoor, zodat Cilka en de anderen kunnen zien dat het goed met je gaat.'

'Hm. Ik wil voor altijd hier bij jou blijven.'

'Voor altijd is erg lang.'

'Of misschien is het morgen al,' zegt ze.

'Nee, morgen nog niet.'

Ze wendt haar hoofd af en sluit haar ogen.

'Waar denk je aan?' vraagt hij.

'Ik luister. Naar de muren.'

'Wat zeggen ze?'

'Niets. Ze halen zwaar adem, ze huilen om degenen die hier 's ochtends weggaan en 's avonds niet meer terugkeren.'

'Ze huilen niet om jou, liefste.'

'Niet vandaag. Dat weet ik nu.'

'En ook niet morgen. Ze zullen nooit om jou huilen. En nu moet je weer aan het werk.'

Ze krult zich op. 'Kun jij niet eerst gaan? Ik moet mijn kleren bij elkaar zoeken.'

Na een laatste zoen raapt Lale zijn kleren van de grond. Als hij is aangekleed, geeft hij haar nog een vlugge kus, en dan vertrekt hij. Buiten het blok leunt de kapo weer tegen de muur.

'Voel je je beter, Tätowierer?'

'Ja, bedankt.'

'Die chocola is heerlijk. Ik hou ook van worst, trouwens.'

'Ik zal zien wat ik kan doen.'

'Doe dat, Tätowierer. Ik zie je later.'

16

Maart 1944

Lale schrikt op wanneer er iemand op zijn deur klopt. Behoedzaam doet hij open, half verwachtend om een van de Romajongens te zien staan. Maar in de deuropening staan twee jongemannen, die angstig om zich heen kijken.

'Wat willen jullie?' vraagt hij.

'Ben jij de Tätowierer?'

'Dat hangt ervan af wie het vraagt.'

'We hebben de Tätowierer nodig,' zegt de andere jongen.

'Ze zeiden dat hij hier woont.'

'Kom binnen, voordat jullie de kinderen wakker maken.'

Lale doet de deur achter de jongens dicht en gebaart dat

ze op het bed moeten gaan zitten. Ze zijn allebei lang en mager, en de één zit onder de sproeten.

'Ik vraag het nog een keer, wat willen jullie?'

'We hebben een vriend...' stamelt de jongen met de sproeten.

'Hebben we die niet allemaal?' onderbreekt Lale hem.

'Onze vriend zit in de problemen...'

'Zitten we dat niet allemaal?'

De twee jongens kijken elkaar aan. Het is duidelijk dat ze niet weten of ze verder moeten vertellen.

'Sorry. Ga verder.'

'Hij is betrapt, en we denken dat ze hem gaan vermoorden.'

'Waarop is hij betrapt?'

'Vorige week is hij ontsnapt, en ze hebben hem gepakt en teruggebracht naar het kamp. Wat denk je dat ze met hem gaan doen?'

Lale kan zijn oren niet geloven. 'Hoe is hij er in vredesnaam in geslaagd om te ontsnappen, en hoe kon hij zo stom zijn om zich te laten vangen?'

'We weten niet zeker hoe het is gegaan.'

'Nou, ze zullen hem ophangen, waarschijnlijk morgenochtend vroeg. Jullie weten toch dat een ontsnappingspoging wordt bestraft met ophanging, en een geslaagde ontsnappingspoging zéker?'

'Kun jij iets doen? Ze zeggen dat je kunt helpen.'

'Ik kan jullie aan extra eten helpen, maar meer ook niet. Waar is die jongen nu?'

'Hij is buiten.'

'Hier buiten het gebouw?'

'Ja.'

'Breng hem dan in vredesnaam meteen naar binnen,' zegt Lale, de deur openend.

Een van de jongens haast zich naar buiten. Even later komt hij terug met een jongeman die zijn hoofd gebogen houdt en beeft van angst. Lale wijst naar het bed en de jongen gaat zitten. Zijn ogen zijn gezwollen.

'Je vrienden hebben me verteld dat je bent ontsnapt.'

'Ja, meneer.'

'Hoe heb je dat gedaan?'

'Nou, ik was buiten het hek aan het werk en ik vroeg de bewaker of ik mocht poepen. Hij zei dat ik tussen de bomen moest gaan zitten, omdat hij het niet wilde ruiken. Maar toen ik terug wilde keren naar de werkplek, liepen ze net allemaal weg. Ik was bang dat een van de andere bewakers me neer zou schieten als ik achter ze aan zou rennen, dus ben ik het bos weer ingelopen.'

'En toen?' vraagt Lale.

'Ik bleef lopen. Maar ik werd gepakt toen ik een dorp in ging om eten te stelen. Ik verging van de honger. De soldaten zagen het nummer op mijn arm en brachten me terug naar het kamp.'

'En nu gaan ze je morgenochtend ophangen, is het niet?'

De jongen laat zijn hoofd hangen. Zo zal hij er morgen ook uitzien, denkt Lale, wanneer het leven uit zijn keel is gewrongen.

'Kun je iets doen om ons te helpen, Tätowierer?'

Lale beent op en neer in het kleine vertrek. Hij schuift de mouw van de jongen omhoog en bestudeert zijn nummer. Hij heeft het zelf aangebracht. Dan gaat hij weer verder met ijsberen. De jongens blijven zwijgend zitten. 'Blijf hier,' zegt hij resoluut. Dan pakt hij zijn tas en haast zich de kamer uit.

Schijnwerpers speuren het terrein af; moordzuchtige ogen zoeken naar iemand om overhoop te schieten. Lale blijft in de schaduw van de gebouwen en zoekt zijn weg naar het administratiegebouw. Tot zijn opluchting ziet hij dat Bella achter de balie zit. Ze kijkt naar hem op.

'Lale, wat doe jij hier? Ik heb geen werk voor je.'

'Hoi, Bella. Mag ik je iets vragen?'

'Natuurlijk, alles. Dat weet je toch, Lale.'

'Toen ik hier eerder vandaag was, hoorde ik iets over een transport dat vanavond vertrekt. Klopt dat?'

'Inderdaad, vanavond vertrekt er een transport naar een ander kamp.'

'Hoeveel gevangenen gaan er mee?'

Bella pakt er een formulier bij. 'Ik zie honderd namen. Waarom?'

'Namen, geen nummers?'

'Nee, ze zijn niet genummerd. Ze zijn eerder vandaag gearriveerd en ze worden naar een jongenskamp gestuurd. Daar heeft niemand een nummer.'

'Kunnen we nog iemand op die lijst zetten?'

'Ik denk het wel. Wie dan? Jij?'

'Nee, je weet dat ik hier niet wegga zonder Gita. Het gaat om iemand anders. Hoe minder je weet, hoe beter.'

'Oké, dat doe ik voor je. Hoe heet hij?'

'Verdomme,' zegt hij. 'Ik ben zo terug.' Hoe kon hij zo dom zijn geweest om de jongen niet naar zijn naam te vragen?

Hij haast zich terug naar zijn kamer. 'Hoe heet je?'

'Mendel.'

'Mendel hoe?'

'Sorry, Mendel Bauer.'

In het kantoor schrijft Bella de naam onder aan de lijst.

'Worden de bewakers niet achterdochtig als ze een naam zien staan die niet getypt is, zoals de rest?' vraagt Lale.

'Nee, ze zijn te lui om zich dat soort dingen af te vragen. Het zou die kerels alleen maar tijd en moeite kosten om het uit te zoeken. Die jongen moet gewoon zorgen dat hij aansluit wanneer hij ziet dat de vrachtwagen wordt ingeladen.'

Lale haalt een ring met robijnen en diamanten uit zijn tas en geeft die aan Bella. 'Dank je. Deze is voor jou. Je kunt hem houden of verkopen. Ik zorg dat de jongen bij het transport is.'

Eenmaal terug in zijn kamer duwt Lale Mendels vrienden van het bed, haalt zijn tas tevoorschijn en gaat naast Mendel zitten.

'Geef me je arm.'

Terwijl de jongens toekijken, verandert Lale het nummer

in een getatoeëerde slang. De afbeelding wordt niet perfect, maar hij is goed genoeg om de cijfers te verhullen.

'Waarom doe je dat?' vraagt een van de jongens.

'Waar Mendel naartoe gaat, heeft niemand een nummer. Ze zouden het zijne al snel ontdekken, en dan zouden ze hem terugsturen om hem alsnog te laten ophangen.' Hij maakt het karwei af en kijkt naar de twee jongens.

'Ga terug naar jullie blok, en wees voorzichtig. Ik kan er maar eentje per avond redden,' zegt hij. 'Jullie vriend zal er morgen niet zijn. Hij vertrekt om middernacht met een transport. Ik weet niet waar hij naartoe gaat, maar waar het ook is, hij zal er ten minste een kans hebben om in leven te blijven. Begrijpen jullie dat?'

De drie jongens omhelzen elkaar en spreken af dat ze elkaar na afloop van deze nachtmerrie terug zullen zien.

Wanneer de vrienden zijn vertrokken, gaat Lale weer naast Mendel zitten.

'Jij blijft hier tot het tijd is om te gaan. Ik breng je naar het transport, en daarna ben je op jezelf aangewezen.'

'Ik weet niet hoe ik je moet bedanken.'

'Als het je nog een keer lukt om te ontsnappen, laat je dan niet pakken. Dat is de beste manier om me te bedanken.'

Een poos later hoort Lale bekende geluiden op het terrein. 'Kom op,' zegt hij tegen Mendel. 'Tijd om te gaan.'

Ze glippen het gebouw uit en sluipen langs de muren van het gebouw tot ze twee vrachtwagens zien waar mannen in worden geladen.

'Schiet op en probeer een plekje in het midden van een

van de rijen te bemachtigen. Als ze naar je naam vragen, geef ze die dan.'

Mendel loopt haastig weg en weet zich in een van de rijen te wurmen. Hij slaat zijn armen om zijn lichaam om zich tegen de kou te beschermen en de slang op zijn arm aan het zicht te onttrekken. Lale kijkt toe terwijl de bewaker Mendels naam op de lijst afvinkt en hem in een van de vrachtwagens helpt. Wanneer de motor wordt gestart en de vrachtwagen wegrijdt, sluipt hij terug naar zijn kamer.

17

Er volgen zware maanden. Gevangenen sterven op allerlei
manieren. De meesten bezwijken aan ziektes, ondervoeding en blootstelling aan de kou. Een paar weten het hek te
bereiken en laten zich elektrocuteren. Anderen worden
door de bewakers in de wachttorens neergeschoten voordat
ze zo ver komen. De gaskamers en de crematoria draaien
overuren, en Lale en Leon hebben het razend druk met de
tienduizenden gevangenen die naar Auschwitz en Birkenau
worden gedeporteerd.

Lale en Gita zien elkaar zo veel mogelijk op de zondagen, en op die dagen mengen ze zich tussen de anderen.
Raken elkaar steels aan. Soms lukt het hen om elkaar tijdens een gestolen uurtje in Gita's blok te ontmoeten. Dit

motiveert hen om in leven te blijven en – in Lales geval – een gezamenlijke toekomst te plannen. Gita's kapo wordt dik van al het eten dat Lale haar brengt. Soms, wanneer Lale Gita een poos niet heeft kunnen zien, vraagt ze Gita zonder omhaal: 'Wanneer komt je vriendje weer?'

Na herhaalde verzoeken vertelt Gita Lale op een dag eindelijk wat er met Cilka aan de hand is.

'Cilka is het speeltje van Schwarzhuber.'

'Lieve hemel. Hoelang is dat al aan de gang?'

'Dat weet ik niet precies. Een jaar, misschien langer.'

'Hij is een dronken, sadistische rotzak,' zegt Lale, zijn vuisten ballend. 'Ik kan me maar al te goed voorstellen hoe hij haar behandelt.'

'Zeg dat niet! Ik wil er niet aan denken.'

'Wat vertelt ze jullie over de tijd die ze met hem doorbrengt?'

'Niets. We vragen er niet naar. Ik weet niet hoe ik haar moet helpen.'

'Hij vermoordt haar eigenhandig als ze hem op welke manier dan ook afwijst. Ik vermoed dat Cilka dat al heeft begrepen, anders zou ze al lang dood zijn geweest. De grootste zorg is dat ze zwanger raakt.'

'Dat is geen probleem, niemand raakt zwanger. Je moet, je weet wel, je maandelijkse cyclus hebben om zwanger te kunnen worden. Wist je dat niet?'

Opgelaten zegt Lale: 'Ja, dat wist ik. We hebben het er alleen nooit over gehad. Ik heb er niet bij stilgestaan.'

'Je hoeft niet bang te zijn dat Cilka of ik een kindje zullen krijgen, en die sadistische hufter ook niet. Oké?'

'Vergelijk me niet met hem. Zeg maar tegen haar dat ik haar een heldin vind en dat ik er trots op ben dat ik haar ken.'

'Hoe bedoel je, een heldin? Ze is geen heldin,' zegt Gita licht geïrriteerd. 'Ze wil gewoon blijven leven.'

'En daarom is ze een heldin. Jij bent ook een heldin, mijn liefste. Dat jullie hebben besloten om dit te overleven, is een vorm van verzet tegen die klotenazi's. Ervoor kiezen om te leven is een heldhaftige daad, een daad van openlijke ongehoorzaamheid.'

'Als dat zo is, wat ben jij dan?'

'Ze hebben me de mogelijkheid geboden om mee te werken aan de vernietiging van ons volk, en ik heb ervoor gekozen om dat te doen, zodat ik kan overleven. Ik kan alleen maar hopen dat ik niet op een dag als dader of collaborateur word veroordeeld.'

Gita buigt zich naar hem toe en kust hem. 'In mijn ogen ben je een held.'

De tijd is voorbijgevlogen, en ze kijken verschrikt op wanneer de andere meisjes terug beginnen te keren naar het blok. Gelukkig hebben Lale en Gita al hun kleren nog aan, dus is Lales vertrek niet zo gênant als het anders zou zijn geweest.

'Hallo. Hoi. Dana, wat fijn om je te zien. Meisjes. Dames,' zegt hij, terwijl hij het blok verlaat.

De kapo, die op haar gebruikelijke plek bij de ingang

staat, kijkt hem hoofdschuddend aan. 'Je moet zorgen dat je hier weg bent wanneer de anderen terugkomen. Begrepen, Tätowierer?'

'Sorry, het zal niet meer gebeuren.'

Opgewekt loopt hij over het terrein. Tot zijn verbazing hoort hij zijn naam, en hij kijkt over zijn schouder. Het is Victor. Hij en de andere Poolse arbeiders staan op het punt het kamp te verlaten. Victor wenkt hem.

'Hoi Victor. Yuri. Hoe gaat het met jullie?'

'Niet zo goed als met jou, zo te zien. Wat is er aan de hand?'

Lale wuift met zijn hand. 'Niets, niets.'

'We hebben spullen voor je, maar we waren al bang dat we geen kans zouden krijgen om ze je te geven. Heb je ruimte in je tas?'

'Zeker. Sorry, ik had jullie eerder moeten opzoeken, maar ik was, eh, druk.'

Lale doet zijn tas open en Victor en Yuri gooien hem vol. Ze hebben zo veel bij zich dat het er niet allemaal in past.

'Zal ik de rest morgen weer meebrengen?' vraagt Victor.

'Nee, ik stop het wel tussen mijn kleren. Dank je. Morgen betaal ik jullie.'

Behalve Cilka is er onder de tienduizenden gevangenen in Birkenau nóg een meisje dat haar haren van de ss heeft mogen houden. Ze is ongeveer even oud als Gita. Lale heeft haar nooit gesproken, maar zo nu en dan ziet hij haar. Ze valt op met haar lange blonde lokken. De andere vrouwen proberen hun kale hoofden zo goed mogelijk onder een sjaal te verbergen, vaak een lap stof die ze van hun shirt hebben gescheurd. Lale heeft Baretski ooit gevraagd hoe het met dit meisje zat. Waarom mocht zij haar haren houden?

'Op de dag dat ze in het kamp arriveerde,' had Baretski geantwoord, 'was commandant Höss bij de selectie. Hij zag haar, hij vond haar mooi en zei dat ze niet mocht worden kaalgeschoren.'

Lale staat geregeld versteld van de dingen die hij in het kamp ziet, maar dat Höss honderdduizenden meisjes langs heeft zien komen en er maar eentje mooi vindt, verbijstert hem.

Wanneer hij op weg naar zijn blok een hoek omslaat, met wat etenswaren onder zijn broeksband, ziet hij haar staan. Het enige 'mooie' meisje in het kamp staart naar hem terwijl hij passeert. Zo haastig mogelijk keert hij terug naar zijn kamer.

18

De lente heeft de bittere winterkou verjaagd. Het warme weer biedt een sprankje hoop aan iedereen die de elementen en de wrede, willekeurige behandeling van de nazi's heeft overleefd. Zelfs Baretski gedraagt zich wat minder lomp.

'Ik weet dat je aan spullen kunt komen, Tätowierer,' zegt hij op een dag, een beetje zachter dan normaal.

'Ik weet niet wat je bedoelt,' zegt Lale.

'Spullen. Die kun jij regelen. Ik weet dat je contact met de buitenwereld hebt.'

'Hoe kom je daarbij?'

'Luister, ik vind je aardig, oké? Ik heb je toch niet doodgeschoten?'

'Een heleboel anderen wel.'

'Ja, maar jou niet. Jij en ik zijn als broers. Heb ik je mijn geheimen niet verteld?'

Lale besluit de opmerking over broederschap te negeren.

'Jij praat, ik luister,' zegt hij.

'Ik heb zelfs geprobeerd een paar aardige dingen aan mijn vriendin te schrijven.'

'Dat wist ik niet.'

'Nu weet je het wel,' zegt Baretski met een ernstige uitdrukking. 'Luister, ik wil dat je iets voor me probeert te ritselen.'

Lale krijgt het benauwd; stel dat iemand dit gesprek zou opvangen? 'Ik heb je toch verteld –'

'Mijn vriendin is bijna jarig, en ik wil dat jij me een paar nylonkousen bezorgt die ik haar cadeau kan doen.'

Hij staart Baretski vol ongeloof aan.

De ss'er glimlacht. 'Als jij die voor me regelt, schiet ik je niet neer.'

'Ik zal zien wat ik kan doen. Het kan een paar dagen gaan duren.'

'Laat me niet te lang wachten.'

'Kan ik verder nog iets voor je doen?' vraagt hij.

'Nee, je hebt vandaag vrij. Je kunt de dag met Gita doorbrengen.'

Lale krimpt ineen. Het is al erg genoeg dat Baretski weet dat hij tijd met Gita doorbrengt, maar het is helemaal vreselijk om haar naam uit de mond van die hufter te horen.

Voordat hij kan doen wat Baretski heeft gesuggereerd,

gaat hij op zoek naar Victor. Na een poosje vindt hij Yuri, die hem vertelt dat Victor ziek is en niet kon komen werken. Lale zegt dat hij dit spijtig vindt en loopt dan weg.

'Kan ík iets voor je doen?' vraagt Yuri.

Hij draait zich om. 'Ik weet het niet. Ik heb een speciaal verzoek.'

Yuri trekt zijn wenkbrauwen op. 'Misschien kan ik helpen.'

'Nylonkousen. Je weet wel, die dingen die meisjes om hun benen dragen.'

'Ik ben geen kind meer, Lale. Ik weet wat nylonkousen zijn.'

'Kun je een paar voor me regelen?' Lale laat de twee diamanten zien die hij in zijn hand heeft.

Yuri pakt ze. 'Geef me twee dagen. Ik denk dat ik je wel kan helpen.'

'Bedankt, Yuri. En beterschap aan je vader. Ik hoop dat hij snel opknapt.'

Wanneer Lale het terrein oversteekt naar het vrouwenkamp, hoort hij het geluid van een vliegtuig. Hij kijkt omhoog en ziet een klein toestel over het terrein scheren en weer terug cirkelen. Het vliegt zo laag dat Lale het symbool van de United States Air Force herkent.

'Het zijn de Amerikanen!' roept een gevangene. 'De Amerikanen zijn er!'

Iedereen kijkt omhoog. Een paar mensen beginnen op en neer te springen en met hun armen te zwaaien. Lale kijkt naar de wachttorens en ziet dat de bewakers hun geweren gealarmeerd op het terrein richten, waar hevige opschudding is ontstaan onder de gevangenen. Sommigen zwaaien gewoon met hun armen om de aandacht van de piloot te trekken, maar een heleboel anderen wijzen naar de crematoria en schreeuwen: 'Gooi de bommen! Gooi de bommen!' Wanneer het vliegtuig opnieuw over het terrein vliegt en omkeert voor een derde rondje, overweegt Lale om mee te doen. Een aantal gevangenen rent naar de crematoria, wijzend, wanhopig proberend om hun boodschap over te brengen. 'Gooi de bommen! Gooi de bommen!'

Wanneer het vliegtuig voor de derde keer over Birkenau vliegt, stijgt het en vliegt het weg. De gevangenen blijven schreeuwen. Veel van hen laten zich op hun knieën vallen, kapot van het feit dat hun kreten genegeerd zijn. Lale rent naar het dichtstbijzijnde gebouw en drukt zich met zijn rug tegen de muur. Net op tijd. Kogels regenen vanaf de wachttorens neer op de gevangenen en treffen tientallen mensen die te traag reageren om zich in veiligheid te kunnen brengen.

Nu de bewakers op scherp staan, lijkt het Lale niet verstandig om Gita op te zoeken. In plaats daarvan gaat hij terug naar zijn blok, waar hij wordt begroet door gejammer en gehuil. De vrouwen wiegen de lichamen van kinderen die door de kogels geraakt zijn.

'Ze zagen het vliegtuig en renden naar buiten,' vertelt een van de mannen wanhopig.

'Wat kan ik doen?'

'Breng de andere kinderen naar binnen. Ze hoeven dit niet te zien.'

'Goed.'

'Bedankt, Lale. Ik zal de oudere vrouwen naar je toe sturen om je te helpen. Ik weet niet wat ik met de lijken moet doen. Ik kan ze hier niet achterlaten.'

'De ss komt de doden vast ophalen.' Het klinkt zo ongevoelig, zo nuchter. De tranen prikken in Lales ogen. Hij schuifelt met zijn voeten. 'Ik vind het zo erg.'

'Wat gaan ze met ons doen?' vraagt de man.

'Ik weet niet wat ons te wachten staat.'

'Gaan we hier sterven?'

'Dat ben ik niet van plan, maar ik weet het niet.'

Lale verzamelt de overgebleven kinderen om ze naar binnen te brengen. Sommigen huilen, anderen zijn daar te geschokt voor. Hij krijgt hulp van een aantal oudere vrouwen. Ze brengen de kinderen die het hebben overleefd naar de achterkant van het blok en beginnen ze verhalen te vertellen, maar deze keer werkt het niet. De kinderen zijn ontroostbaar. De meesten van hen zijn zo getraumatiseerd dat ze geen woord meer kunnen uitbrengen.

Lale gaat naar zijn kamer en komt terug met chocola, die hij en Nadya in stukken breken en uitdelen. Een paar kinderen nemen het aan, anderen kijken er wantrouwig naar. Verder kan hij niets doen. Nadya pakt zijn hand vast en trekt hem overeind.

'Dank je. Je hebt alles gedaan wat je kon.' Ze strijkt met de achterkant van haar hand over zijn wang. 'Laat ons nu alleen.'

'Ik ga de mannen helpen,' zegt Lale met haperende stem. Wankelend loopt hij naar buiten. Daar helpt hij de mannen om de lijkjes op te stapelen, zodat de ss ze weg kan halen. Het valt hem op dat ze al bezig zijn de lichamen van het terrein te rapen. Verschillende moeders weigeren hun geliefde kinderen uit handen te geven, en het breekt Lales hart om de kleine levenloze lijfjes uit hun moeders armen gerukt te zien worden.

'*Yisgadal veyiskadash shmei rabbah* – Moge Zijn naam worden geheiligd.' Citeert hij de kaddisj zacht. Hij heeft geen idee hoe of met welke woorden de Roma hun doden eren, maar voelt een reflex op deze doden te reageren op een manier die hij kent. Lange tijd blijft hij buiten zitten, starend naar de hemel, zich afvragend wat de Amerikanen hadden gezien en gedacht. Een groepje Roma komt zwijgend bij hem zitten, een stilte waar niet langer rust van uitgaat. Een muur van verdriet omringt hen.

Hij denkt na over de datum, 4 april 1944. Toen hij de maand die week op zijn werkformulieren had zien staan, had dat hem geprikkeld. April, wat was er met april? Nu beseft hij wat het antwoord is. Over drie weken zal hij hier precies twee jaar zijn. Twee jaar. Hoe heeft hij dat gedaan? Hoe is het mogelijk dat hij nog ademde, terwijl dat voor zo veel anderen niet geldt? Hij denkt terug aan de eed die hij aan het begin heeft gezworen. Om te overleven, om degenen die hier verantwoordelijk voor zijn te zien boeten. Misschien, heel misschien, hebben de mannen in het vliegtuig begrepen wat er gaande is, en is er redding onderweg. Dat zou te laat zijn voor de gevangenen die vandaag zijn gestorven, maar misschien zou hun dood niet helemaal zinloos zijn. Houd die gedachte vast. Gebruik hem om morgenochtend uit bed te kunnen komen, en de ochtend daarna, en die daarna.

Het schitteren van sterren boven zijn hoofd biedt hem niet langer troost. Het herinnert hem slechts aan de kloof tussen datgene wat het leven kán zijn, en wat het nu is. Hij denkt aan de warme zomeravonden uit zijn jeugd, waarop hij stiekem na bedtijd naar buiten glipte om zijn gezicht door het avondbriesje te laten liefkozen en zich in slaap te laten sussen; aan de avonden die hij met jongedames heeft doorgebracht, hand in hand lopend in een park of langs een meer, hun pad verlicht door duizenden schitterende sterren. Vroeger had hij zich altijd getroost en gerustgesteld gevoeld door het baldakijn van de avondhemel. Ergens kijkt mijn familie nu naar dezelfde sterren en vraagt zich af waar ik ben. Ik hoop dat zij er meer troost aan ontlenen dan ik.

Begin maart 1942 had Lale in zijn woonplaats Krompachy afscheid genomen van zijn ouders, zijn broer en zijn zus. In de herfst van het voorgaande jaar had hij zijn baan en de huur van zijn appartement in de stad Bratislava opgezegd. Die beslissing had hij genomen nadat hij met een oude vriend had gepraat, een niet-Jood die voor de regering werkte. De vriend had hem gewaarschuwd dat er grote politieke veranderingen aankwamen voor alle Joodse burgers, en dat Lales charme hem niet zou beschermen tegen datgene wat hun te wachten stond. Hij had gezegd dat hij Lale een baan kon bezorgen die hem zou helpen om aan vervolging te ontkomen. Nadat hij de baas van zijn vriend had gesproken, was hem een baan aangeboden als assistent van de leider van de Slowaakse Nationale Partij, en die had hij aangenomen. Voor de partij draaide het niet om religie; het ging erom dat het land in handen van de Slowaken zou blijven. Gekleed in een partij-uniform, dat beangstigend veel op een militair uniform leek, reisde Lale een aantal weken lang door het land, verspreidde nieuwsbrieven en sprak op bijeenkomsten. De partij probeerde in het bijzonder de jeugd te doordringen van de noodzaak om samen te werken en de regering ter verantwoording te roepen – de regering die weigerde Hitlers daden te veroordelen en alle Slowaken te beschermen.

Lale wist dat alle Joden in Slowakije het bevel hadden gekregen om buitenshuis de gele davidster op hun kleding te dragen. Hij had geweigerd. Niet uit angst, maar omdat hij zichzelf als een Slowaak zag: trots, koppig, en zelfs, zo gaf hij toe, arrogant over zijn positie in de wereld. Zijn Joodse identiteit was bijkomstig en had hem nooit belemmerd in de dingen die hij deed, was nooit bepalend voor welke vrienden hij maakte. Wanneer het ter sprake kwam, erkende hij het en liet het daarbij. Het was een kwestie die vaker in de slaapkamer werd besproken dan in een restaurant of een club.

In februari 1942 werd hij van tevoren gewaarschuwd dat het Duitse ministerie van Buitenlandse Zaken de Slowaakse regering had verzocht om Joden het land uit te deporteren als arbeidskracht. Hij vroeg toestemming om zijn familie te bezoeken en kreeg die ook, met de belofte dat hij op ieder gewenst moment terug kon keren naar zijn plek bij de partij – dat hij verzekerd was van zijn baan.

Hij had zichzelf nooit als naïef gezien. Zoals zo veel Europeanen maakte hij zich zorgen over de opkomst van Hitler en de gruwelen waar de Führer andere kleine landen aan onderwierp, maar hij weigerde te geloven dat de nazi's Slowakije binnen zouden vallen. Dat was niet nodig. De regering voldeed al aan Hitlers eisen en vormde geen bedreiging. Slowakije wilde gewoon met rust gelaten worden. Tijdens etentjes en bijeenkomsten van familie en vrienden bespraken ze soms de berichten over Jodenvervolging in andere landen. Ze dachten echter geen seconde dat de Slowaakse Joden als groep gevaar zouden lopen.

Toch is hij hier nu. Er zijn twee jaren verstreken. Hij woont in een gemeenschap die ruwweg in tweeën is gesplitst – Joden en Roma. Ze zijn ingedeeld naar ras, niet naar nationaliteit, en dit is iets wat Lale nog steeds niet kan bevatten. Landen bedreigen andere landen. Zij hebben de macht, zij hebben de legers. Hoe kan een ras dat over verschillende landen is verspreid, als een bedreiging worden gezien? Hoelang hij ook zal leven, of het nu lange tijd of korte tijd zal zijn, hij weet dat hij dit nooit zal begrijpen.

19

'Geloof je niet meer?' vraagt Gita, terwijl ze tegen Lales borst leunt op hun plekje achter het administratiegebouw. Ze heeft dit moment gekozen om de vraag te stellen omdat ze zijn antwoord wil horen, niet zien.

'Waarom vraag je dat?' zegt hij, de achterkant van haar hoofd strelend.

'Omdat ik die indruk krijg,' zegt ze, 'en dat maakt me verdrietig.'

'Dus jij gelooft nog wel?'

'Ik vroeg het als eerste.'

'Nee, volgens mij geloof ik niet meer.'

'Sinds wanneer?'

'Sinds de avond van mijn aankomst in het kamp. Ik heb

je verteld wat er gebeurde, wat ik zag. Hoe een genadige god, welke god dan ook, dat kon laten gebeuren, begrijp ik niet. En sinds die avond is er niets gebeurd wat me van gedachten heeft doen veranderen. Integendeel.'

'Je moet toch érgens in geloven.'

'Dat doe ik ook. Ik geloof in jou en mij en dat we hier wegkomen, en samen een leven zullen opbouwen –'

'Ik weet het, wanneer en waar we maar willen,' vult ze met een zucht aan. 'O, Lale, kon dat maar.'

Hij draait haar om, zodat ze elkaar aankijken. 'Dat ik Joods ben, bepaalt niet wie ik ben,' zegt hij. 'Ik zal het niet ontkennen, maar ik ben in de eerste plaats een man, een man die van jou houdt.'

'En als ik mijn geloof wil houden? Als het voor mij nog steeds belangrijk is?'

'Daar heb ik niets over te zeggen.'

'Jawel, dat heb je wel.'

Er valt een ongemakkelijke stilte. Hij bestudeert haar, terwijl zij haar blik neergeslagen houdt.

'Ik heb er geen probleem mee als jij blijft geloven,' zegt hij zacht. 'Ik zal je er zelfs in steunen, als het veel voor je betekent. Als je bij me blijft wanneer we hier vertrekken, zal ik je aanmoedigen om je geloof te beoefenen, en als onze kinderen worden geboren, kunnen ze het geloof van hun moeder volgen. Is dat genoeg voor je?'

'Ik weet niet of ik kinderen zal kunnen krijgen. Volgens mij ben ik helemaal kapot vanbinnen.'

'Als we hier eenmaal weg zijn en je hebt weer wat vlees op

je botten, dan krijgen we kinderen, en het zullen prachtige kinderen zijn; ze zullen op hun moeder lijken.'

'Dankjewel, mijn liefste. Door jou wil ik in een toekomst geloven.'

'Mooi. Wil je me dan nu vertellen wat je achternaam is en waar je vandaan komt?'

'Nog niet. Ik heb het je al gezegd, dat doe ik op de dag dat we hier weggaan. Vraag het me alsjeblieft niet meer.'

Nadat hij afscheid heeft genomen van Gita, zoekt Lale Leon en een paar andere mannen uit blok 7 op. Het is een prachtige zomerdag, en nu hij de kans heeft, wil hij van de zon en van zijn vrienden genieten. Ze gaan met hun rug tegen de muur van een van de blokken zitten. Hun gesprek is eenvoudig. Wanneer de sirene klinkt, zegt Lale de mannen gedag en loopt terug naar zijn eigen blok. Wanneer hij het gebouw nadert, voelt hij dat er iets mis is. De Romakinderen staan stilletjes bij elkaar, en in plaats van op hem af te rennen, stappen ze opzij wanneer hij langs hen heen loopt. Hij begroet hen, maar ze reageren niet. Zodra hij de deur naar zijn kamer opendoet, begrijpt hij waarom. Op zijn bed liggen de juwelen, het geld en de sieraden van onder zijn matras. Twee ss-officieren wachten hem op.

'Heb je hier een verklaring voor, Tätowierer?'

Lale kan geen woorden vinden.

Een van de officieren grist zijn tas uit zijn handen en schudt zijn gereedschap en zijn inktflesjes op de vloer. Dan stoppen ze de buit in de tas. Met getrokken pistolen gebaren ze dat Lale in beweging moet komen. De kinderen wijken uiteen wanneer Lale wordt weggeleid uit het zigeunerkamp, in de volle overtuiging dat het de laatste keer zal zijn.

Lale staat voor Josef Houstek. De inhoud van zijn tas is verspreid over het bureau van de commandant. Houstek pakt ieder juweel en ieder sieraad afzonderlijk op en bestudeert het.

'Waar heb je dit allemaal vandaan?' vraagt hij zonder op te kijken.

'Ik heb het van gevangenen gekregen.'

'Welke gevangenen?'

'Ik weet niet hoe ze heten.'

Houstek kijkt scherp op. 'Je weet niet wie je al deze spullen heeft gegeven?'

'Nee, dat weet ik niet.'

'En dat moet ik geloven?'

'Ja, meneer. Ze brengen het naar me toe, maar ik vraag ze niet naar hun naam.'

Houstek ramt met zijn vuist op het bureau, zodat de sieraden rinkelen. 'Dit maakt me heel boos, Tätowierer. Je bent goed in je werk. Nu moet ik iemand anders zien te vinden om het te doen.' Hij wendt zich tot de officieren die Lale naar het kantoor hebben gebracht. 'Breng hem naar blok 11. Daar zal hij zich de namen snel herinneren.'

Lale wordt weggesleurd en in een kleine vrachtwagen geduwd. Er komen twee ss-officieren aan elke kant van hem zitten, beiden rammen de loop van hun pistool tussen zijn ribben. Tijdens de vier kilometer lange rit neemt Lale in stilte afscheid van Gita en de toekomst waar ze die middag nog over hebben gefantaseerd. Hij sluit zijn ogen en noemt in gedachten de namen van al zijn familieleden op. Hij kan zich zijn broer en zus niet meer zo helder voor de geest halen als eerst. Zijn moeder, daarentegen, kan hij zich moeiteloos voorstellen. Maar hoe neem je afscheid van je moeder? De persoon die je adem heeft ingeblazen, die je heeft geleerd hoe je moet leven? Hij kan geen afscheid van haar nemen. Hij hapt naar adem als het gezicht van zijn vader op zijn netvlies verschijnt, en een van de officieren reageert door zijn pistool nog harder tegen zijn ribben te duwen. De laatste keer dat hij zijn vader had gezien, had die gehuild. Zo wil hij zich hem niet herinneren, en dus zoekt hij naar een ander beeld en komt met het beeld van zijn vader die met zijn geliefde paarden werkt. Tegen de dieren sprak hij zo veel warmer dan tegen zijn kinderen. Lales broer Max, ouder en wijzer. Hij vertelt hem in gedachten dat hij hoopt dat hij hem niet heeft teleurgesteld, dat hij zijn best heeft gedaan om te handelen zoals Max zou hebben gedaan als hij in zijn schoenen zou hebben gestaan. Wanneer hij aan zijn jongere zusje denkt, Goldie, wordt de pijn hem te veel.

Plotseling komt de vrachtwagen tot stilstand, zodat Lale tegen de officier naast hem wordt gesmakt.

Hij wordt opgesloten in een kleine kamer in blok 11. De reputatie van blok 10 en blok 11 is berucht – dit zijn de strafblokken. Achter deze afgelegen martelbarakken staat de Zwarte Muur, de executiemuur. Lale verwacht dat hij daarnaartoe zal worden gebracht nadat hij is gefolterd.

Twee dagen lang zit hij in de kleine donkere cel, met als enige licht het streepje dat door de kier onder de deur naar binnen valt. Terwijl hij luistert naar de angstkreten en het gekrijs van andere gevangenen, herleeft hij elk moment dat hij met Gita heeft doorgebracht.

Op de derde dag wordt hij verblind door zonlicht dat de kamer binnenstroomt. Een grote man blokkeert de deuropening en steekt hem een kom met vloeistof toe. Lale neemt die aan, en wanneer zijn ogen zich aanpassen aan het licht, herkent hij de man.

'Jakub, ben jij dat?'

Jakub komt naar binnen, half gebukt om zijn hoofd niet tegen het lage plafond te stoten. 'Tätowierer! Wat doe jij hier?' Zijn uitdrukking is geschokt.

Moeizaam komt Lale overeind en steekt zijn hand uit. 'Ik heb me vaak afgevraagd wat er van je was geworden,' zegt hij.

'Zoals je al had voorspeld, hebben ze werk voor me gevonden.'

'Dus je bent een bewaker?'

'Niet zomaar een bewaker, mijn vriend.' Jakubs stem is grimmig. 'Ga zitten en eet je soep op, dan vertel ik je wat ik hier doe en wat er met jou gaat gebeuren.'

Bezorgd gaat Lale zitten en kijkt naar het eten dat Jakub hem heeft gebracht. Een waterige, troebele soep met een schijfje aardappel erin. Hoewel hij zojuist nog uitgehongerd was, merkt hij dat zijn eetlust nu is verdwenen.

'Ik ben nooit vergeten hoe aardig je tegen me was,' zegt Jakub. 'Toen ik hier aankwam, wist ik zeker dat ik de hongerdood zou sterven, en toen gaf jij me te eten.'

'Tja, jij hebt meer voedsel nodig dan de meeste mensen.'

'Ik heb gehoord dat je eten smokkelt. Is dat waar?'

'Daarom zit ik hier. De gevangenen die in de Canada werken, smokkelen geld en juwelen naar mij toe, en daarmee koop ik eten en medicijnen van de dorpsbewoners, en dat verdeel ik. Ik denk dat iemand zich tekortgedaan voelde en me heeft verraden.'

'Weet je niet wie?'

'Weet jij het?'

'Nee, het hoort niet bij mijn werk om dat soort dingen te weten. Mijn taak is om jou namen te ontfutselen – namen van gevangenen die wellicht van plan zouden zijn om te ontsnappen of zich te verzetten, en natuurlijk de namen van de gevangenen van wie je het geld en de juwelen hebt.'

Lale wendt zijn blik af. De omvang van wat Jakub zegt, begint tot hem door te dringen.

'Ik doe wat ik moet doen om te overleven. Net als jij, Tätowierer.'

Hij knikt.

'Het is de bedoeling dat ik je aftuig tot je namen noemt. Ik ben een moordenaar, Lale.'

Hij schudt zijn hangende hoofd, mompelt ieder lelijk woord dat hij kent.

'Ik heb geen keus.'

Gemengde gevoelens maken zich van hem meester. Namen van dode gevangenen schieten door zijn hoofd. Kan hij Jakub die namen geven? Nee. Ze zullen er uiteindelijk achter komen, en dan belandt hij weer hier.

'Het probleem is,' zegt Jakub, 'dat ik je niet kan toestaan om namen te noemen.'

Lale staart hem verward aan.

'Je bent aardig voor me geweest, en ik zal het pak slaag er erger uit laten zien dan het is, maar ik vermoord je nog liever dan dat ik je iemand laat verraden,' vervolgt Jakub. 'Ik wil zo min mogelijk onschuldig bloed aan mijn handen.'

'O, Jakub. Ik had nooit gedacht dat dit het werk was dat ze je zouden geven. Het spijt me zo.'

'Als ik één Jood moet doden om tien anderen te redden, dan doe ik dat.'

Lale legt zijn hand op de schouder van de grote man. 'Doe wat je moet doen.'

'Spreek alleen Jiddisch,' zegt Jakub, zich afwendend. 'Ik denk niet dat de ss'ers hier je kennen of weten dat je Duits spreekt.'

'Oké, dan houden we het op Jiddisch.'

'Ik kom later terug.'

Wanneer hij weer in het donker zit, overpeinst Lale zijn lot. Hij neemt zich voor om geen namen te noemen. Het is nu nog slechts een kwestie van wie hem doodt: een verveelde ss-officier wiens avondeten koud wordt, of Jakub, die een rechtvaardige moord pleegt om anderen te redden. Een gevoel van kalmte daalt over hem neer terwijl hij zich neerlegt bij zijn dood.

Zou iemand Gita vertellen wat er met hem is gebeurd? Of zal ze zich dat de rest van haar leven blijven afvragen? Hij valt in een diepe, uitgeputte slaap.

'Waar is hij?' brult zijn vader, het huis binnenstormend. Voor de zoveelste keer is Lale niet op het werk verschenen. Zijn vader is laat voor het eten omdat hij Lales werk erbij moest doen. Lale rent naar zijn moeder en probeert zich achter haar te verstoppen, zodat ze een blok tussen hem en zijn vader vormt. Ze steekt haar armen naar achteren en pakt het deel van Lale vast waar ze bij kan, om hem te beschermen tegen de straf van zijn vader – op zijn minst een flinke oorvijg. Zijn vader dwingt haar niet om opzij te stappen.

'Ik pak hem wel aan,' belooft zijn moeder. 'Na het eten krijgt hij straf. Ga nu zitten.'

Lales broer en zus rollen met hun ogen. Ze hebben het allemaal al eerder gezien en gehoord.

Later die avond belooft Lale zijn moeder dat hij zal proberen om zijn vader beter te helpen. Maar dat is zo moeilijk! Lale vreest dat hij net als zijn vader zal eindigen, vroeg oud, te moe om zijn vrouw een simpel compliment te geven over haar uiterlijk of het eten dat ze met zo veel liefde en aandacht voor hem bereidt. Zo wil Lale niet worden.

'Ik ben je lievelingskind, toch, mama?' vraagt hij haar

vaak. Als ze samen alleen thuis zijn, omhelst zijn moeder hem stevig en zegt: 'Ja, lieverd, dat ben je.' Als zijn broer of zijn zus erbij is, antwoordt ze: 'Jullie zijn allemaal mijn lievelingskinderen.' Lale hoort zijn broer of zijn zus deze vraag nooit stellen, maar misschien doen ze dat wel wanneer hij er niet bij is. Toen hij nog klein was, verkondigde hij vaak aan zijn familie dat hij later met zijn moeder zou gaan trouwen. Zijn vader deed dan net alsof hij het niet hoorde. Zijn broer en zijn zus lokten ruzie uit door hem erop te wijzen dat hun moeder al getrouwd wás. Nadat ze een eind had gemaakt aan hun gekibbel, nam zijn moeder hem apart en legde hem uit dat hij op een dag iemand anders zou vinden om van te houden en om voor te zorgen. Hij wilde haar nooit geloven.

Toen hij een jongeman werd, rende hij iedere dag naar huis voor de omhelzing waarmee zijn moeder hem begroette, de aanraking van haar geruststellende lichaam, haar zachte huid, de kussen die ze op zijn voorhoofd drukte.

'Kan ik je ergens mee helpen?' vroeg hij dan.

'Je bent zo'n goede jongen. Op een dag zul je een geweldige echtgenoot zijn.'

'Wat moet ik doen om een goede echtgenoot te zijn? Ik wil niet zoals papa worden. Hij laat je niet glimlachen. Hij helpt je niet.'

'Je vader werkt heel hard om in ons onderhoud te voorzien.'

'Dat weet ik wel, maar kan hij het niet allebei doen? Geld verdienen én jou laten glimlachen?'

'Je moet nog veel leren voordat je volwassen bent, jongeman.'

'Leer het me dan. Ik wil dat het meisje met wie ik trouw, me aardig vindt. Dat ze gelukkig is met mij.'

Lales moeder ging zitten, en hij nestelde zich tegenover haar. 'Eerst moet je leren om naar haar te luisteren. Zelfs als je moe bent, toon dan belangstelling voor wat ze te zeggen heeft. Zorg dat je te weten komt waar ze van houdt, en belangrijker nog, waar ze niet van houdt. Als je de kans krijgt, geef haar dan kleine cadeautjes. Bloemen, bonbons – vrouwen houden van dat soort dingen.'

'Wanneer heeft papa voor het laatst een cadeautje voor jou meegebracht?'

'Dat doet er niet toe. Je wilde weten wat meisjes willen, niet wat ik krijg.'

'Zodra ik geld heb, breng ik bloemen en bonbons voor je mee, dat beloof ik.'

'Je moet je geld bewaren voor het meisje dat je hart verovert.'

'Hoe zal ik weten wie ze is?'

'Geloof me, dat weet je vanzelf.'

Ze trok hem in haar armen en streelde zijn haar: haar jongen, haar jongeman.

De herinnering vervaagt – de tranen vervagen het beeld, hij knippert met zijn ogen – en hij stelt zich voor dat hij Gita in zijn armen heeft en over haar haren streelt.

'Je had gelijk, mama. Ik weet dat zij het is.'

Jakub komt hem halen. Hij sleept Lale door een gang naar een klein vertrek zonder ramen. Aan het plafond bungelt een kaal peertje; aan de achterste muur is een ketting bevestigd met handboeien eraan. Op de vloer ligt een roede van berkenhout. Twee ss-officieren staan met elkaar te praten en doen net alsof ze Jakubs aanwezigheid niet opmerken. Hij schuifelt naar achteren, zonder zijn blik van de vloer af te wenden. Zonder waarschuwing stompt Jakub hem in het gezicht, zodat hij naar achteren wankelt en tegen de muur smakt. Nu letten de officieren wel op. Hij probeert overeind te krabbelen. Langzaam brengt Jakub zijn rechtervoet naar achteren. Lale ziet de schop aankomen. Hij schuift achteruit op het moment dat Jakubs voet zijn ribben raakt, en overdrijft dan het effect door zich op te rollen en happend naar adem naar zijn borst te grijpen. Wanneer hij langzaam overeind komt, stompt Jakub hem weer in het gezicht. Deze keer vangt hij de klap volledig op, hoewel Jakub hem met zijn blik had gewaarschuwd voor wat er komen ging. Het bloed stroomt uit zijn kapotte neus.

Jakub trekt Lale ruw overeind en maakt hem met de handboeien vast aan de ketting aan de muur.

Jakub pakt de roede, rukt het shirt van Lales rug en geselt hem vijf keer. Daarna trekt hij zijn broek en zijn onderbroek omlaag en ranselt hem nog eens vijf keer op zijn billen. Lales kreten zijn niet geveinsd. Met een ruk trekt Jakub Lales hoofd naar achteren. 'Vertel ons de namen van de gevangenen die voor je stelen!' zegt hij dreigend.

De officieren kijken onaangedaan toe.

Lale schudt zijn hoofd en jammert: 'Ik weet niet hoe ze heten.' Jakub geselt Lale nog tien keer. Het bloed stroomt langs zijn benen. De interesse van de twee officieren lijkt toe te nemen, en ze komen wat dichterbij staan. Jakub rukt Lales hoofd naar achteren en snauwt tegen hem: 'De namen!' Hij fluistert in zijn oor: 'Zeg dat je die niet kent en val dan flauw.' Met luide stem herhaalt hij: 'Geef ons de namen!'

'Daar vraag ik nooit naar! Ik weet het niet. Jullie moeten me geloven...'

Jakub stompt Lale in zijn maag. Hij zakt door zijn knieen, laat zijn ogen omhoog rollen en doet alsof hij van zijn stokje gaat. Jakub wendt zich tot de ss-officieren.

'Hij is een zwakke Jood. Als hij de namen wist, had hij ze ons nu wel verteld.' Hij schopt tegen Lales benen, terwijl Lale slap aan de ketting bungelt.

De officieren knikken en verlaten het vertrek.

De deur valt dicht, en Jakub maakt Lale los en legt hem voorzichtig op de vloer. Met een lap die hij in zijn shirt verborgen heeft, veegt hij het bloed van Lales lichaam. Daarna schuift hij voorzichtig zijn broek omhoog.

'Het spijt me zo, Lale.'

Hij helpt hem overeind, draagt hem naar zijn kamer en legt hem op zijn buik. 'Je hebt het goed gedaan. Nu moet je een poosje slapen. Ik kom later terug met water en een schoon shirt. Rust nu eerst wat uit.'

De dagen daarna brengt Jakub Lale iedere dag eten en water, en soms een schoon shirt. Hij vertelt Lale wat voor verwondingen hij heeft, en dat ze beginnen te genezen. Lale weet dat hij voor het leven getekend is. Misschien verdient de Tätowierer dat ook.

'Hoe vaak heb je me geslagen?' vraagt hij Jakub.

'Ik weet het niet.'

'Ja, dat weet je wel.'

'Het is voorbij, Lale, en je wonden zijn aan het helen. Laat het rusten.'

'Heb je mijn neus gebroken? Ik kan er zo moeilijk door ademen.'

'Waarschijnlijk, maar niet al te erg. De zwelling is afgenomen en de vorm is nauwelijks veranderd. Je bent nog net zo knap als eerst. De meisjes zullen nog steeds achter je aan zitten.'

'Ik wil geen meisjes achter me aan.'

'Waarom niet?'

'Ik heb de ware al gevonden.'

Wanneer de deur de volgende dag opengaat en Lale opkijkt, ziet hij twee ss-officieren staan. Ze gebaren dat Lale op moet staan en met hen mee moet komen. Hij blijft zitten en probeert zichzelf bij elkaar te rapen. Kan dit het einde zijn? Word ik naar de Zwarte Muur gebracht? In stilte neemt hij afscheid van zijn familie en van Gita. De ss'ers, die ongeduldig worden, stappen zijn kamer in en dwingen hem onder schot om overeind te krabbelen. Met trillende benen loopt hij tussen hen in naar buiten en voelt voor het eerst in een week tijd de zon op zijn gezicht. Wanneer hij opkijkt, bereid om zijn lot onder ogen te zien, ziet hij een aantal andere gevangenen die in een vrachtwagen worden geladen. Misschien is dit toch niet het einde. Zijn benen begeven het, en de officieren slepen hem het laatste stukje. Ze gooien hem in de laadbak, en hij kijkt niet achterom. De hele weg naar Birkenau klampt hij zich aan de zijkant van de vrachtwagen vast.

20

Lale wordt uit de vrachtwagen gehaald en het kantoor van Oberscharführer Houstek in gesleurd. De twee ss-officieren houden ieder een arm vast.

'We hebben niets uit hem losgekregen, zelfs niet nadat de grote Jood hem onder handen heeft genomen,' zegt de één.

Houstek wendt zich tot Lale, die opkijkt.

'Dus je weet echt niet hoe ze heten? En ze hebben je niet doodgeschoten?'

'Nee, meneer.'

'En toen hebben ze besloten om je naar mij terug te brengen, hè? Nu ben je mijn probleem weer.'

'Ja, meneer.'

Houstek richt zich tot de officieren.

'Breng hem naar blok 31.' Hij kijkt weer naar Lale. 'We zullen je nog flink hard laten werken voordat je aan de beurt bent.'

Lale wordt het kantoor uit gesleept. Hij doet zijn best om de officieren bij te houden, maar halverwege het terrein geeft hij het op. De huid aan de bovenkant van zijn voeten schuurt over het ruwe grind. De officieren openen de deur van blok 31, smijten hem naar binnen en vertrekken zonder een woord te zeggen. Lale blijft op de vloer liggen, lichamelijk en mentaal uitgeput. Een paar gevangenen komen voorzichtig naar hem toe. Twee van hen proberen hem op te rapen, maar Lale slaakt een kreet van pijn, en ze staken hun pogingen. Een van de mannen schuift Lales shirt omhoog en onthult de bloederige striemen op zijn rug. Ze tillen hem op, een stuk voorzichtiger dit keer, en leggen hem op een stapelbed. Al snel valt hij in slaap.

'Ik weet wie dit is,' zegt een van de gevangenen.

'Wie dan?' vraagt een ander.

'Het is de Tätowierer. Herken je hem niet? Waarschijnlijk heeft hij het nummer op je arm getatoeëerd.'

'Verdraaid, je hebt gelijk. Wie zou hij kwaad hebben gemaakt?'

'Toen ik in blok 6 zat, kreeg ik extra rantsoenen van hem. Hij deelde altijd eten uit.'

'Daar weet ik niets van. Ik ben nooit in een ander blok geweest. Op de dag van mijn aankomst heb ik al iemand boos gemaakt.' De mannen grinniken zachtjes.

'Hij haalt het nooit naar de eetzaal. Ik breng wel wat van mijn eten voor hem mee. Morgen zal hij het nodig hebben.'

Een poosje later wordt Lale wakker gemaakt door twee mannen, die ieder een stuk brood voor hem hebben. Hij neemt het eten dankbaar aan.

'Ik moet hier weg.'

De mannen lachen.

'Natuurlijk, mijn vriend. In dat geval heb je twee opties: de ene is snel, de andere kan wat langer gaan duren.'

'Wat zijn die opties dan?'

'Nou, je kunt jezelf morgenochtend naar buiten slepen en op de dodenkar klimmen wanneer die langskomt. Of je komt met ons op de velden werken tot je dood neervalt of ze smeekt om je neer te schieten.'

'Dat wil ik allebei niet. Ik moet een andere manier zien te vinden.'

'Succes daarmee, mijn vriend. Maar als ik jou was, zou ik eerst wat rusten. Je hebt een lange dag voor de boeg, zeker in jouw toestand.'

Die nacht droomt Lale over de keren dat hij van huis is weggegaan.

De eerste keer was hij een veelbelovende jongeman die zijn eigen toekomst vorm wilde geven. Hij zou een baan vinden die hij leuk vond en waar hij in kon groeien. Hij zou mooie dingen meemaken, de romantische Europese steden bezoeken waarover hij in boeken had gelezen: Parijs, Rome, Wenen. En bovenal wilde hij de vrouw vinden op wie hij verliefd zou worden, die hij zou bedelven onder zijn liefde en alle dingen die volgens zijn moeder belangrijk waren: bloemen, bonbons, zijn tijd en zijn aandacht.

Zijn tweede vertrek, met onbekende bestemming, had niets dan onzekerheid met zich meegebracht. Wat lag er voor hem in het verschiet? Na een pijnlijk afscheid van zijn familie en een lange reis was hij in Praag gearriveerd. Volgens zijn instructies had hij zich op het relevante overheidskantoor gemeld, waar hem was opgedragen woonruimte in de buurt te zoeken en zich wekelijks te melden tot was besloten welke rol hij toebedeeld zou krijgen. Op 16 april, een maand later, kreeg hij opdracht om met zijn bezittingen naar een plaatselijke school te gaan. Daar werd hij met een aantal jonge Joodse mannen uit heel Slowakije ondergebracht.

Hij had altijd veel aandacht aan zijn uiterlijk besteed, en hij liet zich er door zijn nieuwe leefomstandigheden niet van weerhouden om er op zijn best uit te zien. Elke dag waste hij zijn kleren in het toilettenblok van de school. Hij wist niet wat zijn bestemming was, maar hij zou ervoor zorgen dat hij er piekfijn uitzag wanneer hij er aankwam.

Nadat ze vijf dagen hadden rondgehangen, bang, maar vooral verveeld, kregen Lale en de anderen opdracht om hun spullen in te pakken. Daarna werden ze naar het station gebracht. Niemand vertelde hun waar ze naartoe gingen. Een trein die bedoeld was om vee te vervoeren, stopte op het perron, en soldaten gaven hun het bevel om aan boord te klimmen. Sommigen protesteerden en zeiden dat de smerige wagens hun waardigheid beledigden. Lale was getuige van de gevolgen. Voor het eerst zag hij zijn landgenoten hun geweren op Joden richten; de mannen die bleven protesteren, werden geslagen tot ze gehoorzaamden. Samen met de anderen stapte hij in. Toen er niemand meer in zijn wagon gepropt kon worden, keek Lale toe hoe de deuren dicht werden gesmeten en hoorde hoe ze werden vergrendeld door soldaten van het Slowaakse leger, mannen wiens taak het had moeten zijn om hem te beschermen.

Steeds opnieuw hoort hij in zijn hoofd het geluid van de deuren die worden dichtgeslagen en vergrendeld, dichtgeslagen en vergrendeld.

De volgende dag helpen de twee vriendelijke gevangenen Lale het blok uit en blijven naast hem staan in afwachting van de telling. Hoelang was het geleden dat hij zo had gestaan? Nummers, nummers. Overleven gaat altijd over je nummer. Als de kapo je kan afvinken op zijn lijst, betekent dit dat je nog leeft. Als nieuwste bewoner van blok 31 staat Lale helemaal onder aan de lijst. De eerste keer dat zijn nummer wordt geroepen, reageert hij niet. Een medegevangene moet hem een por geven. Na een kop oude, slappe koffie en een dunne snee oud brood worden ze naar hun werkplek gebracht.

In een veld tussen Auschwitz en Birkenau, moeten ze grote stenen van de ene kant naar de andere kant sjouwen. Wanneer de keien allemaal zijn verplaatst, krijgen ze het bevel om ze weer terug te brengen. Zo gaat het de hele dag door. Lale denkt aan de honderden keren dat hij over de weg langs het veld heeft gelopen en deze activiteit heeft zien plaatsvinden. Nee, er een glimp van heeft opgevangen – hij trok het niet om te kijken naar de beproeving die deze mannen moesten doorstaan. Hij is er al snel achter dat de ss de laatste die met zijn steen aan de overkant is, doodschiet.

Hij moet al zijn krachten aanspreken. Zijn spieren doen pijn, maar zijn geest blijft sterk. Op een bepaald moment is hij de een-na-laatste die de overkant bereikt. Aan het eind van de dag rapen zij die nog leven de lichamen van de doden op en dragen die terug naar het kamp. Lale is hiervan gevrijwaard, maar er wordt hem te verstaan gegeven dat hij slechts één dag respijt krijgt. De volgende dag zal hij zijn bijdrage moeten leveren – als hij nog leeft tenminste.

Wanneer ze terug zijn gesjokt naar Birkenau, ziet Lale Baretski bij het hek staan. De ss'er komt naast hem lopen.

'Ik heb gehoord wat er met je is gebeurd.'

Lale kijkt hem aan. 'Baretski, kun je me ergens mee helpen?' Door deze vraag te stellen, geeft hij tegenover de andere mannen toe dat hij anders is dan zij. Hij weet hoe de officier heet en kan hem om hulp vragen. Dat hij op goede voet staat met de vijand, brengt diepe schaamte met zich mee, maar hij heeft dit nodig.

'Misschien...' Baretski kijkt ongemakkelijk. 'Waar gaat het om?'

'Kun je Gita een boodschap doorgeven?'

'Wil je echt dat ze weet waar je bent? Kan ze niet beter denken dat je dood bent?'

'Vertel haar gewoon waar ik zit – blok 31 – en vraag haar om het tegen Cilka te zeggen.'

'Wil je dat haar vriendin weet waar je bent?'

'Ja, dat is belangrijk. Ze zal het wel begrijpen.'

'Hm. Misschien doe ik dat wel, als ik er zin in heb. Is het waar dat je een vermogen aan diamanten onder je matras had liggen?'

'Hebben ze je ook verteld over de robijnen, de smaragden, de Yankee-dollars, de Britse en de Zuid-Afrikaanse ponden?'

Lachend schudt Baretski zijn hoofd en mept Lale op zijn rug. Dan loopt hij weg.

'Cilka! Gita moet het aan Cilka vertellen,' roept Lale hem achterna.

Een wegwerpgebaar van Baretski maakt duidelijk dat het gesprek wat hem betreft is afgelopen.

Baretski gaat het vrouwenkamp binnen, waar de meisjes net in de rij gaan staan voor het avondeten. Cilka ziet dat hij de kapo aanspreekt en naar Gita wijst. De kapo wenkt Gita met haar wijsvinger. Terwijl Gita aarzelend naar Baretski loopt, trekt Cilka Dana naar zich toe. Ze kunnen niet horen wat de ss'er zegt, maar Gita reageert op zijn boodschap door haar handen voor haar gezicht te slaan. Daarna keert ze zich naar haar vriendinnen en rent op hen af.

'Hij leeft nog! Lale leeft nog!' zegt ze opgewonden. 'Cilka, die man zei dat ik jou moest vertellen dat Lale in blok 31 zit.'

'Waarom moest je dat aan mij vertellen?'

'Dat weet ik niet, maar hij zei dat Lale daarop had aangedrongen.'

'Wat kan Cilka doen?' vraagt Dana.

Cilka wendt haar blik af. Haar brein draait op volle toeren.

'Ik weet het niet,' zegt Gita, die niet in de stemming is om Lales boodschap te analyseren. 'Ik weet alleen dat hij nog leeft.'

'Cilka, wat kun jij doen?' dringt Dana aan. 'Hoe kun jij Lale helpen?'

'Ik zal erover nadenken,' belooft Cilka.

'Hij leeft nog,' herhaalt Gita. 'Mijn liefste.'

Die avond ligt Cilka in de armen van Schwarzhuber. Ze weet dat hij nog niet slaapt. Ze doet haar mond open om iets te zeggen, maar ze zwijgt wanneer hij zijn arm onder haar vandaan trekt.

'Is alles goed met je?' vraagt ze voorzichtig, vrezend dat zo'n intieme vraag zijn achterdocht zal wekken.

'Ja.'

Er klinkt een zachtheid in zijn stem door die ze niet eerder heeft gehoord, en dit geeft haar de moed om verder te gaan. 'Ik heb je nooit iets geweigerd, toch?' zegt ze behoedzaam. 'En ik heb je nooit ergens om gevraagd.'

'Dat is waar,' antwoordt hij.

'Mag ik je dan nu één ding vragen?'

Lale weet de volgende dag te overleven. Hij draagt zijn steentje bij door samen met een andere gevangene een van de vermoorde mannen terug te dragen. Hij neemt het zichzelf kwalijk dat hij alleen maar kan denken aan zijn vermoeidheid en zijn pijnlijke spieren, dat hij zo weinig medeleven voelt voor de dode man. Wat gebeurt er met me? Stap na stap dreigt de pijn in zijn schouders hem te veel te worden. Verzet je ertegen. Verzet je ertegen.

Wanneer ze het kamp binnengaan, wordt zijn aandacht getrokken door twee mensen aan de andere kant van het hek dat de blokken van de gevangenen van de personeelsonderkomens scheidt. De kleine, tengere Cilka staat naast Oberscharführer Schwarzhuber. Ze praten met een bewaker aan Lales kant van het hek. Lale blijft abrupt staan, zodat de gevangene die het andere eind van de dode man vast heeft, struikelt. Hij kijkt naar Cilka, die zijn blik beantwoordt en zich dan weer tot Schwarzhuber richt. Schwarzhuber knikt en wijst naar Lale. Cilka en Schwarzhuber lopen weg, en de bewaker komt op Lale af.

'Jij gaat met mij mee.'

Lale legt de benen van het lijk op de grond en kijkt voor de eerste keer naar het gezicht van de dode man. Zijn medeleven keert terug, en hij buigt zijn hoofd ter erkenning van het tragische einde van het zoveelste leven. Na een verontschuldigende blik naar de man die het lijk nu alleen moet sjouwen, haast hij zich achter de bewaker aan. De andere gevangenen uit blok 31 staren hem na.

'Ik heb opdracht om je naar je oude kamer in het zigeunerkamp te brengen,' zegt de bewaker.

'Ik weet de weg.'

'Wat je wilt.' De bewaker laat hem alleen.

Even buiten het zigeunerkamp blijft Lale staan en kijkt naar de kinderen die buiten het blok rondrennen. Sommige van hen staren naar hem, proberen zijn terugkeer te begrijpen. Ze hebben te horen gekregen dat de Tätowierer dood is. Een van hen rent op Lale af om zijn armen om zijn middel te klemmen en hem welkom 'thuis' te heten. De anderen volgen al snel zijn voorbeeld, en even later komen er ook volwassenen uit het blok om Lale te begroeten. 'Waar heb je gezeten?' vragen ze. 'Ben je gewond?' Hij ontwijkt al hun vragen.

Nadya staat achteraan de groep. Lale zoekt oogcontact met haar. Hij wringt zich tussen de anderen door en blijft vlak voor haar staan. Met zijn wijsvinger veegt hij een traan van haar wang. 'Wat fijn om jou te zien, Nadya.'

'We hebben je gemist. Ik heb je gemist.'

Lale kan alleen maar knikken. Hij moet zo snel mogelijk naar zijn kamer zien te komen, voordat hij in het bijzijn van iedereen instort. Hij haast zich naar binnen, sluit de wereld buiten en gaat op zijn oude bed liggen.

21

'Weet je zeker dat je geen kat bent?'

De woorden dringen langzaam tot Lale door, en hij doet zijn best om zich te herinneren waar hij is. Als hij zijn ogen opendoet, ziet hij dat Baretski grijnzend over hem heen gebogen staat.

'Wat?'

'Je moet wel een kat zijn, want je hebt meer levens dan wie dan ook in het kamp.'

Met moeite gaat Lale rechtop zitten. 'Het was...'

'Cilka. Ja, ik weet het. Het moet prettig zijn om vrienden op hoge posities te hebben.'

'Ik zou er mijn leven voor geven om ervoor te zorgen dat zij zulke vrienden niet nodig had.'

'Je hébt je leven bijna gegeven. Niet dat zij daar iets aan zou hebben gehad.'

'Nee, aan haar situatie kan ik helaas niets veranderen.'

Baretski lacht. 'Je denkt echt dat je iets te zeggen hebt in het kamp, hè? Misschien is dat ook wel zo. Je leeft nog, terwijl je al lang dood zou moeten zijn. Hoe ben je uit blok 11 weggekomen?'

'Ik heb geen idee. Toen ze me kwamen halen, was ik er zeker van dat ik op weg was naar de Zwarte Muur, maar toen werd ik in een vrachtwagen gegooid en teruggebracht naar het kamp.'

'Ik heb nog nooit gehoord dat iemand aan de Strafkompanie heeft weten te ontkomen,' zegt Baretski. 'Een hele prestatie.'

'Op die manier wil ik de geschiedenisboeken wel halen. Waarom mocht ik weer terug naar mijn oude kamer?'

'Simpel. Je hebt je oude baan terug.'

'Wat?'

'Je bent weer de Tätowierer, en ik moet eerlijk zeggen dat ik daar blij om ben. De eunuch die je heeft vervangen, was niet half zo goed.'

'Heeft Houstek me mijn baan teruggegeven?'

'Als ik jou was, zou ik voorlopig bij hem uit de buurt blijven. Hij wilde niet dat je terug zou komen, hij wilde je laten doodschieten. Schwarzhuber was degene die zei dat je je oude werk weer op kon pakken.'

'Ik moet op zijn minst wat chocola voor Cilka regelen.'

'Niet doen, Tätowierer. Ze houden je nauwlettend in de gaten. Kom, dan breng ik je naar het werk.'

Wanneer ze de kamer verlaten, zegt Lale: 'Sorry dat het me niet is gelukt om die kousen voor je te bemachtigen. Ik was ermee bezig, maar er kwam iets tussen.'

'Ach, in elk geval heb je het geprobeerd. Ze is trouwens mijn vriendin niet meer. Ze heeft het uitgemaakt.'

'Rot voor je. Ik hoop dat het niet kwam door iets wat je van mij tegen haar moest zeggen?'

'Volgens mij niet. Ze heeft gewoon iemand ontmoet die in dezelfde plaats woont als zij. Ik woon niet eens in hetzelfde lánd.'

Lale overweegt om nog meer te zeggen, maar hij besluit om het hierbij te laten. Baretski neemt hem mee naar het selectieterrein, waar een vrachtlading mannen in rijen staat opgesteld om gekeurd te worden. Vanbinnen moet hij glimlachen om de aanblik van de werkende Leon, die zijn naald steeds laat vallen en inkt knoeit. Baretski loopt weg, en Lale benadert Leon van achteren.

'Kun je wat hulp gebruiken?'

Leon draait zich abrupt om en stoot een inktflesje omver. Vol vreugde grijpt hij Lales hand vast en schudt die op en neer. 'Wat ben ik blij om je te zien!' roept hij uit.

'Geloof me, ik ben blij dat ik terug ben. Hoe gaat het met je?'

'Ik moet nog steeds zittend pissen, maar verder gaat het goed. Een heel stuk beter nu jij er bent.'

'Aan de slag, dan. Zo te zien sturen ze er heel wat onze kant op.'

'Weet Gita dat je terug bent?' vraagt Leon.

'Dat denk ik wel. Haar vriendin Cilka is degene die me vrij heeft gekregen.'

'Hoe dat zo?'

'Zij heeft geregeld dat ik mijn oude werk weer op mocht pakken. Ik zal proberen om de meisjes morgen op te zoeken. En geef me nu een van die naalden, want ik kan ze maar beter geen reden geven om me weer terug te sturen.'

Leon houdt zijn eigen blokje vast terwijl hij in Lales tas een tweede zoekt. Samen zetten ze zich aan hun taak, het nummeren van de nieuwste bewoners van Birkenau.

De volgende dag wacht Lale buiten het administratiegebouw terwijl de meisjes hun werkplek verlaten. Dana en Gita zien hem pas wanneer hij recht voor hun neus staat en hun de weg verspert. Het duurt een fractie van een seconde voordat ze reageren. Dan slaan beide meisjes hun armen om hem heen en omhelzen hem stevig. Dana huilt. Gita's ogen blijven droog. Lale laat hen los en pakt allebei bij de hand vast.

'Allebei nog steeds beeldschoon,' zegt hij.

Gita mept hem met haar vrije hand op de arm. 'Ik dacht dat je dood was. Alwéér. Ik dacht dat ik je nooit meer zou zien.'

'Ik ook,' zegt Dana.

'Maar ik ben niet dood. Dankzij jullie, en dankzij Cilka, ben ik niet dood. Ik ben bij jullie, waar ik thuishoor.'

'Maar...' roept Gita.

Lale trekt haar naar zich toe en houdt haar stevig vast.

Dana kust hem op zijn wang. 'Ik laat jullie alleen. Ik ben zo blij om je te zien, Lale. Ik was bang dat Gita aan een gebroken hart zou sterven als je niet snel terug zou komen.'

'Dankjewel, Dana,' zegt Lale. 'Je bent een goede vriendin voor ons allebei.'

Dana loopt weg, nog steeds met een brede glimlach op haar gezicht.

Honderden gevangenen lopen over het terrein terwijl Lale en Gita daar staan, zonder te weten wat ze nu moeten doen.

'Doe je ogen dicht,' zegt Lale.

'Wat?'

'Doe ze dicht en tel tot tien.'

'Maar –'

'Doe het nou maar gewoon.'

Gita doet wat hij haar heeft gevraagd. Ze telt tot tien en doet dan haar ogen weer open. 'Ik begrijp het niet.'

'Ik ben er nog. Ik ga nooit meer bij je weg.'

'Kom op, we moeten in beweging blijven,' zegt ze.

Ze lopen in de richting van het vrouwenkamp. Nu hij niets meer heeft om de kapo mee om te kopen, kan Lale niet het risico nemen dat Gita te laat terug is. Ze buigen zich een beetje naar elkaar toe.

'Ik weet niet hoeveel langer ik dit nog volhou,' fluistert Gita.

'Het kan niet eeuwig blijven duren, liefste. Hou vol, hou

alsjeblieft vol. We kunnen de rest van ons leven samen doorbrengen.'

'Maar...'

'Geen gemaar. Ik heb je beloofd dat we hier wegkomen en samen een leven gaan opbouwen.'

'Hoe kunnen we dat doen? We weten niet eens wat de volgende dag zal brengen. Kijk naar wat jou is overkomen.'

'Maar nu ben ik toch bij je?'

'Lale...'

'Laat het rusten, Gita.'

'Ga je me vertellen wat er met je is gebeurd? Waar je bent geweest?'

Lale schudt zijn hoofd. 'Nee. Ik ben nu weer bij je. Het enige wat ertoe doet, is wat ik je al zo vaak heb verteld: dat we hier op een dag weg kunnen en samen in vrijheid een toekomst kunnen opbouwen. Vertrouw je me, Gita?'

'Ja.'

Lale glimlacht. 'Op een dag zul je dat woordje onder heel andere omstandigheden tegen me zeggen. Wanneer we voor een rabbijn staan, in het bijzijn van onze familie en vrienden.'

Gita giechelt en legt haar hoofd even op zijn schouder. Bij de ingang van het vrouwenkamp nemen ze afscheid.

Wanneer Lale terugloopt naar zijn blok, komen er twee jongelui op hem af en gaan naast hem lopen.

'Ben jij de Tätowierer?'

'Wie wil dat weten?' vraagt hij.

'We horen dat je ons extra eten kunt bezorgen.'

'Wie je dat ook heeft verteld, hij had het mis.'

'We kunnen ervoor betalen,' zegt een van hen, en hij opent zijn vuist en laat een kleine maar perfect gevormde diamant zien.

Lale knarst met zijn tanden.

'Pak hem maar. We zouden het heel erg waarderen als je iets voor ons kon regelen.'

'In welk blok zitten jullie?'

'Negen.'

Hoeveel levens heeft een kat?

De volgende ochtend hangt Lale met zijn tas in zijn hand rond bij de hoofdingang. Hij wordt twee keer benaderd door de ss. 'Politische Abteilung,' zegt hij in beide gevallen, en dan wordt hij met rust gelaten. Hij is echter nerveuzer dan voorheen. Victor en Yuri maken zich los uit de rij mannen die het kamp binnengaan en begroeten Lale hartelijk.

'Mogen we vragen waar je bent geweest?' vraagt Victor.

'Doe maar niet,' antwoordt Lale.

'Wil je weer zaken doen?'

'Niet zoals eerst. Ik ga het rustiger aan doen, goed? Alleen wat extra eten, als dat lukt, geen kousen meer.'

'Prima. Welkom terug,' zegt Victor enthousiast.

Lale steekt zijn hand uit, Victor neemt die aan, en de diamant in Lales handpalm verandert van eigenaar.

'Een aanbetaling. Zie ik je morgen?'

'Morgen.'

Yuri kijkt toe. 'Het is goed om je weer te zien,' zegt hij rustig.

'Jou ook, Yuri. Ben je gegroeid?'

'Ja, volgens mij wel.'

'Zeg,' begint Lale, 'je hebt zeker niet toevallig chocola bij je? Ik moet echt wat tijd met mijn meisje doorbrengen.'

Yuri haalt een blok uit zijn tas en geeft het met een knipoog aan Lale.

Lale loopt regelrecht naar het vrouwenkamp en blok 29. De kapo staat op haar gebruikelijke plek in de zon. Ze ziet Lale aankomen.

'Tätowierer, goed om je weer te zien,' zegt ze.

'Ben je afgevallen? Je ziet er goed uit,' zegt Lale met een vleugje ironie.

'Je bent een poosje niet geweest.'

'Nu ben ik er weer.' Hij geeft haar de chocola.

'Ik zal haar halen.'

Hij ziet haar naar het administratiegebouw lopen en een vrouwelijke ss-officier aanspreken die buiten op wacht staat. Daarna gaat hij het blok binnen en wacht op Gita. Het duurt niet lang voor ze verschijnt, de deur achter zich dichtdoet en naar hem toe komt. Hij komt overeind en leunt tegen het stapelbed. Hoewel hij vreest dat het hem moeite zal kosten om de woorden uit te spreken die hij wil zeggen, trekt hij een gezicht alsof hij de situatie volledig onder controle heeft.

'De liefde bedrijven wanneer en waar we maar willen.

We zijn nog niet vrij, maar ik kies nu en ik kies hier. Wat vind je ervan?'

Ze stort zich in zijn armen en overlaadt zijn gezicht met kussen. Wanneer ze zich beginnen uit te kleden, stopt Lale en pakt Gita's handen vast.

'Je vroeg me of ik je wilde vertellen waar ik was toen ik was verdwenen, en toen zei ik nee, weet je nog?'

'Ja.'

'Ik wil er nog steeds niet over praten, maar er is iets wat ik niet voor je kan verbergen. Je moet niet schrikken, en ik ben weer helemaal in orde, maar ze hebben me een beetje geslagen.'

'Laat het me zien.'

Lale trekt langzaam zijn shirt uit en draait zijn rug naar haar toe. Ze zegt niets, maar laat haar vingers heel zachtjes over de striemen op zijn rug glijden. Haar lippen volgen het spoor van haar handen, en hij weet dat er niets meer gezegd hoeft te worden. Ze bedrijven de liefde langzaam en voorzichtig. Hij voelt de tranen in zijn ogen opwellen en doet zijn best om ze te onderdrukken. Dit is de diepste liefde die hij ooit heeft gevoeld.

22

Lale brengt de lange hete zomerdagen door met Gita, of met denken aan haar. Zijn werklast is echter niet verminderd, integendeel: er arriveren nu wekelijks duizenden Hongaarse Joden in Auschwitz en Birkenau. Het gevolg is dat er onrust uitbreekt in zowel het mannen- als het vrouwenkamp. Lale heeft ontdekt waarom. Hoe hoger het nummer op iemands arm, hoe minder die persoon door de anderen wordt gerespecteerd. Steeds wanneer er een grote hoeveelheid gevangenen van een andere nationaliteit arriveert, ontstaat er een territoriumstrijd. Gita heeft hem verteld over het vrouwenkamp. De Slowaakse meisjes, die er het langst zijn, hebben een hekel aan de Hongaarse meisjes, die weigeren te accepteren dat zij geen recht hebben op de kleine voordelen waar de Slowaken zo hard voor hebben gewerkt. Zij en haar vriendinnen vinden dat hun strijd om te overleven iets waard moet zijn. Zo hebben ze bijvoorbeeld vrijetijdskleding uit de Canada weten te bemachtigen. Ze hoeven niet langer de blauwwit gestreepte pyjama's te dragen. Bovendien zijn ze niet bereid om te delen. Wanneer er ruzie ontstaat, grijpt de ss niet in. Iedereen die erbij betrokken is, wordt met eenzelfde gebrek aan genade gestraft: hun toch al magere voedselrantsoenen worden hun ontzegd, ze worden geslagen – soms een enkele keer met een wapenstok of de kolf van een geweer, maar soms ook een aantal keer achter elkaar, terwijl anderen gedwongen worden om toe te kijken.

Gita en Dana blijven zo ver mogelijk bij de ruzies vandaan. Gita heeft haar handen al vol aan het omgaan met de jaloezie over haar baan in het administratiegebouw, haar vriendschap met de ogenschijnlijk beschermde Cilka, en natuurlijk de bezoeken van haar vriendje, de Tätowierer.

Lale trekt zich nauwelijks iets aan van de onderlinge strijd in het kamp. Naast de ss werkt hij alleen samen met Leon en een handjevol andere gevangenen, dus de beproevingen van de duizenden uitgehongerde mannen die samen moeten werken en vechten en leven en sterven, blijven hem grotendeels bespaard. Tussen de Roma voelt hij zich veilig en op zijn plek. Hij beseft dat hij het relatief makkelijk heeft, vergeleken bij de meerderheid van de gevangenen. Hij werkt wanneer dat hem wordt opgedragen, hij brengt zo veel mogelijk gestolen tijd door met Gita, hij speelt met de Romakinderen en praat met hun ouders – vooral de jongere mannen, maar ook de oudere vrouwen. Hij vindt het mooi dat ze zich om iedereen bekommeren, niet alleen om hun biologische familie. Hij heeft minder goed contact met de oudere mannen, die vooral in groepjes bij elkaar zitten en zich nauwelijks met de anderen bemoeien. Wanneer hij naar hen kijkt, moet hij vaak aan zijn eigen vader denken.

Midden in de nacht wordt Lale een keer gewekt door schreeuwende ss'ers, blaffende honden, jammerende vrouwen en kinderen. Hij doet zijn deur open en ziet dat alle bewoners van zijn blok onder dwang het gebouw uit worden gedreven. Geschokt kijkt hij toe tot de laatste vrouw, met een peuter in haar armen, ruw de nacht in wordt geduwd. Hij volgt hen naar buiten en ziet tot zijn verbijstering dat ook de andere zigeunerblokken worden ontruimd. Duizenden mensen worden naar gereedstaande vrachtwagens gevoerd. Het terrein is verlicht, en tientallen ss'ers met honden drijven de gevangenen op, hun toebijtend dat ze in de vrachtwagens moeten klimmen. Wie niet direct gehoorzaamt, wordt doodgeschoten.

Lale houdt een passerende officier staande die hij herkent. 'Waar brengen jullie hen naartoe?' vraagt hij.

'Wil je met ze mee, Tätowierer?' vraagt de man, en dan loopt hij verder.

Lale trekt zich terug in de schaduwen en speurt de menigte af. Wanneer hij Nadya ziet, rent hij naar haar toe. 'Nadya,' zegt hij smekend. 'Ga niet weg.'

Ze tovert een dappere glimlach tevoorschijn. 'Ik heb geen keus, Lale. Waar mijn mensen gaan, daar ga ik. Vaarwel, mijn vriend, het was...' Een officier duwt haar verder voordat ze haar zin kan afmaken.

Lale blijft als aan de grond genageld staan en kijkt toe tot de laatste gevangene in de vrachtwagens is geladen. De vrachtwagens rijden weg, en langzaam loopt hij het griezelig stille blok in. Hij gaat weer terug naar bed. Slapen gaat vannacht niet lukken.

Na een rusteloze nacht voegt Lale zich de volgende ochtend bij Leon, en samen gaan ze als een bezetene aan de slag met het nummeren van de grote aantallen nieuwe gevangenen die in het kamp zijn gearriveerd.

Herr Doktor Mengele loopt speurend langs de stille rij en nadert langzaam de werkplek van de tatoeëerders. Leons handen trillen terwijl hij dichterbij komt. Lale probeert zijn vriend een geruststellende blik te schenken, maar de hufter die Leon heeft verminkt, bevindt zich op nog geen twee meter afstand. Mengele blijft staan en slaat hen een poosje gade terwijl ze aan het werk zijn. Zo nu en dan bestudeert hij een tatoeage van dichtbij, waardoor Lale en Leon alleen maar nerveuzer worden. De dodelijke grijns verdwijnt geen seconde van zijn gezicht. Hij zoekt oogcontact met Lale, maar die kijkt niet op van zijn werk.

'Tätowierer, Tätowierer,' zegt de dokter, zich over het tafeltje buigend. 'Misschien neem ik je vandaag wel mee.' Hij houdt zijn hoofd scheef en neemt Lale nieuwsgierig op, alsof hij geniet van Lales ongemak. Dan heeft hij genoeg van het spelletje en slentert weg.

Er landt iets lichts op Lales hoofd en hij kijkt op. De schoorstenen van het dichtstbijzijnde crematorium braken as uit. Hij begint te trillen en laat het blokje met de naald vallen.

Leon ziet hem wankelen en ondersteunt hem bezorgd.

'Lale, wat is er? Wat is er aan de hand?'

Lales schreeuw wordt verstikt door een snik. 'Stelletje klootzakken, stelletje ongelooflijke klóótzakken!'

Leon grijpt Lales arm vast en probeert hem ertoe te bewegen zich te beheersen, maar Mengele kijkt al hun kant op en komt naar hen toe gelopen.

Lale heeft een rood waas voor zijn ogen. Hij gaat zowat door het lint. Nadya! Wanneer Mengele bij zijn tafeltje blijft staan, probeert hij wanhopig zijn zelfbeheersing te hervinden. Het voelt alsof hij moet overgeven.

Mengele ademt in zijn gezicht. 'Gaat alles goed hier?'

'Ja, Herr Doktor, het gaat prima,' antwoordt Leon snel. Hij bukt en raapt Lales blokje op. 'Alleen een gebroken blokje. We repareren het, en dan gaan we meteen weer aan het werk.'

'Je ziet er niet zo best uit, Tätowierer,' zegt Mengele. 'Zal ik je onderzoeken?'

'Niets aan de hand,' zegt Lale kuchend. Hij houdt zijn hoofd omlaag, wendt zich af en maakt aanstalten om zijn werk te hervatten.

'Tätowierer!' blaft Mengele.

Langzaam keert hij zich naar de dokter toe, met zijn kaken op elkaar geklemd en zijn hoofd nog steeds omlaag. Mengele heeft zijn pistool uit de holster gehaald en laat het naast zijn lichaam bungelen. 'Ik had je kunnen neerschieten omdat je je van me afwendde.' Hij richt het wapen op Lales voorhoofd. 'Kijk me aan. Ik kan je ter plekke doodschieten. Wat heb je daarop te zeggen?'

Lale kijkt op, maar hij richt zijn blik op het voorhoofd van de arts. Hij weigert hem in de ogen te kijken. 'Het spijt me, Herr Doktor,' mompelt hij. 'Het zal niet meer gebeuren.'

'Ga weer aan het werk. Je houdt de boel op,' schreeuwt Mengele, en hij loopt weg.

Lale kijkt naar Leon en wijst naar de as die om hen heen dwarrelt. 'Gisteravond hebben ze het zigeunerkamp ontruimd.'

Leon geeft Lale het blokje met de naald en gaat dan zwijgend verder met zijn werk. Lale kijkt omhoog, op zoek naar de zon, maar die gaat schuil achter as en rook.

Die avond keert hij terug naar zijn blok, dat nu bewoond wordt door mensen die hij en Leon eerder hebben gemarkeerd. Hij sluit zichzelf op in zijn kamer. Hij wil geen vrienden maken. Niet vanavond. Nooit meer. Hij wil alleen maar stilte om zich heen.

23

Wekenlang zijn Lale en Gita voornamelijk stil wanneer ze bij elkaar zijn, terwijl Gita tevergeefs probeert om Lale te troosten. Hij heeft haar verteld wat er is gebeurd, en hoewel ze zijn verdriet begrijpt, deelt ze het niet in dezelfde mate. Het is niet haar schuld dat ze Lales 'andere familie' nooit heeft leren kennen. Ze heeft altijd genoten van zijn verhalen over de kinderen en hun pogingen om zonder echt speelgoed te spelen. Hun ballen gemaakt van sneeuw of puin, hun wedstrijdjes om te zien wie het hoogst kon springen, de eindeloze vormen van tikkertje die ze verzonnen.

Ze probeert Lale aan het praten te krijgen over zijn biologische familie, maar hij is koppig en weigert nog iets te zeggen tot ze hem iets over haar eigen leven vertelt. Ze weet niet hoe ze door zijn verdriet heen moet breken. Meer dan tweeënhalf jaar lang hebben ze allebei het ergste weerstaan wat een mens kan worden aangedaan. Dit is echter de eerste keer dat ze Lale op zo'n dieptepunt heeft meegemaakt.

'En de duizenden slachtoffers onder ons volk dan?' roept ze op een dag tegen hem. 'En de wandaden van Mengele? Weet je hoeveel mensen er naar deze twee kampen zijn gebracht? Weet je dat wel?' Lale geeft geen antwoord. 'Ik zie de kaarten met de namen en de leeftijden – baby's, grootouders – ik zie hun namen en hun nummers. Zo ver kan ik niet eens tellen.'

Gita hoeft Lale niet te herinneren aan het aantal mensen dat naar de kampen is gedeporteerd. Hij heeft hun huid zelf gemarkeerd. Hij kijkt naar haar; ze bestudeert de grond. Hij beseft dat de mensen die voor hem slechts nummers waren, voor haar namen zijn. Door haar werk weet ze meer over deze mensen dan hij – hoe ze heten, hoe oud ze zijn – en hij beseft dat deze kennis haar voor altijd zal achtervolgen.

'Het spijt me, je hebt gelijk,' zegt hij. 'Elke dode is er één te veel. Ik zal proberen om niet zo somber te doen.'

'Ik wil dat je jezelf bent bij mij, maar het duurt al te lang, Lale, en één dag is een lange tijd voor ons.'

'Je bent niet alleen mooi, maar ook slim. Ik zal ze nooit vergeten, weet je dat?'

'Daarom hou ik ook van je. Ze waren je familie, dat weet ik. Misschien is het raar dat ik dit zeg, maar je zult hen eren door in leven te blijven, door deze plek te overleven en de wereld te vertellen wat er hier is gebeurd.'

Lale buigt zich naar haar toe om haar te kussen, zijn hart zwaar van liefde en verdriet.

Plotseling vindt er een enorme explosie plaats die de grond onder hen doet beven. Geschrokken springen ze overeind en rennen naar de voorkant van het administratiegebouw. Een tweede explosie trekt hun blik naar het dichtstbijzijnde crematorium, dat in dikke rook is gehuld en waar volstrekte chaos is uitgebroken. De arbeiders van het Sonderkommando rennen het gebouw uit, grotendeels richting het hek. Een spervuur aan kogels barst los vanaf het dak van het crematorium. Lale kijkt omhoog en ziet het Sonderkommando wild om zich heen schieten. De ss schiet terug met zware machinegeweren. Binnen enkele minuten hebben ze een eind aan het vuurgevecht gemaakt.

'Wat gebeurt er?' vraagt Gita in paniek.

'Dat weet ik niet. We moeten naar binnen.'

Kogels slaan om hen heen in de grond wanneer de ss op iedereen begint te schieten die zich op het terrein bevindt. Lale duwt Gita tegen de muur van het gebouw. Er klinkt een derde explosie.

'Dat is Crematorium Vier, iemand blaast het op. We moeten hier weg!'

Gevangenen rennen het administratiegebouw uit en worden direct neergeschoten.

'Je moet terug naar je blok. Dat is de enige plek waar je veilig bent.'

Er klinkt een aankondiging door de luidsprekers: 'Alle gevangenen dienen terug te keren naar hun blokken. Wie nu gaat, wordt niet neergeschoten.'

'Gita, ga nu. Vlug!'

'Ik ben bang,' roept ze. 'Ik wil met jou mee.'

'Vanavond ben je veiliger in je eigen blok. Ze gaan geheid een inspectie houden. Liefste, ze mogen je niet buiten je blok pakken.'

Ze aarzelt.

'Ga! Blijf vanavond in je blok, en ga morgen zoals altijd naar je werk. Geef ze geen reden om naar je op zoek te gaan. Je moet morgen weer wakker worden.'

Ze haalt diep adem, draait zich om en rent weg.

'Ik zoek je morgen op!' roept hij haar achterna. 'Ik hou van je.'

Die avond breekt Lale met zijn eigen gewoonte en voegt zich bij de mannen in zijn blok, grotendeels Hongaren, om te kijken wat hij te weten kan komen over de gebeurtenissen van die middag. Het blijkt dat een groepje vrouwen dat in een munitiefabriek vlak bij het kamp werkt, kleine hoeveelheden buskruit naar Birkenau had gesmokkeld, verstopt onder hun vingernagels. Ze hadden het aan leden van het Sonderkommando geleverd, die het hadden gebruikt om geïmproviseerde granaten te maken van sardineblikjes. Verder hadden ze wapens gestolen, waaronder kleine vuurwapens, messen en bijlen.

De mannen in Lales blok vertellen hem ook de geruchten over een algemene opstand. Ze hadden mee willen doen, maar ze hadden niet verwacht dat het vandaag al plaats zou vinden. Ze hebben gehoord dat de Russen oprukken, en dat de opstand samen met hun komst gepland was. De bedoeling was dat de gevangenen de Russen zouden helpen om het kamp te bevrijden. Lale verwijt zichzelf dat hij niet eerder vriendschap heeft gesloten met de andere bewoners van zijn blok. Dat hij hier niets van wist, heeft Gita bijna het leven gekost. Hij vraagt de mannen uitgebreid wat ze over de Russen weten, wanneer die verwacht worden. De antwoorden zijn vaag, maar het is genoeg voor een licht optimisme.

Het is maanden geleden dat het Amerikaanse vliegtuig over het kamp is gevlogen. Sindsdien blijven de transporten komen. Lale heeft de niet-aflatende toewijding gezien waarmee de nazimachine Joden en andere groepen systematisch blijft uitroeien. De nieuwkomers weten echter beter dan zij wat er in de buitenwereld gebeurt. Misschien komt de bevrijding eraan. Lale is vastbesloten om Gita te vertellen wat hij heeft ontdekt, en haar te vragen om haar ogen en oren goed open te houden wanneer ze op het kantoor aan het werk is.

Eindelijk voelt hij een sprankje hoop.

24

De herfst is bitterkoud. Velen overleven het niet. Lale en Gita klampen zich vast aan hun sprankje hoop. Gita vertelt haar blokgenoten over het gerucht dat de Russen eraan komen, en moedigt hen aan om te geloven dat ze Auschwitz kunnen overleven. Aan het begin van 1945 daalt de temperatuur tot een nieuw dieptepunt. Gita kan niet voorkomen dat de vrouwelijke gevangenen de moed verliezen. Warme jassen uit de Canada beschermen hen niet tegen de kou en de angst dat ze nog een jaar gevangen zullen zitten in de vergeten wereld van Auschwitz-Birkenau. Het transport vertraagt. Dit heeft akelige gevolgen voor de gevangenen die voor de ss werken, in het bijzonder het Sonderkommando. Nu er minder werk voor hen is, lopen ze meer gevaar om geëxecuteerd te worden. Wat Lales handeltje betreft, hij heeft een kleine voorraad opgebouwd, maar de toevoer van nieuwe ruilmiddelen is vrijwel gestokt. De plaatselijke arbeiders, waaronder Victor en Yuri, werken niet langer in het kamp. De bouwwerkzaamheden zijn stil komen te liggen. Lale heeft veelbelovend nieuws gehoord: twee van de crematoria die bij de explosies vernield zijn, zullen niet gerepareerd worden. Voor het eerst sinds hij zich kan herinneren, verlaten meer mensen Birkenau dan er binnenkomen. Gita en haar collega's hebben het druk met de administratie rond de gevangenen die worden weggestuurd, vermoedelijk naar andere concentratiekampen.

Op een ijskoude, besneeuwde dag eind januari krijgt Lale te horen dat Leon is 'vertrokken'. Tijdens een van hun gezamenlijke tochtjes door het kamp vraagt hij Baretski of hij weet waar Leon naartoe is. Baretski geeft geen antwoord op de vraag; hij waarschuwt Lale alleen dat ook hij een dezer dagen op transport gezet kan worden. Lale kan nog steeds vrij onopgemerkt zijn gang gaan, en hij is een van de weinigen die zich niet elke ochtend en elke avond voor de telling moet melden. Hij hoopt dat hij hierdoor in het kamp zal kunnen blijven, maar heeft er niet evenveel vertrouwen in dat dit ook voor Gita geldt.

Baretski lacht zijn geniepige lach. Zijn hatelijke reactie op het nieuws van Leons waarschijnlijke dood boort bij Lale een nieuw niveau van pijn aan, waarvan hij niet wist dat hij die nog had.

'Jij ziet je wereld gereflecteerd in een spiegel,' zegt hij tegen Baretski. 'Maar ik heb een andere spiegel.'

Baretski blijft staan. Hij kijkt Lale aan, en Lale beantwoordt zijn blik zonder met zijn ogen te knipperen. 'In míjn spiegel zie ik een wereld die de jouwe zal vernietigen,' zegt hij.

Baretski glimlacht. 'En denk je dat je lang genoeg zult leven om dat te zien gebeuren?'

'Ja, dat denk ik.'

Baretski legt zijn hand op de holster met zijn pistool. 'Ik kan jouw spiegel nu meteen aan scherven schieten.'

'Dat doe je niet.'

'Je loopt al te lang in de kou, Tätowierer. Ga ergens opwarmen en kom bij zinnen.' Baretski loopt weg.

Lale kijkt hem na. Als ze op een donkere avond van man tot man de confrontatie zouden aangaan, dan weet hij dat hij degene zou zijn die weg zou lopen. Hij zou er geen enkel probleem mee hebben om deze man van het leven te beroven. Hij zou het laatste woord hebben.

Op een ochtend eind januari rent Gita struikelend door de sneeuw naar Lales blok, waar ze van hem eigenlijk niet mag komen.

'Er gebeurt iets!' roept ze.

'Hoe bedoel je?'

'De ss'ers gedragen zich vreemd. Het lijkt wel of ze in paniek zijn.'

'Waar is Dana?' vraagt Lale bezorgd.

'Dat weet ik niet.'

'Zorg dat je haar vindt. Ga naar jullie blok en blijf daar tot ik er ben.'

'Ik wil bij jou blijven.'

Lale duwt haar van zich af en houdt haar op armlengte.

'Schiet op, Gita, zoek Dana en ga naar jullie blok. Ik kom zo snel mogelijk naar jullie toe. Eerst moet ik erachter zien te komen wat er aan de hand is. Er zijn nu al wekenlang geen nieuwe transporten gekomen. Dit zou het begin van het einde kunnen zijn.'

Met tegenzin draait ze zich om en loopt weg.

Hij haast zich naar het administratiegebouw en gaat voorzichtig het kantoor binnen dat in de loop der jaren zo vertrouwd voor hem is geworden. Er heerst complete chaos. De ss-officieren schreeuwen tegen angstige arbeidsters, die ineengedoken achter hun bureaus zitten terwijl de ss'ers boeken, kaarten en documenten uit hun handen rukken. Een vrouwelijke ss'er haast zich langs Lale, haar armen vol met papieren en mappen. Hij botst tegen haar aan, en ze laat alles uit haar handen vallen.

'Sorry. Ik help wel om het op te rapen.'

Ze bukken zich tegelijk om de papieren bij elkaar te zoeken.

'Gaat het wel?' vraagt hij zo vriendelijk mogelijk.

'Ik denk dat je zonder werk komt te zitten, Tätowierer.'

'Hoezo? Wat is er gaande?'

De officier buigt zich naar Lale toe en fluistert: 'Vanaf morgen ontruimen we het kamp.'

Lales hart maakte een sprongetje. 'Wat kun je me vertellen? Alsjeblieft.'

'De Russen, ze zijn er bijna.'

Lale verlaat haastig het gebouw en rent naar het vrouwenkamp. De deur van blok 29 zit dicht. Er staat niemand buiten op wacht. Wanneer hij naar binnen gaat, treft hij de vrouwen aan de achterkant van het blok, waar ze angstig bij elkaar schuilen. Zelfs Cilka is er. Ze verdringen zich om hem heen en vuren allerlei vragen op hem af.

'Ik kan jullie alleen vertellen dat de ss bezig lijkt te zijn alle documentatie te vernietigen,' zegt hij. 'Iemand vertelde me dat de Russen er bijna zijn.' Hij verzwijgt dat het kamp de volgende dag zal worden ontruimd; hij wil de onrust niet verder vergroten door toe te geven dat hij niet weet waar ze naartoe zullen worden gebracht.

'Wat denk je dat de ss met ons gaat doen?' vraagt Dana met grote ogen.

'Ik weet het niet. Laten we hopen dat ze ervandoor gaan en de Russen het kamp laten bevrijden. Ik zal proberen meer te weten te komen. Zodra ik meer informatie heb, kom ik terug en vertel ik jullie wat ik heb ontdekt. Blijf in het blok. Daarbuiten wemelt het ongetwijfeld van de schietgrage bewakers.'

Hij pakt Dana's handen vast. 'Dana, ik weet niet wat er gaat gebeuren, maar nu ik de kans heb, wil ik je vertellen hoe dankbaar ik ben dat je zo'n goede vriendin voor Gita bent geweest. Ik weet dat je haar er vaak doorheen hebt gesleept wanneer zij het niet meer zag zitten.'

Ze omhelzen elkaar. Lale kust haar op het voorhoofd en wendt zich dan tot Cilka en Ivana, die hij allebei een stevige knuffel geeft.

Tegen Cilka zegt hij: 'Je bent de dapperste persoon die ik ooit heb ontmoet. Je mag je niet schuldig voelen om wat er hier is gebeurd. Je bent onschuldig, vergeet dat nooit.'

'Ik deed wat ik moest doen om te overleven,' zegt ze tussen het snikken door. 'Als ik het niet had gedaan, dan zou iemand anders hebben geleden onder de wreedheden van dat zwijn.'

'Ik heb mijn leven aan jou te danken, Cilka, en dat zal ik nooit vergeten.'

Hij draait zich naar Gita toe.

'Zeg niets,' zegt ze. 'Wáág het niet om iets te zeggen.'

'Gita...'

'Nee. Het enige wat je tegen me mag zeggen, is "tot morgen". Verder wil ik niets van je horen.'

Hij kijkt naar de jonge vrouwen en beseft dat er niets meer te zeggen valt. Ze zijn als meisjes naar dit kamp gebracht, en nu, als jonge vrouwen – allemaal nog onder de eenentwintig – zijn ze gebroken, beschadigd. Hij weet dat ze niet uit zullen groeien tot de vrouwen die ze hadden moeten worden. Het toekomstbeeld dat ze ooit van zichzelf hadden, als dochters, zussen, echtgenotes en moeders, als werkneemsters, reizigers en geliefden, is voor altijd aangetast door de beproeving die ze hebben doorstaan, de gruwelen waarvan ze getuige zijn geweest.

Zonder nog iets te zeggen verlaat hij het blok en gaat op

zoek naar Baretski en informatie over de dingen die de volgende dag staan te gebeuren. De officier is echter nergens te vinden. Lale draaft terug naar zijn blok, waar hij de Hongaarse mannen bezorgd en nerveus aantreft. Hij vertelt ze wat hij weet, maar het biedt hun weinig geruststelling.

Die nacht dringen ss-officieren alle blokken in het vrouwenkamp binnen en kalken een schuine rode streep op de achterkant van de jassen van de meisjes. Opnieuw worden de vrouwen gemarkeerd voor een bepaalde bestemming, wat die bestemming ook mag zijn. Gita, Dana, Cilka en Ivana ontlenen troost aan het feit dat ze allemaal een identiek merkteken krijgen. Wat er morgen ook gaat gebeuren, hun wacht hetzelfde lot – ze zullen samen blijven leven of samen sterven.

Ergens die nacht valt Lale eindelijk in slaap. Hij wordt gewekt door een hoop tumult. Het duurt even voor de geluiden zijn wazige brein binnendringen. Herinneringen aan de avond waarop de Roma werden weggevoerd, overspoelen hem. Wat is dit voor nieuwe gruwel? Het geluid van geweerschoten zorgt ervoor dat hij in één klap klaarwakker is. Hij trekt zijn schoenen aan, slaat een deken om zijn schouders en gaat voorzichtig naar buiten. Duizenden vrouwelijke gevangenen worden in rijen opgesteld. Er heerst duidelijk verwarring, alsof noch de bewakers noch de gevangenen weten wat er van hen wordt verwacht. De ss let niet op Lale wanneer hij vlug langs de vrouwen loopt, die angstig en rillend bijeen schuilen. Het blijft maar sneeuwen. Rennen is onmogelijk. Lale ziet dat een hond naar de benen van een van de vrouwen hapt en haar ten val brengt. Een vriendin steekt haar hand uit om haar overeind te helpen, maar de ss-officier die de hond aan de lijn heeft, trekt zijn pistool en schiet de gevallen vrouw dood.

Haastig loopt Lale verder, wanhopig de rijen afspeurend. Uiteindelijk ontdekt hij haar. Gita en haar vriendinnen, die elkaar angstig omklemmen, worden naar de hoofdingang geduwd, maar hij ziet Cilka niet in de zee van gezichten. Hij richt zijn aandacht weer op Gita. Ze heeft haar hoofd gebogen, maar aan de beweging van haar schouders ziet hij dat ze snikt. Eindelijk huilt ze, maar hij kan haar niet troosten. Het is Dana die hem opmerkt. Ze trekt Gita opzij en wijst waar Lale staat. Eindelijk kijkt Gita op en ziet ze hem. Ze kijken elkaar in de ogen, de hare vochtig en smekend, de zijne vol verdriet. Hij is zo geconcentreerd op Gita dat hij de officier niet ziet die hem in het vizier heeft gekregen. De kolf van het geweer raakt hem hard tegen zijn hoofd, en hij zakt door zijn knieën. Gita en Dana gillen allebei en proberen zich tussen de vrouwen door te wringen. Het is zinloos. Ze gaan verloren in de vloedgolf van schuifelende lichamen. Lale komt moeizaam overeind, terwijl het bloed uit een grote snee boven zijn rechteroog gutst. Wanhopig stort hij zich in de bewegende menigte en speurt de gezichten van de angstige vrouwen af. Wanneer hij vlak bij het hek is, ziet hij haar weer – nog geen meter verderop. Een bewaker gaat pal voor hem staan en duwt de loop van zijn geweer tegen zijn borst.

'Gita!' schreeuwt hij.

De wereld draait om hem heen. Het lukt hem om omhoog te kijken naar de hemel, die alleen maar donkerder lijkt te worden nu de ochtend aanbreekt. Boven het lawaai van de schreeuwende bewakers en de blaffende honden uit hoort hij haar stem.

'Furman! Ik heet Gita Furman!'

Hij valt op zijn knieën voor de onverzettelijke bewaker en roept: 'Ik hou van je!'

Er komt geen reactie. Hij blijft op zijn knieën zitten. De bewaker loopt weg. De kreten van de vrouwen zijn verstomd. De honden houden op met blaffen.

De hekken van Birkenau zijn gesloten.

Lale zit geknield in de sneeuw, die maar blijft vallen. Zijn gezicht zit onder het bloed uit de wond op zijn voorhoofd. Hij is ingesloten, alleen. Hij heeft gefaald. Er komt een officier naar hem toe.

'Je vriest nog dood. Vooruit, ga terug naar je blok.'

De man steekt zijn hand uit en helpt Lale overeind. Een vriendelijk gebaar van de vijand, op het allerlaatste moment.

De volgende ochtend wordt Lale gewekt door kanonvuur en explosies. Samen met de Hongaren rent hij naar buiten, waar ze een paniekerige ss treffen. Een chaotische meute van gevangenen en bewakers slaat op de vlucht, ieder voor zich, zonder op elkaar te letten.

Het hek staat wijd open.

Honderden gevangenen lopen erdoorheen zonder te worden tegengehouden. Verdwaasd, verzwakt door ondervoeding strompelen sommigen doelloos rond en kiezen er dan voor om terug te keren naar hun blok om aan de kou te ontsnappen. Lale loopt door het hek dat hij honderden keren heeft gepasseerd op weg naar Auschwitz. Er staat een trein gereed, klaar voor vertrek, met schoorstenen die rook braken. Bewakers met honden drijven de mannen bijeen en jagen hen de wagons in. Lale wordt meegesleurd door de meute en kan niet anders dan in de trein klimmen. De deuren van zijn wagon worden dichtgeslagen. Hij wringt zich naar de zijkant en tuurt door de spleten naar buiten. Honderden achtergebleven gevangenen dolen doelloos rond. Wanneer de trein wegrijdt, ziet hij dat de ss het vuur op hen opent.

Hij staart door de kieren van de wagon naar Birkenau, dat langzaam door de zware genadeloze sneeuwval wordt opgeslokt.

25

Gita en haar vriendinnen sjokken samen met duizenden andere vrouwen uit Birkenau en Auschwitz door de enkeldiepe sneeuw over een smal pad. Zo voorzichtig mogelijk zoeken Gita en Dana de rijen af, zich maar al te bewust dat iedere achterblijver genadeloos wordt neergeschoten. Tientallen keren vragen ze: 'Heb je Cilka gezien? Heb je Ivana gezien?' Het antwoord luidt steeds hetzelfde. De vrouwen proberen elkaar te ondersteunen door hun armen in elkaar te haken. Zo nu en dan, op schijnbaar willekeurige momenten, krijgen ze opdracht om te blijven staan en te rusten. Ondanks de kou gaan ze zitten in de sneeuw, om hun voeten in elk geval een poosje te ontlasten. Wanneer ze het bevel krijgen om verder te lopen, blijven veel vrouwen achter; ze zijn dood of stervende, niet in staat nog een stap te zetten.

De dag gaat over in de nacht, en nog steeds lopen ze verder. Hun aantal neemt in rap tempo af, waardoor het nog moeilijker wordt om te ontsnappen aan de scherpe blik van de ss. Halverwege de nacht valt Dana op haar knieën. Ze kan niet verder. Gita blijft bij haar staan, en even worden ze niet opgemerkt, omdat ze worden afgeschermd door andere vrouwen. Dana drukt Gita op het hart dat ze door moet lopen, dat ze haar achter moet laten. Gita protesteert. Liever sterft ze samen met haar vriendin, hier, in een veld ergens in Polen. Vier jonge meisjes bieden aan om Dana te helpen dragen. Dana weigert. Ze zegt tegen de meisjes dat ze Gita moeten meenemen en door moeten lopen. Wanneer er een ss-officier op hen afkomt, trekken de meisjes Gita overeind en slepen haar met zich mee. Gita kijkt achterom naar de officier, die naast Dana is blijven staan, maar hij loopt verder zonder zijn pistool te trekken. Er klinkt geen schot. Kennelijk denkt hij dat ze al dood is. De meisjes blijven Gita voortslepen. Ze laten haar niet gaan wanneer ze probeert om zich los te trekken en terug te rennen naar Dana.

Door het donker strompelen de vrouwen voort. Het geluid van willekeurige schoten dringt nauwelijks nog tot hen door. Ze draaien zich niet langer om om te zien wie er gesneuveld is.

Wanneer de dag is aangebroken, worden ze in een veld naast een treinspoor tot stilstand gebracht. Er staan een locomotief en een aantal veewagons klaar. Ik ben hier in zo'n wagon gekomen, denkt Gita, en nu voeren ze me er weer in af. Ze heeft ontdekt dat de vier meisjes met wie ze nu reist Pools zijn, en niet Joods. Poolse meisjes die van hun families zijn weggehaald om redenen die ze niet kennen. Ze komen uit vier verschillende plaatsen en hebben elkaar pas in Birkenau leren kennen.

Aan de overkant van het veld staat een huis. Daarachter strekt zich een dichtbegroeid bos uit. De ss'ers blaffen bevelen terwijl de locomotief wordt opgestookt met kolen. De Poolse meisjes wenden zich tot Gita. 'We gaan naar dat huis rennen,' zegt een van hen. 'Als we worden neergeschoten, dan sterven we hier, maar we gaan niet verder. Ga je met ons mee?'

Gita staat op.

Als de meisjes het op een lopen hebben gezet, kijken ze niet om. De bewakers hebben het te druk met het inladen van duizenden uitgeputte vrouwen om op hen te letten. De deur van het huis wordt geopend voordat ze er zijn. Eenmaal binnen zakken ze in elkaar voor een knetterend haardvuur, terwijl de adrenaline en de opluchting door hun aderen stromen. Er worden bekers met een warme drank in hun handen gedrukt, en stukken vers brood. De Poolse meisjes praten aan één stuk door tegen de eigenaren van het huis, die vol ongeloof hun hoofd schudden. Gita zegt niets; ze wil niet dat haar accent verraadt dat ze niet Pools is. Het is beter als hun redders denken dat ze een van hen is – de stille van het groepje. De man zegt dat ze niet bij hen kunnen blijven, omdat de Duitsers het terrein geregeld doorzoeken. Hij vraagt ze om hun jassen uit te trekken, en neemt die mee naar buiten, naar de achterkant van het huis. Wanneer hij terugkomt, zijn de rode strepen weg en ruiken de jassen naar benzine.

Buiten horen ze een spervuur van kogels, en turend door de gordijnen zien ze dat alle vrouwen die nog leven, in de trein worden geladen. De sneeuw naast het spoor is bezaaid met lijken. De man geeft de meisjes het adres van een familielid in een nabijgelegen dorp, plus een voorraadje brood en een deken. Ze bedanken hem en zijn vrouw en lopen het bos in, waar ze de nacht doorbrengen op de bevroren grond, dicht tegen elkaar aan gekropen in een vergeefse poging om warm te blijven. De kale bomen bieden weinig bescherming, zowel tegen ontdekking als tegen de elementen.

Vroeg in de avond komen ze in het volgende dorp aan. De zon is ondergegaan en de flauwe straatlantaarns bieden weinig licht. Ze zien zich genoodzaakt een voorbijganger te vragen naar het adres dat ze zoeken. De vriendelijke vrouw brengt hen naar de straat en het huis waar ze moeten zijn, en blijft bij hen wanneer ze op de deur kloppen.

'Zorg goed voor ze,' zegt ze wanneer de deur opengaat, en dan loopt ze weg.

Een vrouw stapt opzij, zodat de meisjes naar binnen kunnen. Zodra de deur dicht zit, leggen ze uit wie hen heeft gestuurd.

'Weten jullie wie die vrouw was die jullie dit huis heeft gewezen?' vraagt de vrouw stamelend.

'Nee,' antwoordt een van de meisjes.

'Ze zit bij de ss. Ze is een hooggeplaatste ss-officier.'

'Denk je dat ze weet wie we zijn?'

'Ze is niet dom. Ze schijnt een van de wreedste mensen in de concentratiekampen te zijn.'

Er komt een oudere vrouw uit de keuken.

'Moeder, we hebben gasten. Deze arme zielen hebben in een van de kampen gezeten. Laten we ze iets warms te eten geven.'

De oudere vrouw ontfermt zich over de meisjes en neemt ze mee naar de keuken, waar ze hen aan tafel laat zitten. Gita kan zich niet herinneren wanneer ze voor het laatst op een stoel aan een keukentafel heeft gezeten. Aan het fornuis schept de oudere vrouw hete soep voor hen op, en daarna onderwerpt ze hen aan een spervuur van vragen. Zij en haar dochter besluiten dat het niet veilig voor hen is om daar te blijven. Ze zijn bang dat de ss-officier hun aanwezigheid zal rapporteren.

De oudere vrouw excuseert zich en verlaat het huis. Even later keert ze terug met een buurvrouw. Haar huis heeft zowel een zolder als een kelder. Ze is bereid om de vijf meisjes onderdak te bieden op haar zolder. Dankzij de opstijgende hitte van de open haard zal het daar warmer zijn dan de kelder. Ze krijgen te horen dat ze overdag niet in het huis kunnen blijven, aangezien elk huis op elk moment door de Duitsers kan worden doorzocht, ook al lijkt het erop dat ze zich terugtrekken.

Gita en haar vier Poolse vriendinnen slapen elke nacht op de zolder en verschuilen zich overdag in het nabijgelegen bos. Het nieuws doet al snel de ronde door het kleine dorp, en de plaatselijke priester vraagt zijn parochianen om elke dag eten naar het huis te brengen. Na een paar weken worden de overgebleven Duitsers verjaagd door de oprukkende Russische soldaten, die deels hun intrek nemen in het pand recht tegenover het huis waar Gita en haar vriendinnen slapen. Op een ochtend vertrekken de meisjes wat later dan gebruikelijk naar het bos, en worden ze staande gehouden door een Rus die de wacht houdt buiten het gebouw. Ze laten hem hun tatoeages zien en proberen uit te leggen waar ze zijn geweest en waarom ze nu hier zijn. De Rus toont medeleven en biedt aan om een bewaker buiten het huis neer te zetten. Dit betekent dat ze hun dagen niet meer in het bos hoeven door te brengen. Hun verblijfplaats is niet langer geheim, en de soldaten groeten hen in het voorbijgaan met een glimlach of een opgestoken hand.

Op een dag stelt een van de soldaten Gita een directe vraag, en wanneer ze antwoord geeft, heeft hij meteen door dat ze niet Pools is. Ze vertelt hem dat ze uit Slowakije komt. Die avond klopt hij op de deur en stelt een jongeman aan hen voor die een Russisch uniform draagt, maar uit Slowakije blijkt te komen. Gita en de soldaat praten tot diep in de nacht met elkaar.

De meisjes worden minder voorzichtig en blijven 's avonds steeds later bij het vuur zitten. Er sluipt een zekere gemakzucht in. Op een avond worden ze verrast wanneer de voordeur openvliegt en een dronken Rus naar binnen wankelt. De meisjes zien hun 'bewaker' bewusteloos voor de deur liggen. Zwaaiend met een pistool neemt de dronken Rus een van de meisjes apart en probeert haar de kleren van het lijf te scheuren. Tegelijk laat hij zijn broek zakken. Gita en de andere meisjes gillen. Al snel stormt een aantal Russische soldaten de kamer binnen. Wanneer ze hun kameraad boven op een van de meisjes zien liggen, trekt een van hen zijn pistool en schiet de man door het hoofd. Hij en zijn kameraden slepen de dronkenlap het huis uit en verontschuldigen zich uitgebreid.

De hevig geschrokken meisjes besluiten dat ze moeten vertrekken. Een van hen heeft een zus die voor de oorlog in Krakau woonde. Misschien is zij daar nog. Bij wijze van verontschuldiging voor de aanval van de vorige avond regelt een hoger geplaatste Russische soldaat een chauffeur met een kleine truck voor hen, die hen naar Krakau zal brengen.

De zus blijkt nog in haar kleine appartementje boven een groentewinkel te wonen. De flat zit bomvol mensen, dakloze vrienden die de stad zijn ontvlucht en nu terugkeren. Niemand heeft geld. Om in leven te blijven, bezoeken ze elke dag een markt en stelen daar etenswaren. Die leggen ze dan bij elkaar om er een avondmaal van te maken.

Op een dag vangt Gita op de markt de klanken van haar moedertaal op, uit de mond van een vrachtwagenchauffeur die producten uitlaadt. Hij vertelt haar dat er een paar vrachtwagens van Bratislava naar Krakau rijden met vers fruit en groenten. Ze vraagt hem of ze met een van die transporten mee terug mag rijden, en hij stemt daarmee in. Ze rent terug en vertelt haar medebewoners dat ze gaat vertrekken. Het valt haar bijzonder zwaar om afscheid te nemen van de vier vriendinnen met wie ze is ontsnapt. Ze gaan met haar mee naar de markt en zwaaien haar uit wanneer de vrachtwagen met haar en twee van haar landgenoten vertrekt om haar naar een onbestemd lot te brengen. Gita heeft lang geleden geaccepteerd dat haar ouders en haar twee jongere zussen dood zijn, maar ze bidt dat in elk geval een van haar broers het heeft overleefd. Misschien hebben ze hun leven weten te redden door zich als partizanen bij het Russische leger te voegen.

Net als in Krakau wonen in Bratislava een heleboel overlevenden van de kampen in gedeelde, overvolle appartementen. Ook Gita vindt op deze manier onderdak. Ze geeft haar naam en adres op bij het Rode Kruis; ze heeft begrepen dat alle teruggekeerde gevangenen dit doen, in de hoop dat ze hun vermiste familieleden en vrienden terug zullen vinden.

Op een middag kijkt ze uit het raam aan de achterkant van haar appartement en ziet twee jonge Russische soldaten over het tuinhek springen. Ze schrikt, maar als de twee dichterbij komen, herkent ze haar broers, Doddo en Latslo. Ze rent halsoverkop de trap af, gooit de achterdeur open en vliegt hen in de armen. Ze vertellen haar dat ze niet durven te blijven. Hoewel de Russen de stad van de Duitsers hebben bevrijd, staan de plaatselijke bewoners wantrouwig tegenover iedereen die een Russisch uniform draagt. Gita, die het korte geluk van hun hereniging niet wil bederven, vertelt haar broers niet wat er met de rest van de familie is gebeurd. Dat komen ze snel genoeg te weten, en het is niet iets om in een paar gestolen minuten te bespreken.

Voordat ze afscheid nemen, vertelt Gita dat zij ook een Russisch uniform heeft gedragen; het was de eerste kleding die ze na aankomst in Auschwitz had gekregen. Ze zegt dat het haar beter stond en ze moeten allemaal lachen.

26

De trein die Lale en de anderen wegvoert van het kamp, rijdt over het platteland. Hij leunt tegen de wand van de wagon en speelt met de twee zakjes aan de binnenkant van zijn broek, waarin de juwelen zitten die hij heeft durven meenemen. Het grootste deel heeft hij onder zijn matras laten liggen; degene die zijn kamer doorzoekt, mag ze houden.

Later die avond komt de trein tot stilstand en bevelen gewapende ss'ers iedereen om uit te stappen, precies zoals ze bijna drie jaar eerder in Birkenau hadden gedaan. Alweer een concentratiekamp. Een van de mannen in Lales wagon springt samen met hem op het perron.

'Ik ken dit kamp,' vertelt de man. 'Ik ben hier eerder geweest.'

'O ja?' vraagt Lale.

'Mauthausen, in Oostenrijk. Niet zo verschrikkelijk als Birkenau, maar wel bijna.'

'Ik ben Lale.'

'Joseph, aangenaam kennis te maken.'

Nadat alle mannen uit de wagons zijn gesprongen, draagt de ss hun op om een slaapplek te zoeken. Lale volgt Joseph naar een van de blokken. De mannen die hier verblijven, zijn uitgehongerd – met huid overtrokken skeletten – maar er zit nog genoeg leven in hen om hun territorium te verdedigen.

'Rot op, er is hier geen plek.'

De mannen zitten ieder op hun eigen bed, en ze zien eruit alsof ze bereid zijn ervoor te vechten. In de twee volgende blokken stuiten Joseph en Lale op precies dezelfde reactie. Uiteindelijk vinden ze een barak waar meer plek is en veroveren ze ieder een eigen plekje. Wanneer andere nieuwkomers het blok binnenkomen, op zoek naar een bed, roepen ze net als de anderen: 'Rot op, we zitten vol.'

De volgende ochtend ziet Lale dat alle gevangenen in de rij gaan staan. Hij beseft dat hij gefouilleerd gaat worden, en dat ze hem gaan vragen wie hij is en waar hij vandaan komt. Hij haalt de drie grootste diamanten uit de zakjes en stopt die in zijn mond. Terwijl de anderen zich verzamelen, haast hij zich naar de achterkant van het blok en verspreidt de overgebleven juwelen daar. De inspectie begint. Hij ziet dat de bewakers de monden van de andere mannen opentrekken, en dus rolt hij de diamanten onder zijn tong. Hij heeft zijn mond al geopend voordat de inspecterende officieren bij hem zijn. Na een vlugge blik lopen ze verder.

Wekenlang hangt Lale doelloos rond, samen met de andere gevangenen. Zo'n beetje het enige wat hij kan doen, is mensen gadeslaan, in het bijzonder de ss'ers die hen bewaken. Hij observeert hen om uit te vinden wie van hen hij kan benaderen en wie vermeden moet worden. Zo nu en dan knoopt hij een praatje met een van hen aan. De bewaker is onder de indruk van Lales uitstekende beheersing van het Duits. Hij heeft gehoord over Auschwitz en Birkenau, maar hij is er zelf niet geweest en wil er meer over weten. Lale schetst een beeld dat weinig met de werkelijkheid van doen heeft. Hij schiet er niets mee op om deze Duitser te vertellen hoe de gevangenen daar werkelijk behandeld werden. Hij vertelt hem wat hij er deed, en hoeveel prettiger hij het vond om te werken dan niets te doen. Een paar dagen later vraagt de bewaker hem of hij naar een ander kamp zou willen verhuizen, bij Saurere-Werke in Wenen. Het kan daar onmogelijk slechter zijn dan hier, en bovendien verzekert de bewaker hem dat de omstandigheden er beter zijn en dat de commandant te oud is om zich nog ergens druk om te maken. Hij neemt het aanbod aan. De bewaker waarschuwt dat dit kamp geen Joden toelaat, en dat hij dus over zijn religie moet zwijgen.

De volgende dag zegt de bewaker tegen Lale: 'Zoek je spullen bij elkaar. Je verhuist vandaag.'

Lale kijkt om zich heen. 'Klaar.'

De man lacht. 'Je vertrekt over ongeveer een uur, per vrachtwagen,' zegt hij. 'Ga bij het hek staan. Je naam staat op de lijst.'

'Mijn naam?'

'Ja. Je moet je arm met je nummer verborgen houden, goed?'

'Sta ik geregistreerd onder mijn naam?'

'Ja – vergeet dat niet. Veel succes.'

'Wacht, ik wil je iets geven.'

De bewaker kijkt verbaasd. Lale haalt een diamant uit zijn mond, veegt hem schoon aan zijn shirt en geeft hem aan de bewaker. 'Nu kun je nooit meer zeggen dat je niets van een Jood hebt gekregen.'

Wenen. Wie zou er niet naar Wenen willen? In Lales jonge jaren heeft hij ervan gedroomd die stad ooit te bezoeken. Het klinkt zo romantisch, zo stijlvol en vol mogelijkheden. Maar hij weet dat de stad bij dit bezoek niet aan zijn verwachtingen zal voldoen.

Wanneer ze in het nieuwe kamp arriveren, gedragen de bewakers zich onverschillig. Lale en de anderen vinden een blok om te slapen en krijgen te horen waar en wanneer ze hun maaltijden kunnen krijgen. Lale denkt voortdurend aan Gita en hoe hij haar kan bereiken. Hij trekt het niet veel langer om van kamp naar kamp te worden verplaatst.

Een aantal dagen observeert hij zijn omgeving. Hij ziet de kampcommandant rondstrompelen en vraagt zich af hoe het mogelijk is dat de man nog ademt. Hij kletst met welwillende bewakers en probeert de dynamiek onder de gevangenen te begrijpen. Zodra hij ontdekt dat hij waarschijnlijk de enige Slowaakse gevangene in dit kamp is, besluit hij om geen contact met de anderen te zoeken. Polen, Russen, en een paar Italianen zitten de hele dag met hun landgenoten te kletsen waardoor Lale grotendeels buitengesloten is.

Op een dag komen er twee jongemannen naar hem toe.

'Ze zeggen dat jij de Tätowierer was in Auschwitz.'

'Wie zijn "ze"?'

'Iemand zei dat hij je dacht te herkennen.'

Lale pakt de hand van de jongeman en schuift zijn mouw omhoog. Geen nummer. Hij wendt zich tot de tweede man.

'En jij, heb jij in Auschwitz gezeten?'

'Nee, maar is het waar wat ze zeggen?'

'Ja, ik was de Tätowierer. En wat dan nog?'

'Niets. Gewoon nieuwsgierig.'

De jongens lopen weg. Lale gaat verder met dagdromen. Hij ziet de naderende ss-officieren niet tot ze hem met een ruk overeind trekken en hem meeslepen naar een dichtbijstaand gebouw. Even later staat hij voor de oude commandant, die naar een van de officieren knikt. De officier schuift Lales mouw omhoog, zodat zijn nummer zichtbaar wordt.

'Heb je in Auschwitz gezeten?' vraagt de commandant.

'Ja, meneer.'

'Was je daar de Tätowierer?'

'Ja, meneer.'

'Dus je bent Joods?'

'Nee, meneer, ik ben katholiek.'

De commandant trekt zijn wenkbrauwen op. 'O? Ik wist niet dat er katholieken in Auschwitz zaten.'

'Er zaten mensen met allerlei verschillende geloofsovertuigingen, meneer, samen met criminelen en politieke gevangenen.'

'Ben je een crimineel?'

'Nee, meneer.'

'En je bent niet Joods?'

'Nee, meneer. Ik ben katholiek.'

'Je hebt twee keer ontkennend geantwoord. Ik vraag het je nog één keer. Ben je Joods?'

'Nee, dat ben ik niet. Hier – ik zal het u bewijzen.' Na die woorden maakt Lale het koordje los dat zijn broek omhoog houdt, en het kledingstuk valt op de vloer. Hij haakt zijn vingers onder de rand van zijn onderbroek en begint die omlaag te trekken.

'Stop. Ik hoef het niet te zien. Goed, je kunt gaan.'

Terwijl hij zijn uiterste best doet om zijn gejaagde ademhaling onder controle te houden, hijst Lale zijn broek weer omhoog en haast zich het kantoor uit. In een voorkantoor blijft hij staan en laat zich op een stoel zakken. De officier die een stukje verderop achter het bureau zit, kijkt naar hem.

'Gaat het wel?'

'Jawel, ik ben alleen een beetje duizelig. Kunt u me vertellen wat de datum is?'

'Het is 22, nee, wacht, 23 april. Hoezo?'

'Niets. Bedankt. Tot ziens.'

Buiten kijkt Lale naar de gevangenen die op het terrein zitten te niksen, en naar de bewakers, die doelloos rondslenteren. Drie jaar. Jullie hebben drie jaar van mijn leven afgepakt. Ik gun jullie geen enkele dag meer. Aan de achterkant van de blokken loopt hij langs het hek en rammelt eraan, op zoek naar een zwakke plek. Het duurt niet lang voor hij er een heeft gevonden. Het hek laat aan de onderkant los, en het lukt hem om het naar zich toe te trekken. Zonder zelfs maar te controleren of iemand hem in de gaten heeft, kruipt hij eronderdoor en loopt kalm weg.

Een bos achter het kamp biedt hem de mogelijkheid om zich te verschuilen voor patrouillerende Duitsers. Wanneer hij zich er dieper in begeeft, hoort hij het geluid van kanonnen en geweervuur. Hij weet niet of hij naar het geluid toe moet lopen, of de andere kant op moet rennen. Tijdens een kort staakt-het-vuren hoort hij een beek stromen. Om daar te komen, moet hij zich dichter bij de schietpartij begeven. Hij heeft een goed gevoel voor richting en daar vertrouwt hij ook nu op. Als het de Russen zijn – of zelfs de Amerikanen – die zich aan de andere kant van de beek bevinden, zal hij zich met alle plezier aan hen overgeven. Wanneer het daglicht overgaat in de schemering, ziet hij in de verte het flitsen van geweervuur en kanonnen. Hij wil nog steeds naar het water, waar hopelijk een brug is en een ontsnappingsroute.

Wanneer hij bij het water is, blijkt het een rivier te zijn en geen beek. Hij kijkt naar de overkant en luistert naar het schieten van de kanonnen. Het moeten de Russen zijn. Ik kom naar jullie toe. Hij laat zich in het water zakken en schrikt van de ijzige kou. Langzaam zwemt hij de rivier in, oppassend dat hij niet te veel beroering veroorzaakt in het water, voor het geval iemand hem opmerkt. Halverwege tilt hij zijn hoofd op en luistert. Het schieten klinkt nu dichterbij. 'Shit,' mompelt hij. Hij stopt met zwemmen en laat zich door de stroming meevoeren tot hij zich kaarsrecht onder het kruisvuur bevindt, roerloos als een boomstam of een lijk waar niemand op hoeft te letten. Wanneer hij denkt dat hij veilig voorbij de strijdende troepen is gedreven, zwemt hij zo snel mogelijk naar de oever aan de andere kant. Hij hijst zichzelf uit het water en zeult zijn doorweekte lichaam tussen de bomen, waar hij huiverend in elkaar zakt en het bewustzijn verliest.

27

Als hij bijkomt, voelt hij de zon op zijn gezicht. Zijn kleren zijn een beetje gedroogd, en hij hoort het geluid van de rivier die onder hem stroomt. Op zijn buik kruipt hij tussen de bomen door die hem 's nachts hebben verborgen, tot hij bij de verhoogde berm van een weg komt. Russische soldaten marcheren langs hem heen. Even kijkt hij toe, bang dat ze gaan schieten. De soldaten zijn echter ontspannen. Hij besluit vaart te zetten achter zijn plan om naar huis te komen.

Met zijn handen omhoog stapt hij de weg op, recht voor een groepje soldaten. Geschrokken richten ze hun geweren op hem.

'Ik ben Slowaaks,' zegt hij. 'Ik heb drie jaar in een concentratiekamp gezeten.'

De soldaten kijken elkaar aan.

'Lazer op,' zegt een van hen, en ze vervolgen hun mars. In het voorbijgaan geeft eentje Lale een duw.

Hij blijft minutenlang staan en laat zich door een heleboel soldaten passeren. Geen van hen besteedt ook maar enige aandacht aan hem. Uiteindelijk besluit hij hun onverschilligheid te negeren en verder te gaan. Omdat ze waarschijnlijk op zoek zijn naar Duitsers om mee in gevecht te gaan, lijkt het hem het slimst om de tegengestelde richting te kiezen, tegen de stroom soldaten in. Na een poosje komt er een jeep aanrijden die naast hem tot stilstand komt. Een officier staart hem wantrouwend aan vanaf de achterbank.

'En wie mag jij wel niet zijn?'

'Ik ben Slowaaks. Ik heb drie jaar gevangen gezeten in Auschwitz.' Hij trekt zijn linkermouw omhoog, zodat de officier zijn nummer kan zien.

'Nooit van gehoord.'

Lale slikt. Hoe is het mogelijk dat iemand zo'n gruwelijke plek niet kent? 'Het ligt in Polen. Dat is het enige wat ik je kan vertellen.'

'Je spreekt perfect Russisch,' merkt de officier op. 'Beheers je nog andere talen?'

'Tsjechisch, Duits, Frans, Hongaars en Pools.'

De officier neemt hem met hernieuwde belangstelling op. 'En waar denk je naartoe te gaan?'

'Naar huis, terug naar Slowakije.'

'Daar komt niets van in. We kunnen je goed gebruiken. Stap in.'

Lale zou er het liefst vandoor gaan, maar hij zou kansloos zijn, en dus klimt hij in de jeep.

'Keer om en rijd terug naar het hoofdkwartier,' instrueert de officier de chauffeur. De jeep hobbelt over kuilen en greppels, terug naar de plek waar hij vandaan is gekomen.

Na een paar kilometer passeren ze een klein dorp en slaan dan een zandpad in naar een groot chalet dat boven op een heuvel ligt en uitzicht biedt op een prachtige vallei. Ze rijden een grote ronde oprijlaan op, waar verschillende duur uitziende auto's staan geparkeerd. Twee bewakers staan aan weerszijden van een indrukwekkende deuropening. Slippend komt de jeep tot stilstand. De chauffeur stapt uit en opent het portier voor de officier die achterin zit.

'Kom mee,' zegt de officier tegen Lale.

Haastig loopt Lale achter hem aan en stapt de hal van het chalet binnen. Eenmaal binnen blijft hij staan, geschokt door de weelde die zich voor hem uitstrekt. Een brede, indrukwekkende trap, kunstwerken aan iedere muur en meubilair van een kwaliteit die hij nooit eerder heeft gezien. Hij is een wereld binnengestapt die hij nauwelijks kan bevatten. Na alles wat hij heeft meegemaakt, is het haast pijnlijk.

De officier loopt naar een vertrek dat aan de hal grenst en gebaart dat Lale hem moet volgen. Ze gaan een groot, prachtig gemeubileerd vertrek binnen. Er staat een imponerend mahoniehouten bureau, met een al even imponerende persoon erachter. Afgaand op het uniform van de man en de onderscheidingstekens op zijn borst, moet Lale zich in het gezelschap van een zeer hooggeplaatste Russische militair bevinden. Wanneer ze binnenkomen, kijkt de man op.

'Wie hebben we hier?'

'Hij beweert dat de nazi's hem drie jaar gevangen hebben gehouden,' zegt de officier. 'Volgens mij is hij Joods, maar dat is niet belangrijk. Wat ertoe doet, is dat hij zowel Russisch als Duits spreekt.'

'En?'

'Ik dacht dat hij van nut kon zijn voor ons. U weet wel, om met de plaatselijke bewoners te communiceren.'

De hooggeplaatste militair leunt naar achteren en denkt hier even over na. 'Zet hem aan het werk. Zoek iemand om hem te bewaken, en schiet hem neer als hij probeert te ontsnappen.' Terwijl Lale de kamer uit wordt geleid, voegt hij eraan toe: 'En zorg dat hij zich kan wassen en betere kleding krijgt.'

'Ja, meneer. Ik denk dat we veel aan hem zullen hebben.'

Lale volgt de officier. Ik weet niet wat ze van me willen, maar als het betekent dat ik een bad kan nemen en schone kleren krijg... Ze doorkruisen de hal en lopen via de trap naar de overloop van de eerste verdieping – daarboven zijn er nog twee, merkt Lale op. Ze gaan een slaapkamer binnen, en de Rus loopt naar de kledingkast en maakt die open. Vrouwenkleren. Zonder iets te zeggen loopt hij de kamer uit en gaat de volgende binnen. Dit keer vinden ze een kast vol mannenkleren.

'Zoek iets wat je past en wat er een beetje fatsoenlijk uitziet. Hiernaast moet een badkamer zijn,' hij wijst. 'Neem een bad, dan kom ik over een poosje terug.'

Hij trekt de deur achter zich dicht. Lale kijkt de kamer rond. Er staat een groot hemelbed met zware dekens en een berg kussens in allerlei vormen en afmetingen; een ladekast die van massief ebbenhout lijkt te zijn; een klein tafeltje met een lamp van Tiffany; en een leunstoel die bekleed is met prachtig borduurwerk. Was Gita maar hier! Vlug onderdrukt hij die gedachte. Hij kan het zich niet veroorloven aan haar te denken. Nog niet.

Hij laat zijn handen over de pakken en de overhemden in de kast glijden, de accessoires die hij nodig heeft om de oude Lale weer tot leven te wekken. Hij kiest een pak uit, gaat voor de spiegel staan en houdt het pak bewonderend voor zich. Als hij zich niet vergist, zal dit hem prima passen. Hij legt het pak op het bed en vervolgt zijn zoektocht. Al snel ligt er een wit overhemd naast, met een zachte onderbroek, schone sokken en een gladde leren bruine riem. In een andere kast vindt hij een glanzend paar schoenen dat bij het pak past. Hij schuift zijn blote voeten erin. Perfect.

Een deur geeft toegang tot de badkamer. Gouden kranen glinsteren tegen de achtergrond van glanzende witte tegels; de late middagzon werpt door een groot gebrandschilderd raam een geel en donkergroen schijnsel in het vertrek. Lale gaat de badkamer binnen en blijft lange tijd staan, genietend van het vooruitzicht van een heus bad.

Dan laat hij de kuip vollopen, stapt erin en geeft zich over aan de ongekende luxe. Als het water afkoelt, draait hij de warme kraan nog eens open – wat hem betreft mag zijn eerste bad in drie jaar zo lang mogelijk duren. Uiteindelijk stapt hij eruit en droogt zich af met een van de zachte baddoeken die aan een stang aan de muur hangen. Hij loopt terug naar de slaapkamer en kleedt zich langzaam aan, genietend van het gladde katoen, het linnen, de wollen sokken. Niets kriebelt, irriteert of hangt als een zak rond zijn magere lichaam. De eigenaar van deze kleren was duidelijk een slanke man.

Hij gaat een poosje op het bed zitten, in afwachting van de terugkeer van de Russische officier. Dan besluit hij om de kamer nog wat verder te verkennen. Achter de zware gordijnen blijken openslaande deuren schuil te gaan die toegang geven tot een balkon. Hij opent de deuren en stapt naar buiten. Wauw. Waar ben ik beland? Een perfect onderhouden tuin strekt zich voor hem uit, een gazon gaat over in een bos. Het balkon biedt prachtig zicht op de ronde oprit, en hij ziet verschillende auto's aan komen rijden, waar nog meer Russische officieren uit stappen. Wanneer hij de deur van zijn kamer open hoort gaan, draait hij zich om en ziet de officier van daarnet staan, samen met een andere, lager geplaatste soldaat. Hij blijft op het balkon staan. De twee mannen voegen zich bij hem en kijken uit over het terrein

'Prachtig, vind je niet?' zegt de officier.

'Jullie hebben het hier goed voor elkaar,' beaamt Lale. 'Wat een vondst.'

De Rus lacht. 'Inderdaad. Dit is heel wat comfortabeler dan het hoofdkwartier dat we aan het front hadden.'

'Ga je me nog vertellen wat jullie van mij verwachten?'

'Dit is Fredrich. Hij zal dienstdoen als je bewaker. En als je probeert te ontsnappen, dan schiet hij je neer.'

Lale kijkt naar de andere man. Zijn mouwen spannen om zijn gespierde bovenarmen, en zijn borst is zo breed dat de knoopjes van zijn overhemd dreigen te springen. Zijn dunne lippen grijnzen of glimlachen niet. Lale knikt als teken van begroeting, maar krijgt geen reactie.

'Hij zal je niet alleen hier bewaken, maar hij brengt je ook elke dag naar het dorp om daar inkopen te doen. Begrijp je?'

'Wat moet ik kopen?'

'Geen wijn, daar hebben we een kelder vol van. En de boodschappen voor het eten slaan onze koks in. Zij weten wat ze nodig hebben.'

'Dus ik moet zorgen voor...'

'Vermaak.'

Lale houdt zijn uitdrukking neutraal.

'Je gaat iedere ochtend naar het dorp om mooie jongedames te vinden die 's avonds wat tijd met ons willen doorbrengen. Snap je wel?'

'Dus ik word jullie pooier?'

'Aha, je snapt het precies.'

'Hoe krijg ik ze zover? Door te zeggen dat jullie allemaal knappe kerels zijn die de meisjes goed zullen behandelen?'

'We zullen je iets meegeven om ze over te halen.'

'Wat dan?'

'Kom maar mee.'

De drie mannen lopen naar beneden, naar een weelderig ingerichte studeerkamer die eveneens aan de grote hal grenst. In een van de muren blijkt een grote kluis te zitten. De Russische officier gaat naar binnen en haalt twee metalen blikken tevoorschijn, die hij op het bureau zet. In het ene zit geld, in het andere sieraden en juwelen. Lale ziet dat er een heleboel soortgelijke blikken in de kluis zijn opgeslagen.

'Fredrich brengt je hier elke ochtend naartoe, en dan nemen jullie zowel geld als juwelen voor de meisjes mee. We hebben er per avond acht tot tien nodig. Laat ze gewoon de beloning zien, en als het nodig is, geef ze dan een klein beetje geld van tevoren. Vertel ze dat ze de rest hier bij aankomst krijgen, en aan het eind van de avond veilig naar huis worden gebracht.'

Lale probeert zijn hand in het blik met sieraden te steken, maar de officier doet het vlug dicht. 'Hebben jullie al een tarief afgesproken?' vraagt hij.

'Dat laten we aan jou over. Zorg ervoor dat je een zo gunstig mogelijke deal sluit. Begrepen?'

'Natuurlijk, jullie willen een goede biefstuk voor de prijs van varkensworst.' Lale weet precies wat hij moet zeggen.

De officier lacht. 'Ga met Fredrich mee, hij zal je een rondleiding geven. Je kunt in de keuken eten of op je kamer – laat de koks maar weten wat je wilt.'

Fredrich neemt Lale mee naar beneden en stelt hem aan twee van de koks voor. Lale vertelt ze dat hij het liefst in zijn kamer zou eten. Fredrich waarschuwt Lale dat hij niet verder moet gaan dan de eerste verdieping; en zelfs daar mag hij alleen in zijn eigen kamer komen. De boodschap komt luid en duidelijk over.

Een paar uur later krijgt hij gebraden lam in romige saus geserveerd. De wortels zijn al dente gekookt en druipen van de boter. Het gehele gerecht is gegarneerd met zout, peper en verse peterselie. Eerder had hij zich afgevraagd of hij rijke smaken nog wel zou kunnen proeven. Dat blijkt het geval te zijn, maar wat hem niet lukt, is om van de spijzen voor zijn neus te genieten. Hoe kan hij dat doen, terwijl Gita er niet bij is en de maaltijd niet met hem kan delen? Terwijl hij niet eens weet of zij wel iets te eten hééft? Terwijl hij niet eens weet… Maar die gedachte onderdrukt hij. Hij is nu hier, en hij moet doen wat hij moet doen voordat hij naar haar op zoek kan gaan. Hij eet slechts de helft van het bord leeg. Bewaar altijd wat; zo heeft hij de afgelopen paar jaar geleefd. Wel drinkt hij bijna een hele fles wijn leeg. Het kost hem enige moeite om zich uit te kleden, voordat hij op zijn bed ploft en in een diepe, dronken slaap valt.

De volgende ochtend wordt hij wakker van het gekletter van een ontbijtdienblad dat op tafel wordt gezet. Hij kan zich niet herinneren of hij zijn kamer op slot heeft gedaan of niet. Of heeft de kok sowieso een sleutel? Het lege dienblad van de vorige avond wordt weggehaald. Dit alles zonder dat er een woord wordt gesproken.

Na het ontbijt neemt hij vlug een douche. Wanneer hij

bezig is zijn schoenen aan te trekken, komt Fredrich binnen. 'Ben je zover?'

Hij knikt. 'Laten we gaan.'

Hun eerste bestemming is de studeerkamer met de kluis. Fredrich en een andere officier kijken toe terwijl hij eerst een stapel bankbiljetten pakt, die worden geteld en in een kasboek genoteerd, en daarna een aantal sieraden en een paar losse juwelen, waar eveneens een aantekening van wordt gemaakt.

'Ik neem meer mee dan ik waarschijnlijk nodig zal hebben, omdat het de eerste keer is en ik geen idee heb wat de gebruikelijke tarieven zijn,' zegt hij tegen de mannen. 'Goed?'

Ze halen hun schouders op.

'Zolang je alles wat je niet gebruikt maar terugbrengt,' zegt de officier die de inhoud van de kluis beheert.

Met het geld in zijn ene zak en de sieraden in de andere, volgt Lale Fredrich naar een grote garage naast het chalet. Fredrich wijst een jeep aan, Lale stapt in, en dan rijden ze naar het dorp waar Lale de vorige dag doorheen is gekomen. Is dat nog maar een dag geleden? Hoe is het mogelijk dat ik me nu al zo anders voel? Onderweg vertelt Fredrich hem dat ze de meisjes die avond met een kleine vrachtwagen zullen ophalen. Het is niet comfortabel, maar ze beschikken niet over een ander voertuig waar twaalf passagiers in passen. Wanneer ze het dorp binnenrijden, vraagt Lale: 'Waar vind ik geschikte meisjes?'

'Ik zet je aan het eind van de straat af. Ga de winkels

binnen. Medewerkers of klanten, dat maakt niet uit, zolang ze maar jong zijn, en het liefst mooi. Zoek uit wat hun prijs is, laat ze de beloning zien – als ze een aanbetaling willen, geef ze dan alleen geld. Vertel ze dat we ze vanavond om zes uur voor de bakkerij ophalen. Sommigen zijn al eerder geweest.'

'Hoe weet ik of ze getrouwd of verloofd zijn?'

'Ik ga ervan uit dat ze dan nee zeggen. Het zou ook kunnen dat ze iets naar je hoofd gooien, dus pas goed op je tellen en buk op tijd.' Wanneer Lale uitstapt, zegt hij: 'Ik wacht op je en ik hou je in de gaten. Neem je tijd. En doe geen stomme dingen.'

Lale loopt naar de eerste boetiek, hopend dat er vandaag geen vrouwen met hun echtgenoot of vriendje zijn gaan winkelen. Iedereen kijkt naar hem wanneer hij de winkel binnenstapt. Hij zegt 'hallo' in het Russisch, bedenkt dan dat hij zich in Oostenrijk bevindt en stapt over op het Duits.

'Dag dames, hoe maken jullie het vandaag?'

De vrouwen kijken elkaar aan. Een paar van hen giechelen, en dan vraagt een winkelmeisje: 'Kan ik u helpen? Zoekt u iets voor uw vrouw?'

'Nou, nee. Ik zou jullie graag allemaal spreken.'

'Ben je Russisch?' vraagt een klant.

'Nee, ik ben Slowaaks. Maar ik ben hier namens het Russische leger.'

'Verblijf je in het chalet?' vraagt een andere klant.

'Ja.'

Tot Lales opluchting vraagt een van de winkelmeisjes:

'Kom je vragen of we zin hebben om vanavond te feesten?'

'Ja, ja, dat klopt. Zijn jullie al eerder geweest?'

'Ik wel. Kijk niet zo bang. We weten allemaal waar je op uit bent.'

Lale kijkt om zich heen. Er zijn twee winkelmeisjes en vier klanten.

'En?' vraagt hij voorzichtig.

'Laat maar eens zien wat je hebt,' zegt een van de klanten.

Lale leegt zijn zakken op de toonbank, en de meisjes verdringen zich om hem heen.

'Hoeveel krijgen we?'

Lale kijkt naar het meisje dat al eerder in het chalet is geweest. 'Hoeveel heb je de vorige keer gekregen?'

Ze pakt een ring met een diamant en zwaait die onder zijn neus. 'Plus tien mark.'

'Oké, wat vind je ervan als ik je nu vijf mark geef, vanavond nog eens vijf, en een sieraad dat je zelf uit kunt kiezen?'

Het meisje rommelt door de sieraden en haalt er een armband van parels uit. 'Deze neem ik.'

Lale pakt het sieraad voorzichtig van haar af. 'Nog niet,' zegt hij. 'Zorg dat je vanavond om zes uur bij de bakker bent. Afgesproken?'

'Afgesproken,' zegt ze.

Lale geeft haar vijf mark, die ze in haar bh stopt.

De overgebleven meisjes inspecteren de sieraden en kiezen er iets uit. Lale geeft hun ieder vijf mark. Er wordt niet onderhandeld over het bedrag.

'Bedankt, dames. Kunnen jullie me vertellen waar ik gelijkgezinde schoonheden kan vinden?'

'Je kunt het café een stukje verderop proberen, of de bibliotheek,' oppert een van hen.

'Maar pas op voor de oma's in het café,' zegt een ander giechelend.

'Hoe bedoel je, oma's?' vraagt Lale.

'Je weet wel, oude vrouwen – soms wel boven de dertig!'

Lale glimlacht.

'Luister,' zegt de vrouw die als eerste op zijn voorstel inging, 'je kunt iedere vrouw aanspreken die je op straat tegenkomt. We weten allemaal wat je wil, en de meesten van ons hebben goed eten en drinken nodig, al moeten we het delen met die lelijke Russische zwijnen. Er zijn hier geen mannen meer over die ons kunnen helpen. We doen wat we moeten doen.'

'Net als ik,' zegt Lale. 'Allemaal heel erg bedankt. Ik verheug me erop jullie vanavond te zien.'

Hij verlaat de winkel en leunt tegen de muur om op adem te komen. Eén winkel, de helft van het benodigde aantal meisjes. Hij kijkt naar de overkant van de straat en ziet dat Fredrich hem in de gaten houdt. Hij steekt een duim omhoog.

Goed, waar is dat café? Onderweg ernaartoe houdt hij drie jonge vrouwen staande, van wie er twee toezeggen naar het feest te komen. In het café vindt hij er nog drie. Hij schat dat ze begin of midden dertig zijn, maar het zijn nog steeds mooie vrouwen met wie iedereen wel gezien zou willen worden.

Die avond halen Lale en Fredrich de vrouwen op, die keurig volgens instructie bij de bakker staan te wachten. Ze zijn elegant gekleed en opgemaakt. De afgesproken transactie van juwelen en geld vindt zonder tussenkomst van Fredrich plaats.

Lale kijkt toe terwijl de vrouwen het chalet binnengaan. Ze houden elkaars hand vast, kijken vastberaden en lachen zo nu en dan.

'Geef mij maar wat er over is,' zegt Fredrich, die naast Lale komt staan.

Lale haalt de biljetten en de overgebleven sieraden uit zijn zakken en geeft ze aan Fredrich, die tevreden lijkt te zijn met de manier waarop de transacties zijn verlopen. Fredrich bergt de buit op en begint Lale dan te fouilleren.

'Hé, pas op,' zegt hij wanneer Fredrich zijn handen diep in zijn zakken steekt. 'Zo goed ken ik je niet!'

'Je bent niet mijn type.'

Ze moeten de keuken over zijn terugkeer hebben verteld, want kort nadat Lale zijn kamer is binnengegaan, komt zijn avondeten. Hij eet het op en loopt naar het balkon. Leunend op de balustrade kijkt hij naar het komen en gaan van voertuigen. Soms drijven de geluiden van het feest op de benedenverdieping omhoog, en tot zijn genoegen hoort hij alleen gelach en gepraat. Terug in zijn kamer begint hij zich uit te kleden om naar bed te gaan. Uit de omgeslagen zoom van zijn broek vist hij de kleine diamant die hij daar heeft verstopt. Hij haalt een sok uit een la, stopt de diamant daar in en kruipt onder de wol.

Een paar uur later wordt hij gewekt door vrolijke stemmen die door zijn balkondeuren naar binnen drijven. Wanneer hij naar buiten stapt, ziet hij de meisjes in de vrachtwagen klimmen voor de rit terug naar huis. De meeste van hen lijken dronken, maar zo te zien voelen ze zich prima. Hij gaat weer terug naar bed.

De weken daarna maken Lale en Fredrich tweemaal daags een tochtje naar het dorp. Lale is er inmiddels bekend; zelfs vrouwen die nooit naar het chalet komen, weten wie hij is en groeten hem in het voorbijgaan. Zijn favoriete plekken zijn de boetiek en het café, en al snel verzamelen de meisjes zich daar op het tijdstip waarop hij doorgaans komt. Vaak wordt hij door zijn vaste klanten begroet met een kus op de wang en het verzoek om die avond met hen mee te feesten. Ze lijken het oprecht jammer te vinden dat hij hier nooit op ingaat.

Wanneer hij op een dag in het café is, zegt Serena, een van de serveersters: 'Lale, trouw je met me als de oorlog voorbij is?' De andere meisjes daar giechelen en de oudere vrouwen schudden hun hoofd.

'Ze is voor je gevallen, Lale,' zegt een van de klanten. 'Ze wil die Russische zwijnen niet, hoeveel geld ze ook hebben,'

'Je bent een beeldschoon meisje, Serena, maar ik vrees dat mijn hart aan iemand anders toebehoort.'

'Wie? Hoe heet ze?' vraagt Serena verontwaardigd.

'Ze heet Gita, en ik ben aan haar beloofd. Ik hou van haar.'

'Wacht ze op je? Waar is ze?'

'Ik weet niet waar ze nu is, maar ik zal haar vinden.'

'Hoe weet je dat ze nog leeft?'

'O, ze leeft nog. Kennen jullie dat gevoel dat je iets gewoon wéét?'

'Ik geloof het niet.'

'Dan ben je nog nooit verliefd geweest. Ik zie jullie vanavond. Zes uur. Kom niet te laat.'

Een koor van stemmen zegt hem gedag wanneer hij het café verlaat.

Wanneer Lale die avond een grote robijn in zijn oorlogsschatkist stopt, wordt hij overspoeld door een vreselijke heimwee. Hij blijft lange tijd op zijn bed zitten. Zijn herinneringen aan thuis zijn aangetast door zijn herinneringen aan de oorlog. Alles en iedereen om wie hij gaf, ziet hij nog slechts door brillenglazen die donker zijn gekleurd door leed en verlies. Wanneer het hem eindelijk lukt om zichzelf bij elkaar te rapen, schudt hij de sok leeg op zijn bed en telt de edelstenen die hij in de loop van de weken bij elkaar heeft weten te smokkelen. Dan loopt hij naar het balkon. De avonden worden warmer, en een aantal van de feestgangers bevindt zich op het gazon. Sommigen staan in groepjes met elkaar te kletsen, anderen spelen een soort tikkertje. Hij schrikt wanneer er op zijn deur wordt geklopt. Sinds die eerste nacht houdt hij zijn deur altijd op slot, of hij nu in de kamer is of niet. Wanneer hij zich naar de deur haast om die open te doen, valt zijn blik op de edelstenen op zijn bed, en vlug trekt hij de deken eroverheen. Het valt hem niet op dat de laatste robijn op de grond rolt.

'Waarom zat je deur op slot?' vraagt Fredrich.

'Ik had geen zin om mijn bed te delen met een van je collega's. Het is me opgevallen dat ze niet allemaal belangstelling hebben voor de meisjes die we voor ze regelen.'

'Ik begrijp het. Je bent een knappe man. Ze zouden je goed belonen, als dat je smaak is.'

'Dat is het niet.'

'Wil je een van de meisjes? Ze zijn al betaald.'

'Nee, bedankt.'

Fredrichs blik valt op een glinstering vanaf het tapijt. Hij bukt en raapt een robijn op. 'Wat is dit?'

Lale kijkt verbaasd naar de edelsteen.

'Kun je uitleggen hoe je hieraan komt, Lale?'

'Hij moet in de voering van mijn zak zijn blijven zitten.'

'Werkelijk?'

'Als ik hem had gestolen, zou ik hem toch niet hebben laten slingeren, zodat jij hem zou zien?'

Daar denkt Fredrich even over na. 'Nee, dat lijkt me niet.' Hij steekt de robijn in zijn zak. 'Ik zal hem weer in de kluis leggen.'

'Waar wilde je me over spreken?' vraagt Lale, van onderwerp veranderend.

'Ik word morgen overgeplaatst, dus van nu af aan handel jij de bezoekjes aan het dorp af.'

'Bedoel je met iemand anders?'

'Nee. Je hebt bewezen dat je te vertrouwen bent; de generaal is zeer over je te spreken. Blijf gewoon doen wat je tot nu toe hebt gedaan. Wanneer het hoofdkwartier wordt opgedoekt, zit er misschien zelfs een kleine bonus voor je in.'

'Jammer dat je vertrekt. Ik vond het fijn om tijdens onze ritjes met je te praten. Zorg goed voor jezelf; er woedt nog steeds een oorlog.'

Ze schudden elkaar de hand.

Wanneer Lale alleen is en de deur veilig op slot zit, raapt hij de juwelen op zijn bed bij elkaar en stopt ze weer in de sok. Uit de kast kiest hij het mooiste pak en hangt dat apart. Hij legt een overhemd en een aantal onderbroeken en sokken op de tafel en schuift er een paar schoenen onder.

De volgende ochtend neemt hij een douche en trekt de kleren aan die hij de vorige avond heeft uitgekozen, inclusief vier onderbroeken en drie paar sokken. De sok met de juwelen erin stopt hij in de binnenzak van zijn jasje. Hij kijkt een laatste keer om zich heen en loopt dan naar beneden, naar de kluis. Hij pakt de gebruikelijke hoeveelheid geld en sieraden, maar wanneer hij wil vertrekken, houdt de officier die de voorraad beheert hem tegen.

'Wacht. Neem vandaag wat extra mee. Vanmiddag verwachten we twee zeer hooggeplaatste officieren uit Moskou. Voor hen alleen het beste van het beste.'

Lale pakt de extra betaalmiddelen aan. 'Het kan zijn dat

ik wat later terug ben dan normaal. Ik ga naar de bibliotheek in het dorp om te zien of ik een boek kan lenen.'

'We hebben hier een prima bibliotheek.'

'Bedankt, maar daar zijn altijd officieren, en... Nou ja, ik vind ze nogal intimiderend. Snap je?'

'Ah. Wat je wilt.'

Lale loopt de garage in en knikt naar de soldaat die verantwoordelijk is voor de auto's.

'Prachtige dag, Lale,' zegt de jongeman. 'De sleutels zitten in de jeep. Ik hoorde dat je er vandaag alleen op uit gaat.'

'Ja, Fredrich is overgeplaatst. Ik hoop maar dat hij niet naar het front hoeft.'

De soldaat lacht. 'Dat zou nog eens pech zijn.'

'Ik heb trouwens toestemming om vandaag wat later terug te keren.'

'Ga je iets voor jezelf doen?'

'Zoiets. Ik zie je later.'

'Oké, goeie dag gewenst.'

Lale klimt zo nonchalant mogelijk in de jeep en rijdt zonder om te kijken weg van het chalet. Eenmaal in het dorp parkeert hij aan het eind van de hoofdstraat, laat de sleutels in het contact zitten en loopt weg. Een stukje verderop ziet hij een fiets tegen een winkelruit staan, en zo onopvallend mogelijk neemt hij die mee. Hij springt op het zadel en fietst het dorp uit.

Een paar kilometer verderop wordt hij tegengehouden door een Russische patrouille.

Een jonge officier komt op hem af. 'Waar ga jij naartoe?'

'Ik ben drie jaar een gevangene van de Duitsers geweest. Ik kom uit Slowakije en ik ga naar huis.'

De Rus grijpt het stuur van de fiets vast en dwingt Lale om af te stappen. Wanneer Lale zich omdraait, krijgt hij een stevige schop onder zijn achterwerk.

'Een stukje lopen zal je goed doen. En nou wegwezen.'

Lale loopt verder. Het is de moeite van een discussie niet waard.

De avond valt, maar hij onderbreekt zijn tocht niet. Een stuk verderop ziet hij de lichten van een klein stadje, en hij gaat sneller lopen. Het wemelt in het stadje van de Russische soldaten, en hoewel ze hem negeren, besluit hij dat hij maar beter zijn weg kan vervolgen. Aan de stadsgrens stuit hij op een treinstation en haast zich ernaartoe, in de hoop dat er een bankje zal zijn waarop hij een poosje kan gaan liggen.

Op een van de perrons staat een trein, maar hij bespeurt geen tekenen van leven. Hoewel de trein hem de rillingen bezorgt, onderdrukt hij zijn angst en loopt langs de trein om naar binnen te turen. Wagons. Wagons die ontworpen zijn voor mensen. Een licht in de kleine stationshal trekt zijn aandacht, en hij loopt die kant op. Achter het loket zit de stationschef knikkebollend op zijn stoel, vechtend tegen de slaap. Lale stapt weg van het loket en doet net alsof hij een hoestbui heeft. Dan gaat hij weer bij het loket staan en wendt een zelfvertrouwen voor dat hij niet echt voelt. De stationschef, die inmiddels klaarwakker is, komt naar het loket en opent het net ver genoeg om met Lale te kunnen praten.

'Kan ik je helpen?'

'Waar gaat die trein naartoe?'

'Bratislava.'

'Kan ik een kaartje kopen?'

'Kun je daarvoor betalen?'

Lale haalt de sok uit zijn jasje, vist er twee diamanten uit en geeft die aan de stationschef. Op dat moment schuift zijn linkermouw omhoog, zodat zijn nummer zichtbaar wordt. De stationschef neemt de edelstenen aan. 'Ga maar in de laatste wagon zitten, daar zal niemand je lastigvallen. Maar de trein vertrekt pas morgenochtend om zes uur.'

Lale kijkt op de klok in de stationshal. Nog acht uur. 'Ik kan wel wachten. Hoelang duurt de reis?'

'Ongeveer anderhalf uur.'

'Dank u. Heel hartelijk dank.'

Wanneer Lale naar de laatste wagon loopt, roept de stationschef hem na. Hij draait zich om, en de man komt op een drafje naar hem toe en geeft hem iets te eten en een thermoskan.

'Het is maar een broodje dat mijn vrouw heeft gemaakt, maar de koffie is heet en sterk.'

Wanneer hij het broodje en de koffie aanneemt, beginnen Lales schouders te schokken en kan hij de tranen niet langer tegenhouden. Hij kijkt op en ziet dat de stationschef ook tranen in zijn ogen heeft.

'Dank u.' Zijn keel zit zo strak dichtgeschroefd dat hij de woorden nauwelijks over zijn lippen krijgt.

Wanneer de dag aanbreekt, bereikt de trein de grens met Slowakije. Een douanebeambte stapt Lales rijtuig in en vraagt hem naar zijn papieren. Lale schuift zijn mouw omhoog om de enige legitimatie te laten zien die hij heeft: 32407.

'Ik ben Slowaaks,' zegt hij.

'Welkom thuis.'

28

Bratislava. Lale stapt uit de trein en loopt de stad in waar hij heeft gewoond en gelukkig is geweest, waar zijn leven zich de afgelopen drie jaar had moeten afspelen. Hij dwaalt door districten die hij ooit als zijn broekzak kende. Nu zijn grote gedeelten onherkenbaar door de bombardementen. Hier is niets voor hem te vinden. Hij moet naar Krompachy zien te komen, zo'n vierhonderd kilometer verderop; het zal een lange reis worden naar huis. Het kost hem vier dagen lopen, nu en dan afgewisseld met een ritje in een rijtuig of op een ongezadeld paard, en één keer op een kar met een tractor ervoor. Wanneer het nodig is, betaalt hij in de enige munteenheid die hij tot zijn beschikking heeft: hier een diamant, daar een smaragd. Uiteindelijk loopt hij door de straat waar hij is opgegroeid en blijft voor zijn ouderlijk huis staan. De planken van het hek aan de voorkant zijn verdwenen, alleen de palen staan er nog. De bloembedden, ooit de trots van zijn moeder, zijn overgroeid door onkruid en gras. Een kapot raam is dichtgetimmerd met ruwe houten planken.

Een oudere vrouw komt het huis aan de overkant uit en beent naar hem toe. 'Wat heb je hier te zoeken?' schreeuwt ze, gewapend met een houten lepel. 'Wegwezen!'

'Sorry. Ik... Ik woonde hier vroeger.'

De oude dame tuurt naar hem, en langzaam verschijnt er een blik van herkenning op haar gezicht. 'Lale? Ben jij dat?'

'Ja. Mevrouw Molnar, bent u het? U, u ziet er...'

'Ik weet het, ik zie er oud uit. Lieve hemel, Lale, ben je het echt?'

Ze omhelzen elkaar. Met verstikte stemmen vragen ze elkaar hoe het gaat, zonder de ander de kans te geven om echt te antwoorden. Tenslotte maakt zijn overbuurvrouw zich van hem los.

'Wat sta je hier nou te staan? Vooruit, ga naar huis.'

'Woont er dan nog iemand?'

'Je zus, natuurlijk. Allemachtig, weet ze niet dat je nog leeft?'

'Mijn zus! Leeft Goldie nog?'

Hij rent het tuinpad op en klopt luid op de deur. Wanneer er niet direct een reactie komt, klopt hij opnieuw. Vanuit het huis hoort hij: 'Ik kom eraan, ik kom eraan.'

Goldie doet open. Wanneer ze hem ziet, valt ze flauw. Hij

tilt haar op en draagt haar naar binnen, gevolgd door mevrouw Molnar, die hem behulpzaam een glas water brengt. Met Goldies hoofd liefhebbend in zijn armen wacht hij tot ze haar ogen opendoet. Wanneer ze bijkomt, geeft hij haar het glas water. Ze begint te snikken en morst het grootste deel van het water over de rand. Mevrouw Molnar vertrekt stilletjes, terwijl Lale zijn zus heen en weer wiegt en zijn eigen tranen de vrije loop laat. Het duurt even voordat hij iets kan zeggen en de vragen kan stellen waar hij zo wanhopig graag het antwoord op wil weten.

Het nieuws is slecht. Zijn ouders zijn een paar dagen na zijn vertrek weggevoerd. Goldie heeft geen idee waar ze naartoe zijn gebracht, en of ze misschien nog leven. Max is bij het partizanenleger gegaan en omgekomen in gevecht met de Duitsers. Zijn vrouw en hun twee jonge zoontjes zijn weggehaald, en ook van hen weet Goldie niet waar ze naartoe zijn gebracht. Het enige positieve nieuws dat zijn zus hem te bieden heeft, gaat over haarzelf. Ze is verliefd geworden op een Rus en met hem getrouwd. Ze heet nu Sokolov. Haar man is weg voor zaken en komt over een paar dagen terug.

Hij wil zijn zus geen seconde uit het oog verliezen, en dus volgt hij haar naar de keuken wanneer ze iets te eten gaat maken. Na de maaltijd praten ze tot diep in de nacht. Hoezeer Goldie er ook op aandringt dat Lale haar vertelt wat hij de afgelopen drie jaar heeft meegemaakt, hij zegt alleen dat hij in Polen in een werkkamp heeft gezeten en dat hij nu thuis is.

De volgende dag vertelt hij zowel zijn zus als mevrouw Molnar over zijn liefde voor Gita, en zijn overtuiging dat ze nog leeft.

'Je moet haar vinden,' zegt Goldie. 'Je moet naar haar op zoek.'

'Ik weet niet waar ik moet beginnen.'

'Waar komt ze vandaan?' vraagt mevrouw Molnar.

'Dat weet ik niet, dat heeft ze me niet verteld.'

'Ik begrijp het niet. Je kent haar al drie jaar, en al die tijd heeft ze je niet verteld waar haar wortels liggen?'

'Dat wilde ze niet. Ze zou het me vertellen op de dag dat ze het kamp verliet, maar het ging allemaal te snel. Ik weet alleen wat haar achternaam is: Furman.'

'Dat is tenminste iets,' zegt zijn zus.

'Ik heb gehoord dat de mensen langzaamaan terugkeren uit de kampen,' zegt mevrouw Molnar. 'Ze komen allemaal aan in Bratislava. Misschien is ze daar.'

'Als ik naar Bratislava wil, heb ik vervoer nodig.'

Goldie glimlacht. 'Wat doe je dan nog hier?'

In het dorp vraagt Lale iedereen die in het bezit is van een paard, fiets, auto of truck of hij die van hen kan kopen. Ze weigeren allemaal.

Net wanneer hij begint te wanhopen, ziet hij een oude man op een kleine kar met een paard ervoor. Lale gaat voor het dier staan, zodat de man gedwongen wordt om de teugels in te houden.

'Ik zou je paard en je kar graag kopen,' flapt hij eruit.

'Hoeveel?'

Hij vist een aantal edelstenen uit zijn zak. 'Ze zijn echt. En veel geld waard.' Nadat hij de kostbaarheden heeft geïnspecteerd, zegt de oude man: 'Op één voorwaarde.'

'Zeg het maar. Wat het ook is.'

'Je moet me eerst naar huis brengen.'

Een poosje later brengt Lale de kar voor het huis van zijn zus tot stilstand en laat trots zijn nieuwe vervoermiddel zien.

'Ik heb niets om dat paard te eten te geven!' roept ze uit.

Hij wijst naar het hoge gras. 'Je tuin moet gemaaid worden.'

Het paard wordt vastgebonden in de voortuin, en die avond maken mevrouw Molnar en Goldie eten klaar voor Lale om mee te nemen op reis. Eigenlijk wil hij geen afscheid van hen nemen, nu hij net thuis is, maar ze willen er niets van horen dat hij blijft.

'Kom niet terug zonder Gita!' zijn de laatste woorden die hij Goldie hoort roepen, wanneer hij op de kar is geklommen en er bijna vanaf wordt gegooid omdat het paard al begint te draven. Hij kijkt achterom naar de twee vrouwen die voor zijn ouderlijk huis staan en hem glimlachend uitzwaaien, ieder met een arm om elkaars schouder.

Drie dagen en drie nachten lang reizen Lale en zijn nieuwe metgezel over kapotte wegen en door gebombardeerde plaatsen. Ze steken water over waar bruggen zijn vernield. Onderweg geven ze verschillende mensen een lift. Lale is zo zuinig mogelijk met zijn rantsoenen. Hij voelt diep verdriet om zijn verspreide familie, maar tegelijk verlangt hij naar Gita, en dit geeft hem de moed om verder te gaan. Hij moet haar vinden. Hij heeft het beloofd.

Wanneer hij eindelijk weer in Bratislava is, gaat hij regelrecht naar het treinstation. 'Klopt het dat overlevenden uit de concentratiekampen de laatste tijd terugkeren?' vraagt hij. Hij krijgt bevestigend antwoord, en de stationschef geeft hem een foldertje met de treintijden. Omdat hij geen idee heeft waar Gita terecht is gekomen – zelfs niet uit welk land – besluit hij dat er maar één ding op zit: iedere trein opwachten. Hij overweegt om onderdak te zoeken, maar verhuurders zitten vast niet te wachten op een onbekende man en een paard, en dus slaapt hij in zijn kar op braakliggende stukken land, tot zijn paard al het gras heeft opgegeten of iemand hem zegt dat hij weg moet. Hij wordt vaak herinnerd aan zijn vrienden in het zigeunerkamp, en de verhalen die ze hem vertelden over hun nomadenbestaan. Inmiddels loopt het tegen het eind van de zomer. Het regent vaak, maar daar laat hij zich niet door weerhouden.

Twee weken lang hangt Lale rond op het station en wacht de binnenkomende treinen op. Nerveus loopt hij heen en weer en benadert iedere vrouw die uitstapt. 'Heb je in Birkenau gezeten?' Wanneer iemand bevestigend antwoordt, vraagt hij: 'Kende je Gita Furman? Ze zat in blok 29.' Niemand herkent de naam.

Op een dag vraagt de stationschef hem of hij Gita heeft aangemeld bij het Rode Kruis, dat een register bijhoudt van vermisten en van gevangenen die zijn teruggekeerd en op zoek zijn naar hun dierbaren. Hij heeft niets te verliezen, en dus gaat hij de stad in, op zoek naar het adres dat de stationschef hem heeft gegeven.

Gita loopt met twee vriendinnen over de hoofdweg wanneer ze een vreemd uitziende kar ziet die wordt voortgetrokken door een paard. Een jongeman staat nonchalant op de kar.

Ze stapt de weg op.

De tijd staat stil wanneer het paard uit eigen vrije wil voor de jonge vrouw tot stilstand komt.

Lale klautert van de kar.

Gita doet een stap in zijn richting. Hij verroert zich niet.

Ze doet nog een stap.

'Hallo,' zegt ze.

Lale zakt op zijn knieën. Gita draait zich om naar haar vriendinnen, die stomverbaasd toekijken.

'Is dat hem?' roept een van hen.

'Ja,' zegt Gita. 'Hij is het.'

Het is duidelijk dat Lale niet in beweging gaat komen, dat hij daartoe niet in staat is, en dus loopt Gita naar hem toe. Ze knielt vóór hem en zegt: 'Voor het geval je me niet hebt gehoord toen we Birkenau verlieten: ik hou van je.'

'Wil je met me trouwen?' vraagt hij.

'Ja, dat wil ik.'

'Maak je de gelukkigste man ter wereld van me?'

'Ja.'

Hij staat op, trekt Gita overeind en kust haar. Een van Gita's vriendinnen komt naar hen toe en leidt het paard weg. Dan, met Gita's arm rond Lales middel en haar hoofd op zijn schouder, lopen ze weg en gaan op in de drukte op straat, een van de vele jonge stellen in een door oorlog vernielde stad.

Epiloog

Lale veranderde zijn naam in Sokolov, de Russische achternaam van zijn getrouwde zus – een naam die meer geaccepteerd was dan Eisenberg in het door de Sovjet-Unie bezette Slowakije. Hij en Gita trouwden in oktober 1945 en vestigden zich in Bratislava. Lale begon stoffen te importeren – linnen, zijde, katoen – uit verschillende landen in Europa en Azië. Deze verkocht hij aan fabrikanten die erop gebrand waren om het land opnieuw op te bouwen en de bevolking opnieuw te kleden. Met de Sovjet-Unie aan de macht in Tsjechoslowakije, was dit volgens Lale de enige bedrijfstak die niet direct genationaliseerd zou worden door de communisten. Tenslotte leverde hij precies de stoffen die de hooggeplaatste regeringsfunctionarissen nodig hadden voor hun persoonlijke gebruik.

De zaak groeide, Lale zocht er een partner bij, en de winst nam toe. Hij begon opnieuw stijlvolle kleding te dragen. Hij en Gita dineerden in de beste restaurants en vierden hun vakantie in luxeoorden in de Sovjet-Unie. Ze steunden een beweging om een Joodse staat te stichten in Israël. Gita in het bijzonder werkte stilletjes achter de schermen om fondsen te werven bij rijke plaatsgenoten en het geld vervolgens het land uit te smokkelen. Toen het huwelijk van Lales zakenpartner op de klippen liep, meldde zijn ex-vrouw Lale en Gita's activiteiten bij de autoriteiten. Op 20 april 1948 werd Lale gearresteerd en beschuldigd van het 'exporteren van sieraden en andere waardevolle goederen uit Tsjechoslowakije.' In het arrestatiebevel stond verder: 'Tsjechoslowakije zou hierdoor substantiële economische verliezen hebben geleden, en Sokolov zou aanzienlijke sommen geld of bezittingen voor zijn onwettelijke en plunderende activiteiten hebben ontvangen.' Hoewel Lale inderdaad sieraden en geld had geëxporteerd, had hij hier geen financieel voordeel van. Hij had het geld weggegeven.

Twee dagen later werd zijn bedrijf genationaliseerd en werd hij veroordeeld tot twee jaar in de Ilava-gevangenis, die erom bekendstond dat er na de oorlog Duitse en politieke gevangenen werden opgesloten. Lale en Gita waren zo slim geweest om een deel van hun rijkdom veilig weg te bergen. Dankzij contactpersonen bij de plaatselijke overheid en de rechterlijke macht, lukte het Gita om zich door omkoping te verzekeren van de hulp van een aantal functionarissen. Op een dag werd Lale in de gevangenis bezocht door een katholieke priester. Na een poosje vroeg de priester de cipiers om het vertrek te verlaten, zodat hij Lale de biecht kon afnemen, een van de heilige sacramenten en uitsluitend voor zijn oren bestemd. Toen ze alleen waren, droeg hij Lale op om te doen alsof hij krankzinnig aan het worden was. Als hij zijn rol overtuigend genoeg speelde, zouden ze hem naar een psychiater moeten sturen. Niet lang daarna werd Lale bezocht door een psychiater, die hem beloofde een paar dagen verlof voor hem te regelen, voordat hij zijn verstand definitief zou verliezen.

Een week later werd hij naar het appartement gebracht waar hij en Gita woonden. Hij kreeg te horen dat hij na twee dagen zou worden opgehaald om zijn straf uit te zitten. Die nacht glipten ze met behulp van vrienden het appartement uit, met twee koffers vol bezittingen en een schilderij dat Gita weigerde achter te laten. Op het schilderij stond een zigeunervrouw. Ze namen ook een grote hoeveelheid geld mee om via een contactpersoon in Wenen naar Israël door te sluizen. Daarna verstopten ze zich achter een valse wand in de laadbak van een vrachtwagen die goederen van Bratislava naar Oostenrijk vervoerde.

Op de afgesproken dag en het afgesproken tijdstip liepen ze over een perron op het station van Wenen, op zoek naar een contactpersoon die ze nooit hadden ontmoet. Lale beschreef het als iets wat in een roman van John Le Carré had kunnen gebeuren. Ze mompelden het wachtwoord tegen een aantal alleen reizende heren, tot er eentje het correcte antwoord gaf. Lale gaf de man een klein koffertje met geld, waarop hij verdween.

Vanuit Wenen reisden ze naar Parijs, waar ze een appartement huurden en een aantal maanden genoten van de cafés en de bars van de stad die langzaam weer in zijn oude, vooroorlogse zelf veranderde. Een bezoek aan een cabaretvoorstelling met Josephine Baker, de briljante Amerikaanse zangeres en danseres, was een ervaring die Lale nooit zou vergeten. Hij beschreef haar als een vrouw met 'benen tot hier', waarbij hij op zijn middel wees.

Omdat er geen werk was voor niet-Franse burgers, besloten Lale en Gita Frankrijk te verlaten. Ze wilden zo ver mogelijk bij Europa vandaan gaan wonen, en dus kochten ze valse paspoorten en gingen aan boord naar Sydney, waar ze op 29 juli 1949 aankwamen.

Op het schip hadden ze vriendschap gesloten met een echtpaar dat had verteld over hun familie in Melbourne, bij wie ze wilden intrekken. Dat was voldoende om Lale en Gita te doen besluiten zich eveneens in Melbourne te vestigen. Opnieuw werd Lale actief in de textielindustrie. Hij kocht een klein pakhuis en kocht stoffen in om door te verkopen. Gita wilde deel uitmaken van de zaak, en ze volgde een ontwerpcursus. Daarna ging ze dameskleding ontwerpen, wat een extra tak van hun bedrijf werd.

Het was hun grootste wens om samen een kind te krijgen, maar dit leek niet voor hen weggelegd te zijn. Uiteindelijk gaven ze de hoop op. Tot hun grote verrassing en verrukking werd Gita toch nog zwanger. Hun zoon Gary werd in 1961 geboren, toen Gita 36 was en Lale 44. Het stel leidde een rijk en bevredigend leven met hun kind, hun vrienden, een succesvolle zaak en vakanties aan de Gold Coast, gesteund door een liefde die tegen alle beproevingen bestand was gebleken.

Het schilderij van de zigeunervrouw dat Gita had meegebracht uit Slowakije, hangt nog steeds in Gary's huis.

Nawoord

Ik zit in de woonkamer van het huis van een oude man. Ik ken hem nog niet goed, maar met zijn honden heb ik al vrede gesloten. Tootsie en Bam Bam – de een met de afmetingen van een pony, de ander kleiner dan mijn kat. Gelukkig is het me gelukt om vrienden met ze te worden, en op dit moment liggen ze te slapen.

Ik kijk even weg. Ik moet het hem vertellen. 'Weet u dat ik niet Joods ben?'

Er is een uur verstreken sinds onze kennismaking. De oude man in de stoel tegenover me snuift, ongeduldig maar niet onvriendelijk. Hij wendt zijn blik af, verstrengelt zijn vingers. Hij heeft zijn benen over elkaar geslagen, en zijn vrije voet wiebelt heen en weer. Zijn ogen kijken naar het raam en de open ruimte.

'Ja,' zegt hij uiteindelijk, en hij kijkt me glimlachend aan. 'Daarom wilde ik jou.'

Ik ontspan een beetje. Misschien ben ik toch op de juiste plek.

'Zeg,' begint hij, alsof hij op het punt staat een mop te vertellen, 'vertel eens wat je over de Joden weet.'

Zevenarmige kandelaars duiken in mijn hoofd op terwijl ik zoek naar iets om te zeggen.

'Ken je überhaupt Joden?'

Gelukkig weet ik er eentje te bedenken. 'Ik heb een collega die Bella heet. Volgens mij is zij Joods.'

Ik verwacht minachting, maar krijg in plaats daarvan enthousiasme.

'Mooi!' zegt hij.

Ik ben alweer voor een test geslaagd.

Dan volgt de eerste instructie. 'Je luistert zonder vooroordelen naar mijn verhaal.' Hij zwijgt, alsof hij naar woorden zoekt. 'Ik wil niet dat er persoonlijke bagage doorheen loopt.'

Ik schuif ongemakkelijk heen en weer. 'Misschien is die er wel, in zeker opzicht.'

Hij buigt zich naar voren, een beetje wankel. Met zijn ene hand grijpt hij de tafel vast. De tafel wiebelt, en de ongelijke poot stoot met een klap tegen de vloer. De honden worden wakker en kijken verstoord op.

Ik slik. 'Mijn moeders meisjesnaam is Schwartfeger. Haar familie was Duits.'

Hij ontspant. 'We komen allemaal ergens vandaan,' zegt hij.

'Ja, maar ik ben een Kiwi. Mijn moeders familie woont al meer dan honderd jaar in Nieuw-Zeeland.'

'Immigranten.'

'Ja.'

Hij leunt naar achteren, volkomen op zijn gemak. 'Hoe snel kun je schrijven?' vraagt hij.

Die vraag had ik niet verwacht. Wat wil hij precies weten? 'Nou, dat hangt ervan af wat ik schrijf.'

'Je zult snel moeten werken. Ik heb niet veel tijd.'

Paniek. Ik had bewust geen cassetterecorder of schrijfblok meegenomen naar deze eerste ontmoeting. Hij had me uitgenodigd om zijn levensverhaal aan te horen en te overwegen het op te schrijven. Ik wilde gewoon luisteren.

'Hoeveel tijd hebt u?' vraag ik hem.

'Maar kort.'

Ik begrijp het niet. 'Moet u ergens naartoe?'

'Ja,' zegt hij, en hij kijkt weer door het open raam. 'Ik moet naar Gita toe.'

Ik heb Gita nooit ontmoet. Het waren haar dood en Lales behoefte om zich bij haar te voegen die hem ertoe brachten zijn verhaal te vertellen. Hij wilde dat het zou worden vastgelegd, zodat het, in zijn woorden, 'nooit meer zou gebeuren'.

Na die eerste ontmoeting bezocht ik Lale twee of drie keer per week. Het kostte me drie jaar om het verhaal compleet te krijgen. Ik moest zijn vertrouwen winnen, en het duurde een poosje voordat hij bereid was tot het diepe zelf-

onderzoek dat sommige delen van zijn verhaal vereisten.
We werden vrienden – nee, méér dan vrienden. Onze levens raakten verstrengeld terwijl Lale de last afwierp van het schuldgevoel dat hij meer dan vijftig jaar lang met zich had meegedragen, de angst dat hij en Gita als collaborateurs van de nazi's zouden worden gezien. Een deel van zijn last ging over op mij, terwijl ik samen met hem aan zijn keukentafel zat – deze lieve man met zijn bevende handen, zijn trillende stem, zijn ogen die nog steeds vochtig werden, zestig jaar nadat hij deze gruwelijkste gebeurtenissen uit de menselijke geschiedenis had meegemaakt.

Hij vertelde zijn verhaal stukje bij beetje, soms langzaam, soms razendsnel, en zonder een duidelijk verband tussen de vele, vele episodes. Maar dat deed er niet toe. Het was fascinerend om bij hem en zijn twee honden te zitten en te luisteren naar iets wat voor een ongeïnteresseerde toehoorder wellicht zou klinken als het onsamenhangende gewauwel van een oude man. Kwam het door dat verrukkelijke Oost-Europese accent? De charme van deze oude schavuit? Het bizarre verhaal waar ik langzaam een geheel van kon maken? Dat was het allemaal, en meer.

Als verteller van Lales verhaal vond ik het belangrijk om te erkennen dat herinneringen en historische feiten soms samenvallen en soms uiteenwijken; om er geen geschiedenisles van te maken, waarvan er al vele zijn, maar een unieke les in menselijkheid. Over het geheel genomen waren Lales herinneringen opmerkelijk helder en gedetailleerd. Ze werden bevestigd door mijn onderzoek naar mensen, data en plekken. Was dit een geruststelling? Hoe beter ik de persoon leerde kennen voor wie deze vreselijke feiten een doorleefde realiteit waren geweest, hoe gruwelijker ze werden. Voor deze prachtige oude heer waren herinnering en geschiedenis niet gescheiden – ze vielen naadloos samen.

De tatoeëerder van Auschwitz is een verhaal over twee gewone mensen die leefden in een buitengewone tijd, twee mensen die niet alleen van hun vrijheid werden beroofd, maar ook van hun waardigheid, hun naam, en hun identiteit, en het is Lales verhaal over wat ze nodig hadden om te overleven. Lale huldigde zijn leven lang het motto: 'Als je 's ochtends wakker wordt, is het een goede dag.' Op de ochtend van zijn begrafenis werd ik wakker en besefte dat het voor mij geen goede dag was, maar dat het voor hem wél een goede dag zou zijn geweest. Hij was nu bij Gita.

Aanvullende informatie

Lale is als Ludwig Eisenberg geboren op 28 oktober 1916, in Krompachy, Slowakije. Hij werd op 23 april 1942 naar Auschwitz gedeporteerd en kreeg het nummer 32407.

Gita is als Gisela Fuhrmannova (Furman) geboren op 11 maart 1925, in Vranov nad Topľou, Slowakije. Ze is op 3 april 1942 naar Auschwitz gedeporteerd. Gita's nummer was 4562, zoals ze ook in haar getuigenis voor het Shoah Visual Archive verklaart. Lale had haar nummer onthouden als 34902 en dit is ook in de voorgaande drukken van dit boek gebruikt.

Lales ouders, Jozef en Serena Eisenberg, werden op 26 maart 1942 naar Auschwitz gedeporteerd (toen Lale nog in Praag was). Uit onderzoek blijkt dat ze direct na aankomst in Auschwitz zijn vermoord. Lale heeft dit nooit geweten; het is na zijn dood aan het licht gekomen.

Tussen 16 juni en 10 juli 1944 werd Lale vastgehouden in de Strafkompanie (strafafdeling van het kamp), waar hij door Jakub werd gemarteld.

Het medicijn dat Lale Gita gaf toen ze ziek was, was een voorloper van penicilline. In haar getuigenis noemt ze de naam 'prontosil', wat een bactericide was, een non-antibiotisch middel. Dit middel is in 1932 ontdekt en werd halverwege de twintigste eeuw veelvuldig gebruikt.

Gita's buurvrouw mevrouw Goldstein heeft het kamp overleefd en wist terug te keren naar Vranov nad Topľou.

Cilka is aangeklaagd wegens samenzwering met de nazi's en werd veroordeeld tot dwangarbeid, die ze in Siberië heeft uitgediend. Daarna keerde ze terug naar Bratislava. Zij en Gita hebben elkaar slechts één keer ontmoet, halverwege de jaren zeventig, toen Gita haar twee broers ging bezoeken.

Johann Schwarzhuber werd gevangengenomen door het Britse leger en op 3 februari 1947 bij het eerste Ravensbruckproces ter dood veroordeeld. Zijn verzoek tot gratie werd afgewezen, en op 3 mei 1947 is het vonnis door ophanging voltrokken.

Josef Houstek (later Josef Erber) was van mei 1945 tot december 1947 krijgsgevangene van de Amerikanen. Na vijftien jaar in vrijheid te hebben geleefd, werd hij op 1 oktober 1962 opnieuw gevangengezet. Bij het tweede Auschwitzproces (1965-1966) werd hij aangeklaagd en tot levenslang veroordeeld. Hij overleed op negentigjarige leeftijd, nog geen jaar na zijn vrijlating in 1986.

Rudolf Hoss is in maart 1946 door de geallieerden opgepakt. Op 2 april 1947 is hij in Warschau ter dood veroordeeld, en op 16 april van dat jaar is hij in kamp Auschwitz opgehangen.

Josef Mengele wist na de oorlog naar Zuid-Amerika te ontsnappen en is ondanks herhaalde uitleveringsverzoeken nooit opgepakt. In 1979 verdronk hij voor de Braziliaanse kust en werd onder een andere naam begraven. Pas in 1985 werd zijn ware identiteit door forensisch onderzoek aan het licht gebracht.

In 1961 stond Stefan Baretski terecht in Frankfurt en werd wegens oorlogsmisdaden tot levenslang veroordeeld. Op 21 juni 1988 pleegde hij zelfmoord in het Konitzky-Sift Hospital in Bad Nauheim.

Gita overleed op 3 oktober 2003.

Lale overleed op 31 oktober 2006.

Nawoord van Gary, de zoon van Lale en Gita

Toen mij werd gevraagd om een nawoord bij het boek te schrijven, zag ik daar best wel tegenop. Ik werd overspoeld door zo veel verschillende herinneringen, dat het me niet lukte om een begin te maken.

Moet ik het over eten hebben, dat voor mijn beide ouders heel belangrijk was, maar vooral voor mijn moeder, die trots was op haar koelkast vol met kipschnitzels, vleeswaren, talloze taarten en fruit? Ik weet nog hoe vreselijk ze het vond toen ik in de vijfde klas van de middelbare school serieus op dieet ging. Op vrijdagavond schotelde ze me altijd mijn traditionele drie schnitzels voor, en ik zal nooit het gezicht vergeten dat ze trok de eerste keer dat ik er twee teruglegde op de schaal. 'Wat is er aan de hand?' vroeg ze. 'Is mijn kookkunst niet goed genoeg meer?' Het was maar moeilijk te accepteren voor haar dat ik minder at dan ze van me gewend was. Bij wijze van compensatie liep mijn vriend, wanneer hij bij ons op bezoek kwam, na een korte begroeting regelrecht naar de koelkast. Dit deed haar deugd. Bij ons thuis werd iedereen geaccepteerd en was iedereen welkom.

Zowel mijn moeder als mijn vader moedigde me aan bij alle hobby's en activiteiten die ik wilde proberen, en ze lieten me ook met van alles kennismaken: skiën, reizen, paardrijden, parasailen en nog veel meer. Ze hadden het gevoel dat ze zelf van hun jeugd beroofd waren en wilden niet dat ik ook maar iets zou missen.

Ik groeide op in een bijzonder liefdevol gezin. Mijn ouders waren volledig en onvoorwaardelijk toegewijd aan elkaar. Toen een aantal van hun vrienden ging scheiden, vroeg ik mijn moeder hoe het haar en mijn vader was gelukt om al die jaren bij elkaar te blijven. Haar antwoord was heel eenvoudig: 'Niemand is perfect. Vanaf onze eerste ontmoeting in Birkenau heeft je vader voor mij gezorgd. Ik weet dat hij niet perfect is, maar ik weet ook dat hij mij altijd op de eerste plaats zal zetten.' Ons huis was altijd gevuld met liefde en genegenheid – in het bijzonder voor mij. Ik ben ervan overtuigd dat het feit dat mijn ouders elkaar na vijftig jaar huwelijk nog regelmatig in mijn bijzijn knuffelden en kusten me heeft geholpen om zelf een openlijk liefhebbende en zorgzame echtgenoot en vader te zijn.

Mijn ouders vonden dat ik moest weten wat ze hadden doorstaan. Ik was dertien toen de tv-serie *The World at War* begon, die ze me elke week lieten kijken – in mijn eentje, omdat ze het niet aankonden om samen met mij te kijken. Ik weet nog dat ik, zodra er bewegende beelden uit het kamp te zien waren, in het rond keek of ik mijn ouders ergens zag. Die beelden staan nog altijd op mijn netvlies gebrand.

Mijn vader had er geen moeite mee om over zijn belevenissen in het kamp te praten, maar alleen tijdens de Joodse feestdagen, wanneer hij en de andere mannen zich rond de tafel verzamelden en ervaringen uitwisselden. Mijn moeder, daarentegen, had het nooit over de details. Het enige wat ze me ooit verteld heeft, is dat ze ernstig ziek is geweest in het kamp en dat haar moeder toen in een visioen aan haar verscheen en tegen haar zei: 'Je wordt weer beter. Je zult vertrekken naar een ver land en een zoon krijgen.'

Ik zal proberen duidelijk te maken hoe die jaren mijn ouders hebben beïnvloed. Toen mijn vader op mijn zestiende gedwongen werd zijn zaak te sluiten, kwam ik uit school juist op het moment dat onze auto werd weggesleept en er een TE KOOP-bord voor ons huis werd neergezet. Mijn moeder was binnen bezig onze bezittingen in te pakken. Ze zong erbij. *Jeetje*, dacht ik bij mezelf, *ze zijn alles kwijtgeraakt en mama loopt te zingen?* Ze kwam bij me zitten om me te vertellen wat er was gebeurd, en ik vroeg haar: 'Hoe kun je nu zingen tijdens het inpakken?' Met een brede glimlach op haar gezicht antwoordde ze dat je zo'n beetje alles aankunt als je jarenlang in onzekerheid hebt geleefd of je de volgende vijf minuten wel zult overleven. 'Zolang we nog leven en gezond zijn,' zei ze, 'komt het vanzelf wel goed.'

Sommige dingen zijn ze nooit kwijtgeraakt. Zo bukte mijn moeder zich altijd om een klavertje vier of een klavertje vijf te plukken als ze er eentje zag. In het kamp kregen zij en de andere meisjes vaak een extra portie soep en brood als ze zo'n klavertje vonden en dat aan de bijgelovige Duitse soldaten gaven. Bij mijn vader bleef de invloed van het kamp merkbaar aan zijn versterkte overlevingsinstinct en zijn gebrek aan emotie. Zelfs toen zijn zus overleed, liet hij geen traan. Toen ik daar een vraag over stelde, zei hij dat hij na het jarenlang aanschouwen van sterfte op grote schaal en na het verlies van zijn ouders en zijn broer niet meer in staat was om te huilen. Pas toen mijn moeder stierf, zag ik hem voor het eerst huilen.

Bovenal herinner ik me de warmte bij ons thuis. Het huis was altijd gevuld met liefde, glimlachende gezichten, genegenheid, eten en mijn vaders scherpe droge humor. Het was werkelijk een geweldige omgeving om in op te groeien. Ik zal mijn ouders altijd dankbaar blijven dat ze me deze manier van leven hebben laten zien.

Dankwoord

Het verhaal van Lale heeft twaalf jaar bestaan als script. In gedachten zag ik het altijd voor me op een scherm – groot of klein, dat maakte niet uit. Nu is het een boek en mag ik iedereen bedanken die me een klein stukje tijdens de reis heeft vergezeld, of van begin tot eind bij me is gebleven.

Gary Sokolov, ik ben je eeuwig dankbaar omdat je me toeliet in het leven van je vader en me volop steunde bij het vertellen van het ongelooflijke verhaal van je ouders. Je hebt nooit het vertrouwen verloren dat ik tot dit punt zou komen.

Glenda Bawden, al twintig jaar mijn bazin, die een oogje toekneep wanneer ik weer eens wegglipte om Lale te spreken, of anderen die me hielpen bij het ontwikkelen van het script. En mijn collega's, huidige en voormalige, bij het Social Work Department in Monash Medical Centre.

David Redman, Shana Levine, Dean Murphy en Ralph Moser van Instinct Entertainment, de bestemming van de meeste van mijn 'geheime' tochtjes. Hartelijk dank voor jullie jarenlange passie voor en toewijding aan dit project.

Lisa Savage en Fabian Delussu voor hun briljante onderzoek van de 'feiten', dat nodig was om geschiedenis en geheugen naadloos op elkaar aan te laten sluiten. Heel erg bedankt.

Dank aan Film Victoria voor de financiële steun aan het onderzoek dat is gedaan voor de oorspronkelijke filmscriptversie van Lales verhaal.

Lotte Weiss, kampoverlevende, bedankt voor uw steun en het delen van uw herinneringen aan Lale en Gita.

Shaun Miller, mijn advocaat. Jij weet hoe je een deal moet sluiten. Bedankt.

Ook dank aan mijn sponsors van Kickstarter, die me als eersten steunden bij het plan om dit verhaal te vertellen. Ik stel jullie bijdrage enorm op prijs. Jullie zijn: Bella Zefira, Thomas Rice, Liz Attrill, Bruce Williamson, Evan Hammond, David Codron, Natalie Wester, Angela Meyer, Suzie Squire, George Vlamakis, Ahren Morris, Ilana Hornung, Michelle Tweedale, Lydia Regan, Daniel Vanderlinde, Azure-Dea Hammond, Stephanie Chen, Snowgum Films, Kathie Fong Yoneda, Rene Barten, Jared Morris, Gloria Winstone, Simon Altman, Greg Deacon, Steve Morris, Suzie Eisfelder, Tristan Nieto, Yvonne Durbridge, Aaron K., Lizzie Huxley-Jones, Kerry Hughes, Marcy Downes, Jen Sumner, Chany Klein en Chris Key.

Dit boek, en alles wat eruit voortkomt, zou er niet zijn geweest zonder de geweldige, fantastische en getalenteerde Angela Meyer, de acquirerend redacteur van Echo bij Bonnier Publishing Australia. Ik sta voor altijd bij je in het krijt, en net als Lale heb je een vast plekje in mijn hart gekregen. Je hebt dit verhaal omarmd met een passie en een hartstocht die niet onderdeden voor de mijne. We hebben samen gehuild en gelachen terwijl het verhaal zich ontvouwde. Ik zag je intens met Lale en Gita meeleven. Je voelde hun pijn, hun liefde, en je inspireerde me om op mijn allerbest te schrijven. Woorden schieten tekort om jou te bedanken.

Angela was niet de enige bij Echo die heeft geholpen dit boek tot stand te brengen. Mijn hartelijke dank gaat ook uit naar Kay Scarlett, Sandy Cull voor haar geweldige omslagontwerp, Shaun Jury voor het binnenwerk. Naar Ned Pennant Rae en Talya Baker voor hun uitmuntende tekstredactie. Naar Ana Vucic voor het proeflezen van het eindproduct. Naar Cath Ferla en Kate Goldsworthy voor de extra redactionele steun. En naar Clive Hebard voor het laatste stadium van het publicatieproces. Allemaal enorm bedankt.

Mijn diepe erkentelijkheid geldt ook het Londense team bij Bonnier Zaffre, onder leiding van Kate Parkin, dat zich ervoor heeft ingezet het boek in zo veel mogelijk landen te publiceren. Dankjewel, Kate. Verder wil ik Mark Smith en Ruth Logan bedanken. En Richard Johnson en Julian Shaw van Bonnier Publishing, die meteen de waarde van dit verhaal zagen.

Mijn broer Ian Williamson en schoonzus Peggi Shea, die hun huis in Big Bear in Californië midden in hun winter een maand uitleenden zodat ik de eerste versie kon schrijven. Dank aan jullie en jullie heerlijke huis. Om Sir Edmund Hillary te parafraseren: 'Ik heb het kreng bedwongen!'

Een speciaal bedankje voor mijn schoonzoon Evan en mijn schoonzus Peggi voor het kleine maar niet onbelangrijke aandeel dat jullie hadden in mijn beslissing om het script te bewerken tot een boek. Jullie weten wat dat voor me betekende!

Ook dank aan mijn broers, John, Bruce en Stuart, die me onvoorwaardelijk steunden en me er steeds aan herinnerden dat onze ouders trots op me zouden zijn geweest.

Mijn lieve vriendinnen Kathie Fong-Yoneda en Pamela Wallace. Ik zal jullie altijd zielsdankbaar zijn voor jullie liefde en jullie jarenlange steun bij mijn voornemen om dit verhaal te vertellen, in welke vorm dan ook.

Dank aan mijn vriend Harry Blutstein voor zijn belangstelling en zijn schrijftips, die ik recht hoop te hebben gedaan.

Het Holocaust Museum in Melbourne, waar Lale me een aantal keer mee naartoe heeft genomen en waar hij me als persoonlijke gids heeft rondgeleid. Jullie hebben mijn ogen geopend voor de wereld die Lale en Gita hebben overleefd.

Mijn zoons, Ahren en Jared, die Lale met genegenheid en respect opnamen in hun hart en in ons gezinsleven.

Mijn dochter Azure-Dea. Lale heeft je ontmoet toen je achttien was, even oud als Gita toen hij haar leerde kennen. Hij bekende dat hij die eerste keer een beetje verliefd op je werd. Steeds wanneer we elkaar in de daaropvolgende drie jaar zagen, vroeg hij als eerste: 'Hoe is het met jou en met je beeldschone dochter?' Dank je wel dat je hem een beetje met je liet flirten en dat je een glimlach op zijn gezicht toverde.

Dank aan de partners van mijn kinderen, Bronwyn, Rebecca en Evan.

Aan Steve, mijn dierbare echtgenoot, met wie ik al meer dan veertig jaar samen ben. Ik weet nog dat je me een keer vroeg of je jaloers moest zijn op Lale omdat ik zo veel tijd met hem doorbracht. Ja en nee. Je was er voor me wanneer ik somber thuiskwam, gedeprimeerd door de gruwelen waar Lale me deelgenoot van maakte. Je verwelkomde hem vol eerbied en respect in je huis en je gezin. Ik weet dat je deze reis samen met mij zult voortzetten.

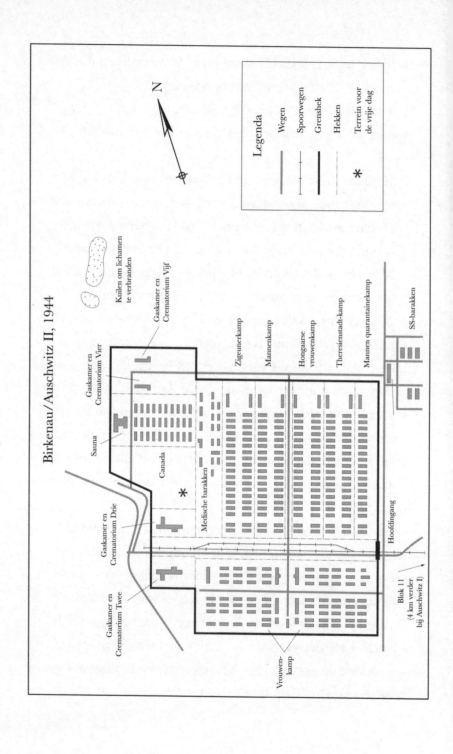

Birkenau/Auschwitz II, 1944

Gaskamer en Crematorium Twee

Gaskamer en Crematorium Drie

Sauna

Canada

*

Kuilen om lichamen te verbranden

Gaskamer en Crematorium Vier

Gaskamer en Crematorium Vijf

Medische barakken

Vrouwen-kamp

Zigeunerkamp

Mannenkamp

Hongaarse vrouwenkamp

Theresienstadt-kamp

Mannen quarantainekamp

Hoofdingang

Blok 11 (4 km verder bij Auschwitz I)

SS-barakken

N

Legenda

Wegen
Spoorwegen
Grenshek
Hekken

*   Terrein voor de vrije dag

Europees
vasteland
1942-1945